厚德博學
經濟匡時

本书获国家哲学社会科学基金项目（11CJL056）资助

匡时 商学文库

全球价值链下中国绿色贸易利益评估研究

李 真◎著

Evaluation of

China's Green Trade Benefits in the Global Value Chain

上海财经大学出版社

图书在版编目(CIP)数据

全球价值链下中国绿色贸易利益评估研究/李真著. —上海:上海财经大学出版社,2021.10
(匡时·商学文库)
ISBN 978-7-5642-3840-7/F·3840

Ⅰ.①全… Ⅱ.①李… Ⅲ.①对外贸易-研究-中国 Ⅳ.①F752

中国版本图书馆CIP数据核字(2021)第151681号

□ 责任编辑 刘光本
□ 责编电话 021—65904890
□ 责编电邮 lgb55@126.com
□ 封面设计 张克瑶

全球价值链下中国绿色
贸易利益评估研究

李 真 著

上海财经大学出版社出版发行
(上海市中山北一路369号 邮编200083)
网 址:http://www.sufep.com
电子邮箱:webmaster@sufep.com
全国新华书店经销
江苏凤凰数码印务有限公司印刷装订
2021年10月第1版 2021年10月第1次印刷

710mm×1000mm 1/16 16.5印张(插页:2) 229千字
定价:68.00元

目　录

第一章　绪　论

1.1　研究背景

1.1.1　全球产业链格局下中国成为全球生产性碳排放最集中的国家

现代贸易方式不仅导致贸易利益在全球价值链上进行分配，还带来了贸易隐含污染排放在全球贸易网络中的分布。全球价值链体系与分工网络的扩张和深化导致了日益广泛的贸易隐含污染物排放与贸易品消费相分离的问题。一国的真实贸易利益不能仅看作出口收入，应从全球价值链视角出发通过增加值法对贸易顺差的“统计幻象”进行修正，并从中扣除贸易带来的环境成本。

在第四次国际产业转移浪潮中，中国凭借大量富余劳动力、低廉的劳动力成本、宽松的环境管制吸引了大量的发达国家产业转移，成为以劳动密集型、粗放式资本密集型产品生产为主的“世界工厂”。这种产业梯度转移带来的影响是双向的：一方面，产业转出国得以享受产业转移带来的利润增加、产业生命周期延长以及环境质量改善等好处，产业承接国也由此获得了工业化和贸易顺差的实际利益。另一方面，国际梯度转移的产业基本上属于国际分工体系中低端加工及生产制造环节，外商直接投资结构很大程度上影响了国内“双高型”产业结构和粗放式的发展模式。此外，长期以来地方政府在引进外资方面也存在贪大求全的现象，在利用外资质量方面缺乏长远目标与规划，存在重复和盲目引资问题，这些都加重了国内高能耗和高排放的问题。据统计,自 20 世纪 90 年代以来,发达国家相继将机电、化工、能源、电镀、冶金、制革、漂染、橡胶等高耗能、高污染型产业向中国转移。2001 年之后,中国重化工业开始加速发展,机械设备、钢铁、建材、化工、汽车、造船等行业成为经济增长的主要动力来源,2010—2014 年中国重工业占工业总产值比重从 60. 45% 上升到 70. 24%①。中国工业能源消费占能源消费总量的 70%以上,其中重化工业的能源消费又占到工业能源消费的 70%,钢铁、建材、化工等高能耗行业的单位产值能耗比发达国家高出 10%~20%。2005—2019 年中国外商投资企业制造业能源消耗以年均 10. 9%的速度增长,2020 年中国"三资"企业 20%左右的资金都投向了污染密集型行业②。因此,中国能源消耗和排放增加中的相当一部分是对其他国家或地区的"替代"。

1. 1. 2 进出口贸易顺差与生态逆差并存

随着我国对外开放程度的不断扩大,中国对外贸易开始进入全盛发展时期。国家统计局相关数据显示:出口作为中国经济发展初期高速增长的重要引擎,1981—2020 年出口总量从 367. 6 亿元人民币增加到 179 326. 4 亿元人民币,年均增长 23. 8%,高于该阶段社会消费品零售总额年均增速 4. 5 个百分点。中国进出口贸易总额在 2020 年底达到 46 462. 6 亿美元,出口占全球贸易的份额达到 14. 7%,高于美国、欧盟、日本、印度、巴西等世界主要经济体增速。

国际贸易在一定程度上将国内生产、消费与碳排放相分离,形成跨国碳转移和碳泄漏。中国贸易收支常年保持顺差,同时带来了严重的能源和环境问题。2010—2012 年全球 73%的碳排放增长源自中国③,2013 年我国二氧化碳排放量占世界总排放量近 1/3,超过美国和欧盟的总和。

---

① 根据中国统计局 2000—2014 年中国工业经济统计数据计算而得。

② 根据相关数据计算得出。

③ 《哈佛中国碳排放报告 2015》,http://scholar.harvard.edu/files/zhu/files/carbon-emissions-report-2015-final-chinese.pdf。

中国贸易顺差利益的背后，存在巨大的生态逆差。2002 年数据显示，中国当年净出口内涵能源达到 2.4 亿吨标煤，占当年一次能源消费的 16%，净增加国内排放约 1.5 亿吨碳，存在巨大的“生态逆差”。潘家华、陈迎(2008)对中国进出口贸易中的内涵能源进行测算，发现出口内涵能源最多的部门大多集中于服装、机械等低技术、高资本的生产部门。从国家流向看，美国、日本和欧盟等发达经济体成为中国“生态逆差”的主要受益方。他们从中国进口商品替代本国生产，在增加中国能源消费和排放的同时，实际上减少了自身的能源需求和排放，是中国“生态逆差”的主要受益方。以 2000—2006 年为例，中国本土每年提供给美国和欧盟消费需求的出口产品所产生的二氧化碳排放量分别占中国总排放量的 6%～7% 和 4.8%～6.5%。扣除与之对应的进口碳排放，中美和中欧贸易净转移至中国的二氧化碳排放量分别占到中国二氧化碳总排放量的 4.1%～5.1%和 1.8～4.0%①。这些国家为了保护本国制造产品的竞争力，纷纷将气候变化与贸易挂钩，提出“国际碳税”或“边界调节税”，限制从中国进口能耗产品，造成的国际贸易摩擦不断。

2015 年《巴黎协议》通过后，世界绝大多数国家对双边或多边机制合作以应对全球气候变化的意识在逐步提升，绿色贸易将成为未来全球贸易发展趋势之一。在 2018 年的中美贸易摩擦中，特朗普政府将导火线归咎于中国长期对美国的贸易顺差，并认为中国通过“不平等贸易行为”瓜分了世界贸易绝大部分的利益，并据此针对中国高科技工业部门展开重点打击。然而，2018 年 6 月德意志银行发布的研究报告《估算美国和主要贸易伙伴之间的经济利益》以及 2018 年 9 月国务院发布的《关于中美经贸摩擦的事实与中方立场》白皮书均指出了另一番不同的事实：在跨国公司全球经营的影响下，美国实际上在中美双边贸易交往过程中获得了比中国更多的商业净利益。另一个重要事实是，中国对外贸易在规模上取得巨大飞跃的同时也承担了价值链长期低端锁定带来的环境生态损

① 张晓平. 中国对外贸易产生的 CO_2 排放区位转移分析[J]. 地理学报，2009，64(02).

失，现有研究充分证实了中国出口贸易中隐含了大量的能耗和碳排放，并成为全球碳转移的主要目的地。

1.1.3 全球气候博弈及国际碳减排压力不断增强

碳排放作为经济增长的副产品对世界气候产生了深刻的影响，政府间气候变化专门委员会(IPCC)认为人类活动和温室气体排放导致了20世纪50年代以来一半以上全球气候变暖这一结论的可信度超过95%①。自1992年《联合国气候变化框架公约》(UNFCCC)和1997年《京都议定书》发布以来，国际气候谈判经历了三个阶段。各国围绕人类经济活动对气候的影响、减排责任认定、减排目标制定及履行等问题展开讨论。

气候变化应对作为全球性的公共环境问题，不再仅是一国的环保问题，更是政治问题和发展问题，国际气候博弈已演化成各国的国家利益博弈。减排责任的增加意味着发展空间的减少，因此在温室效应愈发严重的背景下，如何认定"共同但有区别的责任"成为发达国家与发展中国家气候谈判的焦点。现行的《联合国气候变化框架公约》所采用的温室气体排放的核算方法是以生产端为基础的，这种情况下发达国家通过将高碳产业国际转移至其他国家而使得自身的生产侧碳排放量大大减少，发达国家在不承担高碳行业带来的环境危害的同时却消费制成品，这就使得现有的国际碳排放制度的设计缺乏合理性。发达国家利用其政治和经济上的强势地位，在国际碳博弈中设置有利于自身的规则，从实质上弱化发达国家的减排责任，并试图将减排负担转嫁给发展中国家。2001年美国以不符合国家利益为理由宣布退出《京都议定书》，认为"发展中国家没承担减排和限制温室气体的义务"是对美国的"不公"。事实上，世界资源研究所的统计显示，发达国家1850—2011年累积排放的温室气体占到全球同期总排放量的70%，美国的累积排放占全球比重的27%，欧盟占25%。2009年的哥本哈根气候大会之后，发达国家表现出更加强烈的气候谈判

① IPCC, Fifth Assessment Report, The Physical Science Basis, 2013.

单轨制倾向，认为中国是全球经济发展最快的国家，要实现 UNFCCC“把大气中的温室气体浓度稳定在防止气候系统免受危险的人为干扰的水平上”的最终目标，必须以中国实现大量碳减排为先决条件。

由此可见，现有的气候减排制度设计框架已变相成为部分发达国家主导下的“表面平等”，成为“实质不平等”地剥削发展中国家环境利益及绿色发展权利的工具：

首先，从国际碳转移路径来看，发达国家对目前的全球气候变暖承担着不可推卸的责任，不应全部由发展中国家为碳排放历史问题埋单；

其次，发达国家指责碳排放过多主要是由以中国为代表的发展中国家造成的，但从消费角度来看，作为进口国家理应因消费需求对出口生产碳排放负一定责任；

再次，国际碳排放标准的设定不仅应该考虑到总量还需考虑到人均量，从人均二氧化碳排放来看，发达国家远高于发展中国家，美国的人均碳排放是中国的 6～8 倍。

基于以上事实，发达国家应当在应对全球气候变化与温室气体排放中承担更重要的责任与义务。然而现实情况是，西方发达国家并未兑现其减排责任、资金支持与法律责任等承诺。在减排承诺方面，根据联合国政府间气候变化专门委员会的建议，在 2020 年之前发达国家至少应减排 25％～40％，而目前发达国家的减排力度离此目标相去甚远；在资金承诺方面，2013 年与 2014 年发达国家实际向发展中国家提供气候资金分别为 522 亿美元与 618 亿美元，上述资金与哥本哈根峰会上发达国家所承诺的在 2020 年前每年向发展中国家提供 1 000 亿美元气候资金的约定并不相符。在现有国际气候谈判制度中，中国面临国际舆论和发达国家谈判单轨制的巨大压力，作为世界出口大国如何尽快调整国内产业及出口结构，减少生产过程碳排放量，已成为积极应对国际气候谈判博弈首先面临的问题。

1.1.4 “30.60”碳达峰碳中和目标对我国绿色经济发展提出了新要求

在 2020 年第 75 届联合国大会一般性辩论上，中国对国际社会发出力争 2030 年前二氧化碳排放达到峰值、争取 2060 年前实现碳中和的愿景，并于同年 9 月 30 日联合国生物多样性峰会以及 11 月份的第三届巴黎和平论坛、金砖国家领导人第十一次会晤中先后承诺中国愿承担与发展水平相称的国际责任，强调将为实现碳达峰、碳中和目标制定实施规划。2020 年底的中央经济工作会议将做好碳达峰、碳中和工作列为 2021 年的重点任务之一，并在 2021 年两会期间首次写入政府工作报告，纳入生态文明建设整体布局。这一系列举动充分表明中国绿色经济发展进入了更高要求、更具挑战性的时期，也对中国绿色贸易发展与评估研究提出了新的要求和挑战。

联合国政府间气候变化专门委员会(IPCC)第四次评估报告将碳峰值定义为“在排放量降低之前达到的最高值”。碳排放达峰的目标包括达峰时间和峰值。根据世界资源研究所发布的报告，到 2030 年全球将有 57 个国家实现碳排放达峰，占全球碳排放总量的 60%(Levin and David, 2017)。为应对气候变化这一全人类共同面临的重大而紧迫的全球性挑战，目前世界上有 70 多个国家通过立法、政策宣示等形式承诺了实现碳中和的时间。这些国家集中在欧盟和岛屿国家，而东亚净零排放进展相对缓慢。虽然承诺的国家不少，但已承诺国家实际上只覆盖了全球 11%的碳排放，主要碳排放国家都没有正式设立净零排放的长期目标。中国作为第一个承诺 2060 年之前碳中和的大国，远远超出了《巴黎协定》下 2℃温升控制目标下的减排要求，这将对全球气候治理起到关键性的推动作用。值得注意的是，美国拜登政府上台后第一时间签署文件重回《巴黎协定》，意味着占全球 GDP 75%、占全球碳排放量 65%的国家都步入碳中和轨道，绿色技术、绿色产品和绿色供应链的激烈争夺正在全球拉开序幕。

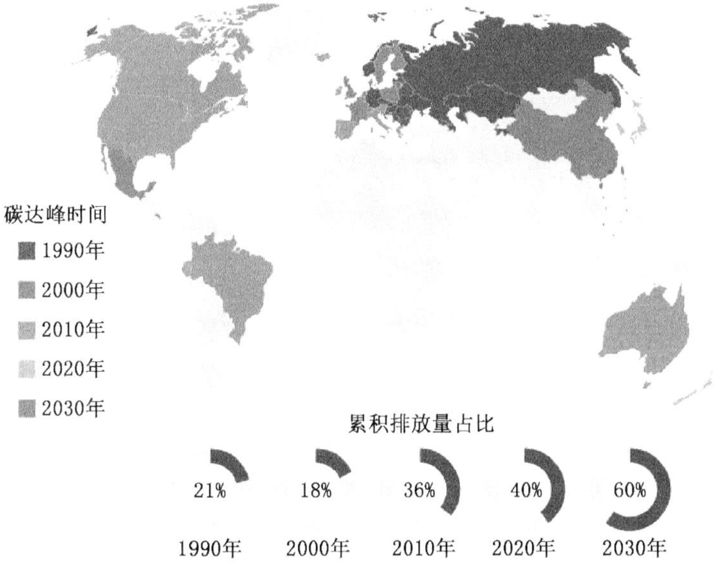

数据来源：世界资源研究所(WRI)

图 1.1　世界各国碳达峰时间表

过去数十年，我国通过调整经济和产业结构、优化能源结构、实施鼓励节能和提高能效、推进市场机制建设和积极增加森林碳汇等一系列政策措施，在绿色转型方面取得了显著成效。自 2012 年起我国二氧化碳排放总量增速变缓，碳强度逐步下降，提前完成了我国向国际社会承诺的到 2020 年碳强度比 2005 年下降 40％～45％的阶段性目标。目前我国提出的“30．60”碳达峰、碳中和目标是在当下几个特殊时点共振下具有高度战略意义的顶层设计：一是当前中美关系“后特朗普时代”强化低碳目标具有国际合作共识的战略背景；二是逆全球化及贸易单边主义仍在持续加强国际经济形态下重塑安全能源体系极为重要；三是第十四个五年规划开启了中国新旧经济动能质变转换的关键节点，通过绿色技术和低碳产业倒逼机制有利于提高我国整体产业在全球价值链中的地位，提升国际产业价值链和创新链的耦合效率，推动国内国外双循环的可持续实施。

“30.60”目标可能有以下几个方面主要影响：

一是倒逼能源产业转型，促进可再生能源相关产业链向外延伸；

二是在世界主要经济体正在全面布局绿色产业链竞争战略、以碳规制为手段的全球环境规制正形成全球布局背景下，碳达峰、碳中和战略将加快我国在数字经济、绿色经济领域和全球价值链关键节点进行更高附加值、更具精益化的产业布局，并积极立足于以低碳引领的技术和产业链深度参与新一轮的产业链重构；

三是实现“能源碳”和“物质碳”中和路径与绿色技术供给和全产业链升级路径协同统一。

1.1.5 国际经济不确定性加剧对全球产业价值链稳定及安全提出了挑战

首先，绿色贸易壁垒成为制约中国出口的重要工具。当前以绿色壁垒为代表的非关税壁垒逐渐取代关税壁垒，成为发达国家限制发展中国家出口商品的新形式。所谓绿色壁垒，是指进口国通过制定与环境保护、人体健康相关的法律法规与技术标准，要求出口国商品必须满足该条件，否则将限制其商品进入该国的技术壁垒。20 世纪 80 年代后期，发达国家首先以环境税的方式对发展中国家设置绿色壁垒，之后其表现形式日趋多样化(如绿色加工标准、绿色标签、绿色卫生检疫、绿色补贴)，使中国等发展中国家在面对各种绿色壁垒时防不胜防，尤其使中国农产品在向发达国家出口时屡屡受挫。绿色壁垒对中国贸易利益的影响主要体现在以下两方面：

一方面，绿色壁垒迫使中国出口企业研发环保技术以满足发达国家的技术标准，而且不同国家制定的标准各不相同，中国出口企业必须花费额外的时间和精力去获取准确的信息资料，这就在增加技术研发成本的同时增加了时间成本。此外，绿色壁垒往往需要复杂的审核检验，漫长的检验程序使以农产品为代表的易耗品容易产生变质、减值等问题。因此，绿色壁垒增加了中国出口产品的成本，导致中国出口产品的国际竞争力下降，大大损害了出口部门的贸易利益。

另一方面，绿色壁垒强化了污染产业向中国转移的趋势。与发达国家的高绿色壁垒门槛形成对比的是，中国环境保护制度还有较大的完善空间。在这种反差下，绿色壁垒成为发达国家向中国转移高污染产业的间接工具与隐蔽手段，并以合法化的方式强行要求发展中国家保留污染密集型的低端产业。

其次，2018 年的中美贸易摩擦以及 2020 年的新冠疫情对全球价值链提出了严峻挑战。2008 年美国次债危机之后全球经济复苏乏力，新技术变革亦尚未成熟。2018 年 6 月至 2019 年 9 月，美国贸易代表办公室(USTR)连续发布美国对中国出口产品加征关税清单，到 2019 年 12 月 15 日将把对中国的平均关税提高到 24%以上，并覆盖从中国进口的 96.8%的商品。此次贸易战的导火线美方归咎于中国长期对美国的贸易顺差，并单方面认为中国通过“不平等贸易行为”瓜分了世界贸易绝大部分的利益，美国每年在同中国的贸易中“丧失了数十亿美元”。新冠疫情叠加中美贸易摩擦对脆弱的全球经济造成了进一步巨大冲击，抑制中国关键技术领域的突破可能成为美国政府未来对华一致性的政策。因此，如何紧抓结构性改革契机实现贸易结构改革，如何减少生态逆差、增加中国真实贸易利益，如何增强国际气候谈判话语权等已成为摆在中国政府面前的一系列重大问题。

1.2 研究意义

从贸易隐含碳成本视角构建中国真实贸易利益分析框架，对于解释目前国际贸易隐含碳排放和污染跨国转移现状，构建贸易可持续发展的政治经济学理论框架，促进中国贸易和产业绿色转型，强化国际气候谈判话语权有着重要的理论意义和实践价值。

1.2.1 本书的理论价值

第一,以自由贸易理论为核心的传统的贸易理论极少关注自然和环境对各国贸易系统的影响,生态环境被看作永续条件并未纳入贸易约束条件。然而随着国际气候谈判渐入深水区,各国在环境和经济增长之间进行了广泛、深入的博弈,以发达国家为主导的国际贸易格局及全球分工体系使得国别之间的贸易不平等交换问题逐渐转换为生态环境不平等交换问题,国别之间的贸易平衡问题转变为将环境因素纳入其中的绿色贸易利益问题。在保持自然资源的质量及所提供服务的前提下,使经济发展的净利润最大化的可持续发展理论正改变着现有的传统贸易理论和贸易格局。为此,本书尝试从生态环境视角对出口贸易碳成本和中国真实出口贸易利益进行评估,对中国真实出口贸易利益问题进行客观、理性的思考,为从新视角建立贸易减排战略、促进低碳贸易理论发展创新、推动国际气候公平谈判提供合理依据和有效理论支持。

第二,本书在理论分析部分从政治经济学视角研究国际产业转移及区位选择机理,构建国际贸易导致的碳转移分析模型框架,不仅丰富了现有研究方法,还为重建马克思主义贸易理论和生态理论奠定一定基础,对推进现代政治经济学创新具有积极作用。马克思曾经把对外贸易和世界市场等问题作为其政治经济学理论体系中的重要组成部分,在早期的"六册计划"中将第 5 册和第 6 册的题目分别命名为《对外贸易》和《世界市场》,很遗憾在其有生之年未能完成这一宏大的研究计划,他关于国际贸易和环境生态问题的论述零星地分散在其著作中。因此,从马克思主义政治经济学视角系统地对国际贸易隐含碳和碳成本展开研究,对于重建马克思主义贸易理论和生态理论、推进现代政治经济学创新具有重要的促进作用,还为马克思主义经济学与西方经济学之间的交流与沟通搭建重要的桥梁。

1.2.2　本书的现实意义

第一，本书对于我国政府正确地看待全球价值链体系下巨大贸易顺差背后所隐含的生态成本，客观科学地衡量我国真实贸易利益提供了标杆和依据，为指导我国绿色贸易长远规划、贸易结构转型、加快促进微观出口生产企业能源效率和技术水平的提高起了积极的作用。目前环境污染和贸易利益流失问题成为制约中国经济增长和贸易发展的“瓶颈”，无法忽视贸易顺差背后付出的环境成本。而这些“成本”又成为发达国家对中国贸易反击的“武器”，针对中国的各类环境壁垒、贸易摩擦和纠纷接踵而来。本书对于结合当前国内外双循环重大战略，大力推进贸易结构深层次、多元化、差异化改革，设计有效的贸易减排长效机制，更加有效地发挥技术溢出和创新效应，加大“中国创造”品牌培育力度，引导社会资本向低碳环保领域流动，增进中国真实贸易利益，促进全球碳福利水平增加，推进国际经济更高水平发展和落实大国责任等方面具有丰富的现实意义。

第二，本书对于推进确定以最终消费为基础的减排责任认定原则、在国际气候谈判中获得公平的话语权具有积极的现实意义。国际气候问题是一个经长期积累而形成的问题。从国际碳转移路径来看，发达国家历史上的工业化阶段对目前的全球气候变暖承担着不可推卸的历史责任，如果完全让发展中国家就近几十年的经济发展“埋单”是极不公平且缺乏历史责任的。贸易的一个重要特征就是将商品消费和生产环节分离开来，进而使贸易品生产的隐含碳排放分离开。出口国为其他国家的进口消费进行生产，消耗本国资源同时将大量碳排放和污染排放留在国内；进口国则通过进口贸易品而避免了国内的生态环境破坏。因此，全球的碳排放责任认定必须尊重历史性、积累性及消费侧原则。本书从国际高碳产业转移视角出发，对国际四次产业转移及特征进行了梳理，并以此解释中国成为“世界工厂”和碳排放大国的原因。在此基础上重点就中国出口贸易隐含碳成本、真实贸易利益、“碳泄漏”带来的转移排放和双边贸易隐含碳福利分配等问题进行研究，覆盖了以 2008 年美国次债危机为“逆全球化”导火线的重要节点，这对于理解危机前后不同的国际经贸关系格局下的中国增加值贸易隐含污染成本及真实贸易利益，建立国际间平等透明的节能减排公约和制度，切实推动国内及国际温室气体的有效减排，积极参与全球减排责任认定及分配规则制定，提高中国在全球气候谈判中的话语权，推动中国工业精益化转型具有十分重要的政策指导意义。

第三，近年来复杂的国际经济政治局势以及日益增加的经济不确定性，不仅对全球价值链体系与分工网络深化下的贸易利益核算方式改进提出了挑战，还对全球价值链下日益明显的贸易隐含污染物排放与贸易品消费相分离导致的一国环境利益损失以及可持续发展的绿色贸易利益评估提出了更高的要求，对建设更高附加值、更安全可靠的全球产业链，打通国内国际双循环通道带来了前所未有的迫切性需求。在此背景下，党的十九届五中全会明确提出加快构建以国内大循环为主体、国内国际双循环相互促进的新发展格局，协同推进强大国内市场和贸易强国建设，充分利用国内国际两个市场两种资源，积极促进内需和外需、进口和出口的协调发展，促进国际收支基本平衡，同时强调补齐产业链供应链短板，推动产业链供应链多元化，形成具有更强创新力、更高附加值、更安全可靠的产业链供应链。因此，合理评估贸易摩擦过程中的中间品贸易流动限制及管制对中国制造业出口绿色贸易利益冲击的长期效应以及对产业链关联性的影响，客观评估贸易自由化对中国生态环境的影响，对内外双循环经济发展战略下科学评估国际供应链风险，高质量推动外循环绿色转型具有重要意义。

1.3 国际贸易隐含碳排放的相关理论研究

目前关于国际贸易隐含碳及贸易利益的研究大多集中于国际贸易与环境问题、国际贸易隐含碳排放以及贸易隐含碳排放责任认定三大方面。

1.3.1 国际贸易与环境问题研究

随着国际贸易规模不断扩大，环境问题作为贸易的副产品也随之产生，各国学者尝试分析国际贸易对环境问题的影响机制，并希望通过现实证据验证国际贸易与环境污染之间的关系。通过现有文献梳理发现，国内外学者在国际贸易对环境究竟是"有害"还是"有益"这个问题上并未达成一致。

国内外学者大多证实了现代贸易方式不仅体现为实物贸易价值的全球分配，还带来了贸易价值流所承载的污染物排放在全球贸易网络中的分布，生产和消费的分离使得贸易品集中生产的国家成为"污染避难所"。贸易活动会诱发持续的生产与消费的增长，利润最大化目标及环境成本外部化使得生产活动忽视了环境成本，因而对环境产生负面影响，对于环境管制较为宽松的国家来说这种负面影响更为显著。出口贸易带来了广大发展中国家能耗的增加及环境破坏，大量的隐含能源被用于满足发达国家消费（Wyckoff 和 Roop，1994；Machado et al.，2001；Lenzen，1998；Lenzen 和 Christopher，2002；Shui 和 Harriss，2006；Peters 和 Hertwich，2006；Weber et al.，2008；Li 和 Hewitt，2008）。Daly（1993，1994）研究了国际贸易对一国污染排放量的影响，提出了贸易诱致型环境退化假说（Trade Induced Degradation Hypothesis）。该假说认为环境问题无法通过不受约束的自由市场得到解决，贸易活动不仅不是改善社会福利的重要因素，甚至会对环境产生污染[①][②]。Barett（1994）指出，在环境的边际损害处于较低水平时，"生态倾销"便会出现[③]。之后，一些学者对该假说进行了进一步补充：Tobey（1990）[④]与

---

① DALY，HERMAN. The Perils of Free Trade [J]. Scientific American，1993(269).

② DALY H.，GOODLAND R. An Ecological Assessment of Deregulation of International Commerce under GATT [J]. Ecological Economics，1994(9).

③ BARETT，SCOTT. Strategic Environmental Policy and International Trade [J]. Journal of Public Economics，1994，54 (3).

④ TOBEY，JAMES A. The Impact of Domestic Environmental Policies on Patterns of World Trade：An Empirical Test [J]. Kyklos Blackwell Publishing，1990，43(2).

Grossman 和 Krueger(1993)①将劳动、资本要素引入分析体系中,研究表明对于资源丰富的国家来说,由于在生产污染密集型产品方面存在比较优势,这些国家会专门生产该产品以扩大贸易利益,从而对环境产生负面影响。

与此同时,一些学者开始关注发展中国家贸易活动过程中所产生的环境恶化问题。Chichilnisky(1994)② Ropke(1994)③认为由于存在环境污染,发展中国家很难获得真正的贸易利益。还有学者提出了"向底线赛跑"假说,认为各国政府为了维持或提高本国的污染密集产业在国际贸易中的竞争力,都存在降低环境限制的动机,如 Porter(1991)④、Dua 和 Esty(1997)⑤以及 Esty 和 Geradin(1997)⑥的研究。随后,一些学者对该假说进行了实证验证,却得出了截然相反的结论,如:Eliste 和 Fredriksson(2004)对农业部门进行实证分析后发现由于农业部门的特殊性(如食品安全的要求存在着难以突破的底线),"向底线赛跑"假说并不一定存在⑦。日本、美国、荷兰、德国等国家先后计算了水污染带来的损失大约相当于同期 GDP 的 3%～5%,并预测如果环境控制措施滞后,国民生产总值每增加 1 倍污染就会增长 20～30 倍。Nordhaus(2013)的研究也得出了大致相似的结论:环境污染所带来的气候变化的总成本和风险相当于全球每年损失约 1%～5%的

① GROSSMAN, G. M. , KRUEGER A B. Environmental Impacts of a North American Free Trade Agreement in P. Garber, editor The Mexico－US Free Trade Agreement, 1993(Cambridge, Ma. : MIT Press).

② CHICHILMSKY G North-South Trade and the Global Environment[J]. American Economic Review, 1994, 84(4).

③ ROPKE. Industrial Metabolism:Restructuring for sustainable development[J]. Washington, DC: Institute for International Economy,1994(5).

④ PORTER M. E. Towards a Dynamic Theory of Strategy [J]. Strategic Management Joumal, 1991(12).

⑤ DUA,A. ,ESTY,D. C. Sustaining the Asia Pacific Miracle[J]. Washington DC:Institute for International Econnomy,1997(5).

⑥ ESTY D. C. ,GERADIN D. Market access, competitiveness, and harmonize: environmental protection in regional trade agreements, Harvard Environmental Law Review. 1997,21(2).

⑦ ELISTE P. , FREDRIKSSON P. G. Does Trade Liberalization Cause a Race-to-the-Bottom in Environmental Policies? A Spatial Econometric Analysis. In Advances in Spatial Econometrics:Methodology,Tools,and Applications. 2004.

GDP。中国学者对于该领域的研究起步较晚。张连众等(2003)对中国31个省、自治区、直辖市的二氧化硫排放量截面数据进行分析,结果表明贸易的规模效应对环境具有负面影响,且开放程度越高污染越严重①。由于整体经济损失较难估算,现有研究成果多针对单一污染源引致的损失展开(张林波等,1997;曹洁,2004;桑燕鸿等,2010)。李真(2020)从多种污染物对中国出口贸易隐含废水和废气对经济带来的损失角度测算了出口碳成本,并重新估计了真实贸易利益问题。

与此相反,持"贸易有益论"观点的学者认为,贸易自由化与环境破坏并不存在必然联系。因为随着全球生产专业化分工的不断细化,越来越多的国家基于比较优势原理发展并扩大贸易规模,贸易的发展不仅能够促进全球资源的有效配置,而且使资源能够被合理利用,因此贸易发展反而有利于环境保护。支持贸易有益论的学者对经济发展对环境的长期作用进行分析,最具有代表性的是 Selden 和 Song(1994)提出的环境库兹涅茨曲线(EKC)理论②。该曲线用来描述经济增长与污染物排放的倒U型关系:在经济水平比较低的阶段,经济的增长对环境的影响是负面的,但当经济发展到一定水平即突破U型曲线最低点后,经济的发展与环境水平呈正相关关系。之后,国内外学者对环境库兹涅茨曲线进行深入拓展,一部分人着手研究U型关系实现的条件,如 Ekins(1997)、Andreoni 和 Levinson(1998)③、Lopez(1997)④等;另一部分学者则通过实证分析检验 EKC 曲线的存在性问题,如 Grossman 和 Grossman(1995)⑤、Dinda

---

① 张连众,朱坦,李慕菡,张伯伟.贸易自由化对我国环境污染的影响分析[J].南开经济研究,2003(03).

② SELDEN T., SONG D. Environmental Quality and Development:Is there a Kuznets Curve for air Pollution Emissions[J]. Journal of Environmental Economics and Management,1994.

③ ANDREONI J., LEVINSON A. The Simple Analytics of the Environmental Kuznets Curve[J]. National Bureau of Economic Research Working Paper,1998.

④ LOPEZ R. Environmental Externalities in Traditional Agriculture and the Impact of Trade Liberalization: The Case of Ghana[J]. Journal of Development Economics, 1997(53).

⑤ GROSSMAN G., Krueger A. Economic growth and the environment[J]. Quarterly Journal of Economics, 1995(1102).

(2004)[①]、张晓(1999)[②]等。

与EKC研究视角不同,Grossman和Kruger(1991)则从规模效应、结构效应和技术效应的角度出发,利用贸易—环境一般均衡模型,将贸易对环境的影响作用细化[③]。Stevens(1993)延续了Grossman和Krueger的分析,认为规模效应的存在虽然对环境具有一定负面作用,但是生产结构的优化以及清洁技术的应用有利于环境改善,因此不能简单将环境污染归结为贸易的自由化。相反,贸易活动对提升技术水平具有倒逼作用,可以通过资源有效配置和产业升级等途径改善环境。[④] 在这一观点的基础上,一些学者尝试从上述三个效应出发对自由贸易对环境的影响展开分析。Werner,Copeland和Taylor(2001)[⑤]将不同国家的要素禀赋差异纳入研究框架,并对南北贸易模型进行了拓展,利用拓展后的模型对一些国家1971—1996年的二氧化硫排放进行实证研究,结果表明:规模、结构以及技术对环境的影响总体来看是显著、积极的。Runge(1994)则认为贸易对环境的影响具有不确定性,并从资源配置效率、经济活动规模、产出结构、生产技术以及环境政策五个方面分析了上述变量在不同时期对环境的影响[⑥]:一方面,贸易在促进经济规模增长的同时往往伴随着环境污染问题;另一方面,随着经济不断增长,产业结构会随之升级,环保产业不断涌现,环境保护政策也更加严格,这些都对环境保护具有积极作用。Burniaux等(1992)以经济合作成员国的煤炭产业为对象进行研究,发现贸易能通过减轻能源市场的扭曲程度以减

---

① DINDA S. Environmental Kuznets Curve Hypothesis: A Survey[J]. Ecological Economics, 2004(49):431—455.

② 张晓.中国环境政策的总体评价[J].中国社会科学,1999(03).

③ GROSSMAN G. M., KRUEGER A. B. Environmental Impacts of a North American Free Trade Agreement NBER working paper No. 3914,1991.

④ STEVENS K. C. Harmonization, Trade and Environment [J]. International Environment Affairs,1993,5(1).

⑤ WERNER A., COPELAND B. R., TAYLOR M. S. Is Free Trade Good for the Environment? [J]. American Economic Review,2001,91(4).

⑥ RUNGE C. F. Freer trade, protected environment: Balancing trade liberalization and environmental interests[J]. Council on Foreign Relations Press, New York,1994.

少二氧化碳排放[①]。Andreori 和 Levinson(1998)分析 44 个国家 1971—1996 年的贸易活动数据后发现,技术效应对环境的正效用高于规模效应对环境的副作用[②]。李秀香和张婷(2004)的研究表明,贸易自由化与环境管制促进了中国 1981—1999 年二氧化碳排放量的下降[③]。

1.3.2 国际贸易隐含碳排放问题研究

(1)国际贸易隐含碳及测算方法

Copeland 和 Taylor(1994)[④]提出了"污染天堂假说",认为随着北方(发达国家)和南方(发展中国家)贸易自由化的展开,一系列复杂调整的结果是贸易自由化将缓和北方国家的环境污染问题,恶化南方国家的环境。此后,越来越多的国外学者开始对不同国家的出口能耗和引致的环境问题进行多角度研究,大多数学者证实了出口贸易的确带来了发展中国家能耗的增加及环境的破坏,大量的隐含能源和排放被用于满足发达国家消费。国内大多数学者通过研究确认了中国的出口贸易中隐含了大量的能源消耗和碳排放的事实。

目前国际上对贸易产品隐含碳排放测算所采取的方法主要有投入产出法和生命周期评价法。

生命周期评价法基于产品生产过程进行分析,细化研究部门内各产品的碳排放量,计算结果更加精确。但由于对数据的需求量大、计算过程复杂,需了解产品生产的全部环节和所需材料,因此应用难度较高,目前仅有少数学者采用此方法进行核算。例如:Shui 和 Harriss(2006)结合投

---

① BURNIAUX J. M., MARTIN J. P., NICOTETTI G., et al. The Costs of Reducing CO_2 Emissions: Evidence from GREEN[A]. OECD Economics Edpartment Working Paper[C]. Paris: OECD,1992(115).

② ANDREONI J., LEVINSON A. The Simple Analytics of the Environmental Kuznets Curve [J]. National Bureau of Economic Research Working Paper, 1998.

③ 李秀香,张婷.出口增长对我国环境影响的实证分析——以 CO_2 排放量为例[J].国际贸易问题,2004(07).

④ COPELAND B., TAYLOR S. North-South Trade and the Environment[J]. The Quarterly Journal of Economics,1994.

入产出法和生命周期法研究了中美贸易中的隐含能源，结果表明中美贸易可以使美国节约 3%～6%的碳排放，而中国对美国出口所隐含的碳排放量占中国碳排放总量的 7%～14%。[①] 在国内，刘强等（2008）[②]通过生命周期法对中国出口贸易 46 种主要产品隐含碳排放和能耗进行测算，结果表明产品出口过程中所伴随的碳排放以及国内一次能源消耗分别占中国总排放量的 14.4%与总能耗的 13.4%。

鉴于生命周期法运用的复杂程度，目前大多数学者使用投入产出法来测算贸易隐含碳排放。Sato（2014）对现有关于贸易隐含碳排放的实证文章进行了归纳总结，认为环境投入产出模型主要经历了以下三个阶段：第一阶段为仅利用一个经济体投入产出数据、采用“国内技术假设”进行测算的单区域投入产出模型（SRIO）；第二阶段为考虑两个经济体异质性但未考虑中间投入的双边贸易投入产出模型（BTIO）；第三阶段，是目前常用的多区域投入产出模型（MRIO）。

单区域研究主要研究某一国家的对外贸易中隐含碳排放问题，如 Lenzen（2001）[③]、Sánchez-Chóliz 和 Duarte（2004）[④]、Kander 和 Lindmark（2006）[⑤]等的研究。随着南北贸易的深入和范围扩大，发展中国家与发达国家之间的贸易可能因为技术水平及环境管制的差异造成更加严重的隐含碳排放流动。发达国家通过国内消费产品的外包制造，把本国的碳排放转移到了发展中国家。Schaeffer 等（1996）[⑥]、Machado

① SHUI B.，HARRISS R. C. The Role of E CO_2 Embodiment in US-China Trade[J]. Energy Policy，2006(34).

② 刘强，庄幸，姜克隽，韩文科. 中国出口贸易中的载能量及碳排放量分析[J]. 中国工业经济，2008(08).

③ LENZEN M. A generalized input-output multiplier calculus for Australia[J]. Economic Systems Research，2001，13(1).

④ SÁNCHEZ-CHÓLIZ J.，DUARTE R. CO_2 emissions embodied in international trade：evidence for Spain[J]. Energy Policy，2004，32(18).

⑤ KANDER A.，LINDMARK M. Foreign trade and declining pollution in Sweden：a decomposition analysis of long-term structural and technological effects[J]. Energy Policy，2006，34(13).

⑥ SCHAEFFER R.，LEAL DE SA A. The embodiment of carbon associated with Brazilian imports and exports[J]. Energy Conversion and Management，1996，37(6—8).

等(2001)[①]、Ahmad 和 Wyckoff(2003)[②]、Mongelli 等(2006)[③]等通过研究不同的样本国家,得出了基本一致的结论:在贸易隐含碳排放问题上,发达国家与发展中国家是两个不同的群体,发达国家群体是隐含碳的净进口国,而发展中国家多为隐含碳的净出口国。中国作为世界上最大的发展中国家,逐渐成为国内外学者单国研究的重点。英国 Tyndall 气候变化研究中心(2007)的分析结果表明,2004 年进出口贸易使中国产生的净出口碳排放占全国碳排放总量的 23%。Wang 和 Watson(2007)[④]、Pan 等(2008)、Weber 等(2008)[⑤]、Peters 和 Hertwich(2008)[⑥]的研究也得出了相似的结论。国内学者对中国贸易碳排放的研究起步较晚,多数研究表明中国出口贸易中隐含了大量的能源消耗和碳排放量,如沈利生和唐志(2008)、刘强等(2008)、齐晔等(2008)[⑦]、张友国(2009;2010)、魏本勇等(2009)、张晓平(2009)、彭水军(2010)、刘安平(2010)、朱启荣(2010)[⑧]、李小平(2010)[⑨]、王文举等(2011)[⑩]、

---

① MACHADO G., SCHAEFFER R., Worrell E., Energy and Carbon Embodied in The International Trade of Brazil: An Input-output Approach [J], Ecological Economics, 2001, 3(39).

② AHMAD N. WYCKOFF A. W. Carbon dioxide emissions embodied in international trade of goods[EB/OL]. OECD, 2003.

③ MONGELLI I., TASSIELLE G., NOTARNICOLA B. Global warming agreements, international trade and energy/carbon embodiments: an input－output approach to the Italian case[J]. Energy Policy, 2006(34).

④ WANG T., WATSON J. Who Owns China's Carbon Emissions? [J/CL]. Norwich Tyndall Centre 2007. http://www.tyndall.ac.uk/publications/briefing_notes/bn23.pdf. 2009－02－21.

⑤ WEBER C. L., PETERS G. P., GUAN D. B., et al. The contribution of Chinese exports to climate change. Energy Policy, 2008, 36(9).

⑥ PETERS G. P., HERTWICH E. G. CO_2 Embodied in International Trade with Implications for Global Climate Policy[J]. Environmental Science & Technology, 2008(5).

⑦ 齐晔,李惠民,徐明. 中国进出口贸易中的隐含碳估算[J]. 中国人口·资源与环境,2008(03).

⑧ 朱启荣. 中国出口贸易中的 CO_2 排放问题研究[J]. 中国工业经济,2010(01).

⑨ 李小平. 国际贸易中隐含的 CO_2 测算——基于垂直专业化分工的环境投入产出模型分析[J]. 财贸经济,2010(05).

⑩ 王文举,向其凤. 国际贸易中的隐含碳排放核算及责任分配[J]. 中国工业经济,2011(10).

张为付等(2011)[①]、李真(2014;2020)的研究。

除了单国研究外,还有部分学者重点关注中国与其他国家的双边贸易隐含碳问题。张晓平(2009)的分析表明,2000—2006 年中欧贸易导致的净出口碳排放占到我国碳排放总量的 1.8%～4.0%。Li 和 Hewitt (2008)发现,2004 年中英贸易减少了英国 11%的碳排放量,使得全球的碳排放量增加近 0.4%[②]。

在多区域贸易隐含碳排放问题的研究上,被选择的区域样本多为经济发达程度水平相当、经济结构类似的国家。Wyckoff 和 Roop(1994)研究发现,OECD 中最大的六个成员国 1984—1986 年隐含在进口产品中的碳排放量占到碳排放总量的 13%[③]。Atkinson 等(2002)分析了 9 个主要国际区域间的自然资源流动情况,指出 OECD 国家处于"生态赤字"状态,即本国消费耗费的资源量大于本国生产所耗费的资源量,而多数发展中国家则面临"生态盈余"的问题[④]。Muradian 等人(2002)认为西欧国家已成为主要隐含污染物排放的净进口国[⑤]。

SRIO 模型的主要缺陷在于没有区分中间产品在来源地的区别,无法反映产业关联和贸易关联在国家及行业层面的异质性,以及全球生产网络中的反馈性出口效应和间接贸易效应的影响(彭水军等,2015)。此外,SRIO 依赖于出口国和进口国的"国内技术假设",也会导致估计结果产生较大的偏差(Andrew 等,2009)。而 MRIO 模型较好地解决了上述

---

① 张为付,杜运苏. 中国对外贸易中隐含碳排放失衡度研究[J]. 中国工业经济,2011(04).

② LI Y. HEWITT C. N. The effect of trade between China and the UK on national and global carbon dioxide emissions[J]. Energy Policy,2008,36(6).

③ WYCKOFF A. W., ROOP J. M. The embodiment of carbon in imports of manufactured products: implications for international agreements on greenhouse gas emissions[J]. Energy Policy,1994,22(3).

④ ATKINSON G., HAMILTON K. International trade and the'ecological balance of payments'[J]. Resources Policy,2002,28(1—2).

⑤ MURADIAN R., O'CONNOR M., MARTINEZ－ALIER J. Embodied pollution in trade: estimating the'environmental load displacement'of industrialized countries[J]. Ecological Economics,2002,41(1).

缺陷,成为目前研究贸易隐含排放的主流模型。但目前 MRIO 模型大多采用传统进口或出口总值作为贸易列向量,考虑到贸易隐含碳排放是由于出口活动所引发的国内生产排放,并不是所有的出口总值都是国内生产的价值量,只有属于本国出口增加值的出口活动才会引发碳排放。如果仍将出口总值作为核算贸易隐含碳排放的载体价值,会造成由于中间品贸易多次跨越国界引起的重复计算,且无法确定一个经济体生产和需求在贸易中真正发挥的作用(王直等,2015),继而导致研究结果与实际排放产生明显偏差。鉴于此,近年来将贸易增加值核算法应用于 MRIO 模型的贸易隐含排放研究逐渐兴起,并形成了一系列有代表性的成果(张文城、盛斌,2017;Duan 和 Liang,2017;闫云凤、常荣平,2017;Meng 等,2018;潘安,2018),这为推动贸易与环境领域研究做出了重要贡献。

综上所述,目前国内外学者对中国进出口贸易隐含碳排放的测算大多采用投入产出法,得出的测算结果虽不完全相同,但在"中国是隐含碳净出口国"的结论方面较为一致,只有少数研究得出相反的结论,如马涛和陈家宽(2005)的研究结果①。现有成果对于研究中国进出口贸易碳排放问题奠定了良好的基础,并得出了有益的结论和不断创新的估算方法。

(2)贸易隐含碳排放的影响因素研究

除了对贸易隐含碳排放进行测算,越来越多的学者开始关注隐含碳背后的影响因素问题。目前主要的因素分解方法包括 IDA 模型、SDA 模型、LMDI 模型等。其中,IDA 模型是将一个指标分解为几个因素的乘积,通过一定的方法进行分解并确定各因素的权重,从而得到分解的各个因素以及因素的影响程度。例如:Dong 等(2010)②运用 IDA 法研究了 2008 年的中日贸易,发现贡献率最大的是规模效应。LMDI 模型是 IDA 模型的一个分支,对于变量不多且涉及时间序列性质的情况比较适用。

① 其主要原因可能鉴于所使用的数据在 2001 年之前,而不同于近几年来大多数学者采用 2001 年之后的。此外,在马涛等的研究中对于污染物采取了统一计算的方式,未具体区分污染物的类型,这也是其结果与大多数学者研究结果不同的原因所在。

② DONG et al. An Analysis of the Driving Forces of CO_2 Emissions Embodied in Japan-China Trade[J]. Energy Policy,2010,38.

例如:Davis(2003)[①]、Pani 等(2010)[②]、杜运苏等(2012)[③]、刘红光和刘卫东(2009)[④]、王媛等(2011)运用 LMDI 法对一国的二氧化碳排放量的影响因素进行了分解。与此相比,SDA 结构分解模型以投入产出表为基础,对于数据的要求较高,用于分析各分解变量对目标变量的影响程度。SDA 模型作为贸易隐含碳排放影响因素分解的主流方法,被大部分学者采用。国内学者如张友国(2010)[⑤]、李艳梅等(2010)[⑥]、赵玉焕(2014)[⑦]、李真(2014)[⑧]等运用 SDA 模型,将贸易隐含碳排放影响因素大致分解为技术结构效应、排放强度效应、贸易结构效应、贸易规模效应等。

1.3.3 真实贸易利益及排放责任问题研究

(1)真实贸易利益研究

关于贸易引致环境代价的相关研究始于 Lee 和 Roland(1993)[⑨]提出的"贸易含污量",该概念用来表示一国因出口引致的资源消耗。就中国的情况而言,贸易顺差是建立在大量的贸易隐含污染排放基础上的,因此

---

① DAVIS,W. B. ,STANSTAD,A. H. ,KOOMEY,J. G. Contribution of weather and fuel mix to recent declines in US energy and carbon emission intensity. Energy Economics, 2003, 25(5).

② PANI R. , MUKHOPADHYAY U. Identifying the Major Players behind Increasing Global Carbon Dioxide Emissions: A Decomposition Analysis[J]. The Environmentalist, 2010, 30(2).

③ 杜运苏,孙辉煌. 中国出口贸易隐含碳排放增长因素分析:基于 LMDI[J]. 世界经济研究,2012(11).

④ 刘红光,刘卫东. 中国工业燃烧能源导致碳排放的因素分解[J]. 地理科学进展,2009(02).

⑤ 张友国. 中国贸易含碳量及其影响因素——基于(进口)非竞争型投入产出表的分析[J]. 经济学(季刊),2010(04).

⑥ 李艳梅,付加锋. 中国出口贸易中隐含碳排放增长的结构分解分析[J]. 中国人口·资源与环境,2010(08).

⑦ 赵玉焕,王淞. 基于技术异质性的中日贸易隐含碳测算及分析[J]. 北京理工大学学报(社会科学版),2014(01).

⑧ 李真. 进口真实碳福利视角下的中国贸易碳减排研究——基于非竞争型投入产出模型[J]. 中国工业经济,2014(12).

⑨ Lee H. , ROLAND－HOLST D. International Trade And The Transfer Of Environmental Costs And Benefits[R]. OECD Development Centre, Technical Paper, 1993(91).

账面显示的贸易顺差额并不能真实反映一国的真实贸易利益。沈利生和唐志(2008)[①]发现2003年以后的出口导致的二氧化硫排放大于进口抵减的二氧化硫排放量,产生了资源环境的“逆差”。张小蒂(2007)[②]认为由于中国环境的稀缺,大量出口资源密集型产品会导致中国应得的比较利益发生扭曲。孙小羽(2009)[③]建立了中国能源—经济投入产出模型,测算了2002—2006年中国出口贸易引发的能耗和资源环境污染,研究显示贸易活动给中国环境带来巨大的负面影响。杨丹萍(2011)[④]将生产过程中的环境成本纳入出口商品或劳务的真实成本中去,认为贸易环境成本化对出口产品有负面影响。

就目前的研究成果看,虽有学者关注到中国贸易背后所付出的环境代价,但大多停留在测算贸易隐含污染物的数量,鲜有将隐含污染排放量转变为经济损失以及将生态环境成本纳入真实贸易利益研究框架。

(2)贸易隐含碳排放责任问题研究

在经济全球化和国际分工不断深化的背景下,国际贸易产品生产与消费实际上是在两个甚至多个国家间进行的。贸易品生产和消费的地域分离导致了碳排放归属权的争议,因此碳排放责任成为各国气候谈判的焦点问题,逐步成为国内外学者研究的一个重要领域。目前关于贸易隐含碳排放责任认定原则大致可以分为三类:生产者负责原则、消费者负责原则、共同负责原则。

①生产者负责原则

《2006年IPCC国家温室气体清单指南》所规定的碳排放计算方式是从生产角度进行的,即一国出口品计算在该国的碳排放账户内,而进口品则不会被计算在内。这种计算方式为一种直接生产责任的计算方式,也

---

① 沈利生,唐志.对外贸易对我国污染排放的影响——以二氧化硫排放为例[J].管理世界,2008(06).

② 张小蒂,罗堃.中国能源密集型产品出口贸易的环境代价[J].学术月刊,2007(11).

③ 孙小羽,臧新.中国出口贸易的能耗效应和环境效应的实证分析——基于混合单位投入产出模型[J].数量经济技术经济研究,2009(04).

④ 杨丹萍.我国出口贸易环境成本内在化效应的实证分析与政策建议[J].财贸经济,2011(06).

称为“国土责任”或“污染者负责原则”。在这种责任划定方式下，政府可通过向排污企业收取排污费从而增加企业生产成本的方式促进出口企业采取减排措施。国内外众多学者对这种“生产者负责原则”的缺陷展开了研究，认为发达国家可以通过将高排放产业转移到发展中国家以减少本国的二氧化碳排放量，造成碳转移或碳泄漏。由于《京都议定书》中规定发展中国家在2012年之前没有减排的强制指标，这使得发达国家转入发展中国家产业的碳排放很难计算。在这种情况下，全球实际碳排放量很可能没有实质性减少，反而增加了。生产者负责原则的计算方式掩盖了二氧化碳排放的“责任转移”，存在不公平性。Wyckoff和Roop(1994)认为，当发达国家的消费主要依赖进口时，通过进口产品一方面可以满足该国的消费需求，另一方面可以减少本国的碳排放和环境污染，而发展中国家却需要承担制造产品的碳排放责任，这种“生产者负责原则”实际上是不公平的①。Davis和Calderia(2010)认为，发展中国家的出口行为是由于发达国家的需求造成的，因此发达国家应该承担由此造成的碳排放责任②。Mani(1997)③、杨海生(2005)等④通过分析发达国家的对外直接投资，发现发达国家通过FDI实现了对发展中国家大量的碳转移，从而完成自身减排指标。一些学者还对碳泄漏问题展开了研究，如Paltsev(2001)⑤、Cole(2004)⑥集中于研究碳泄漏的流向以及碳关税对于碳泄漏

① WYCKOFF A. W., ROOP J. M. The embodiment of carbon in imports of manufactured products: Implications for international agreements on greenhouse gas emissions[J]. Energy Policy, 1994(22).

② DAVIS S. J., CALDERIA K. Consumption-based accounting of CO_2 emissions[J]. Proceedings of the National Academy of Science, 2010(107).

③ MANI M., WHEELER D. In search of pollution havens? Dirty Industry in the World economy 1960—1995[R]. World Bank.

④ 杨海生，贾佳，周永章，王树功. 贸易、外商直接投资、经济增长与环境污染[J]. 中国人口·资源与环境，2005(03).

⑤ PALTSEV S. V. The Kyoto agreement: regional and sectoral contributions to the carbon leakage[J]. The Energy Journal, 2001, 22(4).

⑥ COLE, M. A. Trade, the pollution Haven Hypothesis and the Environmental Kuznets Curve: Examining the Linkages. Ecological Economics, Elsevier. 2004, vol. 48(1).

的抑制机制。

②消费者负责原则

由于生产者负责原则存在着诸多缺陷，一些学者提出了“消费者负责原则”。该原则认为一国为出口而产生的碳排放是由于国外消费需求产生的，所以贸易碳排放应该由消费者来承担。佐和隆光(1999)①认为，一国减排政策的制定应该以一国消费的排放量为标准，政府的减排目标也应该参考碳消费量而不是生产量。Munksgaard 和 Pedersen(2001)②明确提出“消费者责任原则”，认为碳排放责任认定有必要考虑贸易中的碳排放转移影响，即采用“消费者责任原则”，一国的碳排放量要综合考虑进出口产品的隐含碳排放量。Osterhaven 和 Stelder(2002)③对消费者负责原则做出进一步完善，通过投入产出法分析了不同部门的碳排放责任，并认为某一部门为其他部门提供中间投入品含碳量不应计入该部门的碳排放责任。Hoekstra 和 Janssen(2006)④认为，消费者负责原则比生产者负责原则更能准确、公平地反映一国的碳排放量，将有利于全球碳减排行动的力度和效果。在此基础上，一些学者还通过实证分析对消费者负责原则做出进一步分析。如 Peters 和 Hertwick(2008)⑤对挪威碳排放量进行了分析，研究发现出口商品所内含的碳排放占挪威排放总量的 69%，若根据原有的碳排放责任确定原则对其进行减排要求，则挪威将减少原有的高能耗产品出口，这对于全球而言是不利的。樊纲等(2010)⑥注意到

---

① [日]佐和隆光著，任文译. 防止全球变暖：改变 20 世纪型的经济体系[M]. 北京：中国环境科学出版社，1999.

② MUNKSGAARD J, PEDERSEN K A. CO_2 accounts for open economies: producer or consumer responsibility? [J]. Energy Policy, 2001, 29(4).

③ OSTERHAVEN J, STELDER D. Net multipliers avoid exaggerating impacts: with a bi-regional illustration for the dutch transportation sector[J]. Journal of Regional Science, 2002(42).

④ HOEKSTRA R, JANSSEN M A. Environmental Responsibility and Policy in a Two-country Dynamic Input—output Model[J]. Economic Systems Research, 2006, 18(1).

⑤ PETERS G. P., HERTWICH E. G. CO_2 Embodied in International Trade with Implications for Global Climate Policy[J]. Environmental Science & Technology, 2008, 42(5).

⑥ 樊纲，苏铭，曹静. 最终消费与碳减排责任的经济学分析[J]. 经济研究，2010(01).

了上游中间产品对碳的内涵排放的影响，分别运用传统方法和最终消费视角计算了1950—2005年世界各国的累计消费排放量。研究发现中国大约有14%～33%的国内碳排放是由他国的消费引起的。

③共同负责原则

随着研究的进一步深入，部分学者认为消费者负责原则在理论上也有其不足之处。由于全球碳排放责任的确定问题还没有形成完备的体系，并且相关法律法规管制措施还不健全，无法对生产国和消费国产生有效限制。碳排放造成的环境成本并没有完全"内部化"，而消费国在选择进口对象时最主要的参考标准是价格，这就导致了出口高能耗产品的国家并不是那些造成环境代价最小的具有良好污染处理能力的国家。因此，有学者提出在碳排放责任的确定过程中不应简单地将消费者和生产者完全分离，而应该由二者共同承担一定比例的碳排放责任，即"共同负担原则"。Subak(1995)①认为碳排放责任的确定问题受到诸多不确定条件的影响，在确认时应该以该国与贸易国的贸易隐含碳数据为基础。Ferng(2003)②认为无论是生产者还是消费者在过量的碳排放下都会受益，二者都应该承担碳排放责任，即"受益原则"。他在提出"生态赤字"的基础上构建了碳排放核算的框架，各个国家都应计算相应的过量碳排放并以此为权重确定各个国家的碳减排责任。Lenzen等(2007)对贸易中的隐含碳的"共同负责原则"的相关制度进行了探讨③。徐盈之等(2010)④认为应同时从生产者和消费者两个角度确认部门的碳排放责任，碳排放责任的确定也应该由生产者部分和消费者部分共同承担。在实证方面，Andrew和Forgie(2008)研究了新西兰的碳排放责任，认为新

---

① SUBAK S. Methane embodied in the international trade of commodities: Implications for global emissions. Global Environmental Change, 1995,5(5).

② FERNG, J. J. Allocating the responsibility of CO_2 over-emissions from the perspectives of benefit principle and ecological deficit[J]. Ecological Economics, 2003, 46(1).

③ LENZEN M., MURRAY J., SACK F., WIEDMANN T. Shared Producer and Consumer Responsibility-Theory and Practice [J]. Ecological Economics, 2007, 61(1).

④ 徐盈之，邹芳. 基于投入产出分析法的我国各产业部门碳减排责任研究[J]. 产业经济研究，2010(05).

西兰生产者应承担44%的碳排放，消费者则承担56%，其中，国内消费者承担28%，国外消费者承担27%①。周新(2010)分别运用三种碳排放责任确定原则对10个国家或地区进行了隐含碳排放测算，结果显示中国为隐含碳最大的净出口国，而美国为最大净进口国②。

1.4　研究内容与研究框架

1.4.1　研究内容

本书研究的目的在于通过对国际高碳产业转移机理进行研究，从而探索当前中国高碳贸易产生的根源、运行机理和影响因素等问题的理论溯源及现实证据，并从贸易增加值视角对中国出口隐含二氧化碳排放、出口环境成本、进口碳福利、真实贸易利益、双边碳福利分配、贸易碳排放的责任认定等问题展开深入探讨，并就当前中美贸易摩擦带来的可能性影响进行模拟实验，为促进我国贸易结构绿色转型和技术进步，提高能源使用效率和减少贸易隐含污染物排放，提高中国真实贸易利益，减少隐性碳福利损失，提高国际气候谈判话语权提供有价值的理论支持和对策参考。

从这一研究目的出发，本书主要按照以下研究思路逐步展开：

第一，以国际产业转移为起点，对高碳产业转移的区位选择及集聚机理进行了理论分析和验证；

第二，在国际产业转移逻辑下，对中国出口贸易的高碳特征及原因进行解释，通过构建出口隐含碳影响因素模型并对各因素的影响机制进行实证检验；

第三，测算中国进出口贸易隐含的二氧化碳排放，并从进口碳福利视

---

① ANDREW, R. FORGIE, V. A three-perspective view of green-house gas emission responsibilities in New Zealand[J]. Ecological Economics, 2008, 68(1-2).

② 周新. 国际贸易中的隐含碳排放核算及贸易调整后的国家温室气体排放[J]. 管理评论, 2010(06).

角问题研究进口减排机制；

第四，从贸易净增加值视角将贸易隐含排放研究进一步拓展为贸易隐含环境成本及真实贸易利益研究，从单一二氧化碳排放测算转为多元污染物排放测算；

第五，以中美双边工业品贸易为例，对双边贸易增加值所隐含的碳福利分配及影响机制展开深入分析，为重新审视中美经贸关系新格局下双边贸易隐含碳福利分配构建一个新的分析视角；

第六，针对理论分析及实证发现，对提升我国真实贸易利益及推进绿色贸易发展提出相应的政策建议。

1.4.2 研究框架

按照以上思路，本书分八章对中国出口贸易隐含碳成本及真实贸易利益展开论述与分析。

第一章，导论。该部分首先从国内产业转型需要和国际气候压力视角阐述了本书的研究背景，在此基础上论述了本书的理论价值和现实意义；其次，从国际贸易的环境效应、贸易隐含碳排放及排放责任认定三个方面，对目前国内外研究现状进行了综合梳理；最后，对本书的研究思路和主要内容、研究方法进行介绍，并概括了本书的创新点及不足之处。

第二章，全球价值链下国际高碳产业转移及集聚机理分析。本章通过理论建模及实证检验对国际高碳产业转移集聚的机理进行了完整的描述和分析：

①确定高碳产业定义，对历史上国际高碳产业转移过程进行梳理，并总结每一阶段的主要特征及当前发展趋势；

②从 FDI 流入、高碳产业的行业集聚和地理分布三个方面对现阶段国际高碳产业在中国的集聚现象进行分析；

③以国际价值理论为基础，通过构建国际产业转移的静态模型和动态模型，研究一国将贸易品生产环节向外转移的机理及国际区位选择的影响因素，并对国际产业转移导致的碳泄漏问题以及碳泄漏导致的产业

转出国和承接国之间不平衡的碳利益分配问题进行了理论分析；

④在理论模型的基础上建立相应的计量模型，根据中国工业部门相关数据分析基于外部资本投资差异、工资率差异、税收差异、环境规制差异等影响下国际产业向中国转移的诱导机制。

第三章，中国出口贸易的高碳特征及原因。本章首先对中国对外贸易发展现状、取得的成就及发展趋势进行了梳理，继而对中国高速发展的出口贸易背后的“双高”问题进行了分析，从高能耗、高排放、高碳贸易行业结构及高碳贸易流向四个角度总结了中国出口贸易的高碳特征，并对导致这种高碳特征的原因从技术与制度、内部与外部等多维角度进行深入探讨。

第四章，中国出口隐含碳排放影响因素模型及实证分析。本章从广义上定义了出口贸易隐含碳排放的内涵，并尝试以马克思主义政治经济学价值理论为基础，通过价值模型向隐含碳排放模型转换，构建出口贸易隐含碳排放影响因素模型，对固定资本投资、贸易结构、劳动力成本及技术进步对隐含碳排放的影响机制进行严格的数理证明。在此基础上利用我国制造业相关数据，对影响我国出口隐含二氧化碳排放量和其他污染物排放的短期波动效应和长期效应进行实证检验。

第五章，中国出口隐含二氧化碳排放与进口碳福利研究。本章在非竞争投入产出模型框架下，通过构建进出口隐含碳排放模型和改进的结构性分解模型对传统的竞争型投入产出模型进行修正，并基于此测算中国出口贸易隐含二氧化碳及影响机制。此外，以进口品为研究对象，测算中国进口隐含碳排放及进口真实碳福利水平，对进口真实碳福利在不同行业间的分配状况和影响因素加以分析，并进一步深入研究样本时间段内进口真实碳福利、行业分布变化趋势及减排空间，从而寻找有利于实现中国贸易减排目标的有效的进口抵减政策。

第六章，中国出口贸易碳成本及真实贸易利益分析。本章主要从以下三个部分展开研究：

①将贸易增加值分解法结合 MRIO 模型对中国贸易隐含污染排放、环境成本以及真实贸易利益展开深入分析；

②从污染物排放强度效应、直接增加值效应、技术结构效应、最终需求效应和进口规模效应五个方面，对中国贸易净增加值隐含污染排放变动的机制进行分解和检验；

③结合环境经济测算中的 ExternE 模型和 Logistic 模型对贸易隐含污染排放的经济损失进行核算，将污染物经济损失纳入贸易利益体系，以评估中国真实贸易利益。

第七章，全球价值链下中美双边工业品增加值贸易隐含碳福利的核算与分配。本章以中美双边贸易为例，将贸易增加值法结合目前研究贸易隐含排放的主流 MRIO 模型对中美双边工业品贸易增加值所隐含的碳福利展开测算，对碳福利在双边的分配状况、双边贸易碳排放的责任认定及隐含碳福利变动的影响机制展开深入分析，并就当前中美贸易摩擦所带来的可能性影响进行模拟实验。

第八章，关于中国贸易减排的政策建议。本章在前面章节理论推导及实证检验的基础上，针对中国如何在供给侧改革背景下积极推动贸易结构深层次改革，如何在保持贸易顺差的同时增进自身的贸易隐含碳福利水平，如何推动更加公平的全球气候谈判和减排责任认定机制等问题对症下药，提出相应的政策建议，包括：进出口“双管齐下”的减排政策、技术进步的“节流”引擎政策、绿色资本流向引导政策、环境管制与绿色投资的双重治理政策以及“对外开源”政策。

1.5 研究方法

本书在研究过程中主要应用了数理逻辑分析与文字逻辑分析相结合、理论规范分析与实证检验分析相结合、静态分析与动态分析相结合及跨学科研究方法相结合的综合研究方法。

1.5.1 数理逻辑分析与文字逻辑分析

数理逻辑和文字逻辑是经济学表达的两种主要方法，在经济理论中恰当地运用数学方法，可以使理论和科学的研究成果表达得准确和精确，可以更好地检验结论和前提是否一致或矛盾，可以更有力地增强研究成果中的结论①。本书在研究过程中，将数理逻辑和文字逻辑结合在一起用于分析中国出口贸易碳成本及真实贸易利益问题。具体而言：运用文字逻辑方法对国际高碳产业转移路径、中国高碳贸易特征及原因等问题进行描述和分析；在针对某些难点问题，例如国际产业转移机理、转移条件、区位选择、碳泄漏产生原因、贸易隐含碳排放影响因素、出口碳成本测算、真实贸易利益研究等问题则进行数理逻辑分析，包括微分分析、动态优化分析、博弈分析、计量统计分析以及投入产出技术等。其目的在于将复杂问题用数理表达式更为清晰、简明地表示出来，同时使用文字逻辑将数理推导结论进行归纳和总结。

1.5.2　规范分析与实证分析

目前关于贸易隐含碳排放的研究分析模式大多偏重于实证分析或数据说明，缺乏理论模型支持，从理论模型方面对问题进行规范论证的较为少见，仅有个别研究者试图对外商投资和东道国的污染问题进行模型推理（包群、陈媛媛、宋立刚，2010）②。本书按照现代经济学表示分析范式，同时运用规范模型分析和实证分析两种方法对课题展开研究。在论述国际高碳产业转移机理和出口隐含碳排放影响因素过程中构建了系统的国际高碳产业转移模型，包括国际产业转移静态模型、动态模型、区位选择模型、碳泄漏模型以及出口贸易隐含碳排放影响因素模型等。在这些规范模型分析基础上，构建相应的计量统计模型、投入产出模型和环境成本损失模型，对中国贸易隐含二氧化碳排放和污染排放、进出口真实碳福利、出口贸易碳成本和真实贸易利益等问题进行实证检验和测算，使得模型分析结论更直观、更现实、更具科学性和可验证性。

---

① 吴易风. 当前经济理论界的意见分歧[M]. 北京：中国经济出版社，2000.

② 包群，陈媛媛，宋立刚. 外商投资与东道国环境污染：存在倒 U 型曲线关系吗？[J]. 世界经济 2010(01).

1.5.3 静态分析与动态分析

本书同时贯穿了静态分析与动态分析两种方法。

①在理论模型部分，从静态分析角度分别构造了国际产业转移影响因素模型、区位选择模型及贸易隐含碳排放影响因素模型，并进行严密论证；同时，运用国际产业跨国转移的动态博弈分析，将国际产业和技术梯度转移过程清楚地表示出来，并进一步分析国际产业转移的边界条件以及内嵌在产业转移过程中的碳泄漏和碳转移问题。

②在实证分析部分，无论是计量回归分析还是投入产出分析，既体现了某一时期贸易隐含碳排放影响因素的贡献率、隐含排放量等静态分析结果，又探讨了各变量的跨期比较，如脉冲响应分析、结构性分解分析、隐含排放总量变化趋势分析、高碳行业分布的变化趋势及减排空间分析等。

1.5.4 多种分析方法的综合运用

本书具有学科交叉特点，因此在研究方法上也具备多学科综合性。首先，针对现有研究大多聚焦于隐含碳排放测算及排放责任认定本身而对导致这些问题的本质原因很少涉及的研究短板，本书尝试在理论模型构建上运用现代政治经济学方法展开分析论证。政治经济学方法论可以将特定的事件描述转化为具有历史逻辑关系链接的一系列经济活动的动态演化过程，不仅可以解释国际高碳产业转移和贸易隐含碳排放的内在机制，还能突出表现资本主义生产方式下跨国公司追求国际超额剩余价值与破坏生态环境之间的内在矛盾，剖析以国际产业转移为载体的碳泄漏利益在不同生产力水平国家之间分配的巨大差异和不公。

其次，在实证分析部分采用多种分析方法：

①运用计量回归方法对国际产业转移和区位选择模型、出口隐含二氧化碳排放和污染排放的影响因素模型进行实证检验，对各因素的贡献度、变化趋势等问题展开深入讨论；

②运用投入产出模型和结构性分解方法对中国出口隐含二氧化碳和

污染排放量、进口隐含碳福利等进行测算；

③跨学科运用环境经济领域的 ExternE 模型和 Logistic 模型对贸易隐含污染排放的经济损失进行核算，进而计算出出口贸易碳成本（即真实贸易利益）。

1.6 研究的创新点及不足

1.6.1 主要创新

从现有的研究成果看，国内外学者对出口贸易可能带来的生态环境影响及贸易隐含碳问题等方面做出了重要的贡献，这对中国贸易结构优化和低碳贸易政策的构建起到了积极的理论借鉴作用，但在研究框架、研究视角和分析方法上还有进一步发展的空间。

(1)从研究框架来看，本书尝试通过跨学科的研究方法构建一个系统的国际贸易隐含碳成本及真实贸易利益理论框架。目前关于贸易隐含碳问题的研究大多针对隐含碳排放测算、国际碳泄漏、碳排放责任认定等单个方面展开，较为零散，尚未形成系统性框架。虽然也有少数学者尝试做出综合分析，但是分析模式大多偏重于实证分析或数据说明，缺乏理论逻辑支持，也未深入探讨贸易隐含碳排放产生的根源、动态演化机制等。

本书尝试将贸易隐含碳问题转化为一系列经济行为的动态逻辑演化：

首先，分析贸易隐含碳的原因，从产业跨国转移出发通过构建产业转移的静态和动态模型，分析历史上产业跨国转移的原因及区位选择的动因，将碳泄漏和污染转移看作产业转移共生的问题，以此分析资本主义生产方式下跨国公司追求国际超额剩余价值与生态环境破坏之间的内在矛盾。

其次，与目前以研究排放端为主的文献资料不同，本书重视从生产端出发研究碳排放的成因，通过价值模型向碳模型转换，构建出口隐含碳排放影响因素模型，并对中国制造业出口隐含碳成本的影响因素、短期波动效应和长期效应进行实证研究。

再次，提出了真实进口隐含排放(碳福利)以及真实贸易隐含排放的概念，从出口、净进口角度对隐含的二氧化碳、其他废气和废水进行总量测算，通过非竞争投入产出模型和改进的结构性分解模型对影响跨期隐含排放变化的机制、行业分布、变化趋势、贸易隐含排放平衡等进行深入探讨。接下来，将资源环境学中的损失测度模型纳入贸易隐含碳排放的研究框架中，用于测算中国出口贸易碳成本，进而计算出中国真实贸易利益。

最后，在所有模型和实证测算结果的基础上"对症下药"的提出中国贸易减排的五大政策路线。

综上所述，本书将国际高碳产业转移、贸易隐含碳排放、出口碳成本及真实贸易利益等一系列问题纳入统一研究体系，注重从现象到本质、从结论到政策，注重历史逻辑与现实逻辑相结合、理论模型构建与实证检验相结合，构建了出口贸易含碳成本及真实贸易利益分析框架。这是从个别分析到系统分析的转变，是在现有研究成果总结基础上的一次新的综合和拓展。

(2)在研究视角方面，本书从碳成本的角度研究出口贸易问题，并以此为依据来评估中国真实出口的贸易利益，是对现有贸易问题研究的一种新发展，也为我国外贸方式转变以及微观企业技术进步提供了新的研究思路。现有研究大多将视角集中于出口或净出口来估算贸易内涵碳排放，并将净出口作为整体用以分析贸易规模对隐含碳排放的影响，在净出口背后的行业结构、需求结构、进口品用途等方面缺乏细化研究，更鲜有从进口角度对进口碳福利问题展开分析。虽然大部分研究成果已对南北双边贸易带来的碳泄露问题进行了深入全面的分析，但对于贸易隐含碳福利如何在双边间分配以及自由贸易是否恶化了全球气候等问题上的研究还较为少见。有学者通过研究得出了自由贸易增加了全球二氧化碳排放的结论(Li 和 Hewitt，2008)，政策着眼点围绕技术落后国家应该如何与技术发达国家展开技术合作与技术转移。但这种单向的、静态的政策思考难以解决现有贸易流向与全球气候相冲突的现实，在某种程度上忽视了"在增进贸易利益的同时，有效控制全球碳排放"的机制设计。

本书对"隐含碳排放"进行了广义上的定义，即一国为出口需求而进行的生产活动中排放的各种废气、废水和废料的统称，在出口隐含碳排放的基础上，更加重视真实进口的抵减作用，将一国通过国际贸易而避免的国内污染排放看作一国的"隐含碳福利"。一方面，本书在中国出口碳成本及真实贸易利益的分析模型设置上考察了进口品的用途对隐含碳排放的影响差异，进而对当下的贸易格局对全球气候变化的影响、双边贸易隐含碳福利分配及影响因素进行分析。从单一出口隐含碳排放研究转向包括真实进口碳福利在内的出口碳成本和真实贸易利益研究，从单边隐含碳排放研究转向双边隐含碳福利分配研究，既是研究视角的横向多元拓展，又是在现有研究基础上的纵向深入。另一方面，现有关于贸易利益的大部分研究基本采用一国出口增加值作为主要指标，且将贸易隐含二氧化碳排放视作贸易隐含环境成本，并未对隐含排放带来环境成本和污染损失予以量化。本书进一步将净出口隐含环境成本从贸易净增加值上剔除出来考察一国的真实贸易利益，并尝试将贸易隐含排放研究进一步拓展为贸易隐含排放的环境成本及真实贸易利益问题研究，研究对象也从单一二氧化碳排放转为一般污染物排放。与目前贸易增加值核算法下聚焦贸易排放规模、碳贸易条件的研究相比，本书在测算中国出口隐含环境成本、变化趋势及行业异质性基础上，继续对增加值贸易隐含污染物排放的跨期变动进行结构性分解，以期找到其背后的影响机制，这相较于当前研究又推进了一步。

(3)在研究工具和方法方面，本书在该领域基本方法的基础上进行了一定程度的拓展，尝试采用跨学科多种方法进行综合分析。

①目前的研究成果一类专注于实证研究，即不通过理论推导，直接对事件表象及影响因素进行实证分析，这类研究占大多数，主要以 I-O 法分析和计量回归法分析为主；另一类将模型分析和实证分析相结合，从理论

上解释内嵌能源或贸易环境效应的过程，但是这类研究的方法大多采用新古典模型推导，少有从现代政治经济学角度进行建模分析，这无疑是研究方法领域的一种缺失。马克思主义政治经济学是以研究人与自然的关系为基础的，其方法论的重要特征是从现象到本质，注重矛盾分析与综合分析相结合、历史分析与逻辑分析相结合，注重制度分析和国家利益分析。这种方法论将彼此具有内在联系的经济事物放在统一的分析框架中去审视。因此，从政治经济学角度展开分析能够为出口隐含碳排放和真实贸易利益问题的研究找到一个价值基础，并实现从个别问题分析到系统问题分析的转变。这为现有理论研究提供了方法上的有益补充。

②本书运用非竞争型投入产出模型，区分了进口品中“用于国内使用部分”和“用于出口品生产的中间投入部分”对进口隐含碳的差异，并针对传统分解方法的局限性，重点针对贸易变量进行拓展性分解，分离出传统方法对进口中间品减排高估部分，揭示了贸易规模背后隐含的进口品用途结构、进口品用于国内最终需求的行业结构差异、进出口相对规模等影响机制，揭示了传统 SDA 模型掩盖的一些重要信息。这是对现有经典研究模型的有益拓展，使理论模型能够更好地解释现实。

③根据当前贸易利益核算方法的改进趋势，将贸易增加值法纳入 MRIO 模型，构建出口增加值隐含排放模型、双边贸易隐含碳福利模型，并以此为基础进行 SDA 结构性分解，以期找到贸易增加值隐含排放及双边碳福利变动的影响机制。这相较于当前研究而言又推进了一步。

④本书所建立的投入产出模型分析与环境损失分析相结合的实证分析方法，丰富了投入产出方法的应用。

(4)结合当前全球价值链体系下国际经济格局的变化及逆全球化、单边主义趋势日益明显的大背景，并对当前中美贸易摩擦所带来的可能性影响进行深入分析。考察中美双边贸易增加值利益分配格局，同时将贸易生产过程中产生的碳排放跨境流动问题纳入理论框架，这对于理解和重新审视中美贸易摩擦下双边贸易隐含碳福利分配构建了一个新的分析视角，对于回应美方所谓的“不公平贸易说”以及中美未来贸易谈判、双边贸易关系论断以及全球碳排放责任认定提供了一个新的解读方向。此外,中美作为全球最大的经济体,双边贸易摩擦所导致的单边或多边的贸易政策调整会通过部门之间的生产性关联和技术性关联对两国价值链及全球分工格局产生深刻影响,进而影响双边贸易隐含碳福利及分配。本书在测算中美贸易隐含碳福利动态变化趋势及15个工业部门异质性贡献基础上进一步对双边隐含碳福利影响机制展开深入探讨,在数据方面同时覆盖中国加入WTO及美国次债危机两个重要节点,并充分考虑中美贸易摩擦及关税政策带来的出口变化问题,根据不同的关税情境对中美进出口贸易隐含排放可能性影响进行模拟预测。这些方面均拓展和丰富了现有相关研究,对于中美未来国际经济领域博弈策略制定具有积极的现实意义和理论价值。

1.6.2 未来可拓展的方向

本书虽然尝试以历史逻辑分析为线索,从现象到本质,结合理论模型构建和实证分析检验,对中国出口贸易隐含碳成本及真实贸易利益进行综合阐述,但仍存在以下不足:

①本书研究是从贸易隐含二氧化碳排放向多污染物排放及环境成本测算的一次新尝试,可能存在局限和不足,有待于未来进一步探讨:

首先,本书仅对中国贸易隐含废水、SO_2、粉尘和烟尘等污染物所导致的人体健康损失、农业损失等进行了测度,而未对CO_2导致的全球气候变暖形成的经济损失进行测算。其原因主要是CO_2带来的全球气候变暖所导致的损失是全方位的,既包括直接的经济损失还包括更为广泛的生物多样性损失,需要更加广泛和深入的跨学科研究和资料支持。以CO_2排放成本为基础研究全球气候制度设计、制度变迁、气候谈判合作激励等问题是未来研究的一个重要方面。

其次,为使结构性分解更加具备可操作性,更深入考察净贸易增加值隐含碳排放变动的影响因素,本书在对进口增加值进行计算时暂没有剔除重复计算项,在不影响主要结论趋势基础上选择更适合SDA分解的方法。

再次，由于难以获得统一口径下进口国废气和废水排放的分行业数据，本书以国内污染物排放系数进行替代是一个“次优选择”，可能高估进口带来的环境福利及真实贸易利益。随着未来 WIOD 数据库在贸易数据及各国污染物排放数据方面的更新和完善，该问题可能得到进一步解决，这也是未来可持续关注的方面。

②围绕本书的其他可拓展性研究。虽然本书通过投入产出技术和结构性分解模型证实了碳排放强度和污染排放强度的下降对贸易减排机制的积极作用，但为了保证本书体系的连贯性和聚焦性，并未继续就一般性技术进步与低碳类技术进步对贸易结构调整及减排绩效的影响进行进一步分析和拓展。此外，本书虽针对现有研究框架给出了系列政策建议，但对国家环保政策自上而下的传导机制以及哪些因素有可能造成环保政策传导不畅或低效率等问题并未进行深入探讨。这其实是对政策部分更加深入的拓展，有待于下一步持续研究。

第二章　全球价值链下国际高碳产业转移与集聚机理分析

本章将以国际高碳产业转移与集聚为分析起点，在马克思主义政治经济学国际价值理论基础上，通过构建国际产业转移模型，研究一国将贸易品生产环节向外转移的机理及国际区位选择的影响因素，并对国际产业转移导致的碳泄漏问题进行理论分析和实证检验。

2.1　国际高碳产业转移与集聚的历史证据

2.1.1　高碳产业的界定

1847年，马克思在《资本论》中提出了两大部类产业分类法，并将社会部分分为生产生产资料的部门和生产消费资料的部门。1935年，新西兰经济学家费歇尔在《安全与进步的冲突》中用三次产业分类法对产业进行划分，提出人类经济活动可以分为三个阶段性进程：第一阶段为初级生产阶段，此时人类重点发展农业、林业、畜牧业等；第二阶段以英国的工业革命为起点，包括制造业、建筑业、电力、热力供应业等；第三阶段始于20世纪初，许多非物质生产部门在国民经济中发挥越来越重要的作用，传统意义上的产业分类已经无法满足。费歇尔将二次产业之外的其他各业称为第三产业，包括金融业、教育、卫生、饮食业等。1940年，英国经济学家克拉克在《经济进步的条件》一书中继承和发展了这一理论，明确把国民经济活动划分为第一产业、第二产业和第三产业。随着时代的发展及产业划分自身的需求，产生了越来越多的产业分类方法，如“要素产业分类法”“波拉特四次产业分类法”“霍夫曼产业分类法”“钱纳里—泰勒产业分类法”等。根据不同角度来划分产业虽然满足了对产业分类的要求，但也给汇总对比产业统计资料带来了很大困扰，为促进产业统计工作的发展，1948 年联合国经济及社会理事会统计委员会颁布了国际标准产业分类体系（International Standard Industrial Classification，ISIC）初稿，并于 1958 年制定了 ISIC1.0 版，之后又进行了多次修订，至 2008 年已经推至 ISIC4.0 版。它把国民经济划分为 21 个门类、88 个大类、238 个中类和 419 个小类。

相比于 ISIC3.1，ISIC4.0 门类 E 新增了供水、污水处理、废物管理和补救行业，这体现了环境资源因素在各项经济活动中日益重要的地位。综观世界环境发展历程，自工业化以来，全球大气二氧化碳、甲烷和氧化亚氮浓度持续增加，2012 年全球大气二氧化碳、甲烷和氧化亚氮浓度分别为 393.1ppm、1819ppb 和 325.1ppb，分别比工业化前增加 41%、160% 和 20%。从 1880 年到 2012 年，全球地表平均温度大约升高了 0.85 摄氏度；1901 年到 2010 年，全球海平面上升了 0.19 米；20 世纪 70 年代以来，全球海平面上升量的 3/4 是由冰川融化和海水受热后体积膨胀造成的①。随着工业化发展进程在全球更广泛、更深入的展开，温室气体排放所引起的全球变暖问题以及污染排放带来的全球环境恶化问题日益突出，在此背景下有必要在传统的三次产业分类和行业分类中对高碳型产业进行界定，以此为依据有重点地制定相关产业及贸易政策。

关于高碳产业目前还没有统一的定义，在对现有文献进行整理过程中，本章梳理了三种常见的界定方法：

①通过定性研究各产业对环境的影响程度来确定高碳产业。例如：夏友富（1999）根据产业对空气、水源等的影响程度将产业分为严重污染密集型产业和污染密集型产业两种，其中严重污染密集型行业 14 种，污染密集型行业 22 种，主要包括造纸及纸制造业、烟草及饮料制造业等。

---

① http://www.cma.gov.cn/2011xzt/gqzt/201405/t20140506_245322.html.

②通过污染成本来界定高碳产业。这种界定方式有两种计算方法：一是利用“污染成本/总成本”的比例来界定高碳产业。例如：Tobey(1990)将污染削减成本与总成本的占比大于或等于1.85%的产业界定为污染密集型产业，并通过计算将化学工业、造纸工业、采掘业、有色金属业和钢铁业这5种产业归为污染密集型产业；Cole和Elliott(2007)则运用环境治理成本占总成本的比例作为指标来界定高碳产业。二是通过污染成本与总收入比重的方法来界定高碳产业。如Low和Yeats(1992)用这种测定方法将占比大于1%的产业归为污染密集型产业，并指出环境成本内部化几乎不影响企业的区位选择。

③通过污染排放强度指标来界定高碳产业。例如：Wheeler(2001)运用空气质量指标来反映中国、墨西哥及巴西三国的污染程度。赵细康(2003)以1991—1999年为时间跨度，以每个产业的污染物(废水、废气、固体污染物)的排放强度与工业产值的比值为测量指标，通过测算将产业分为重度、中度、轻度污染密集型三大产业，并得出污染最为严重的产业为电力煤气及水的生产供应业的结论。Weber和Matthews(1997)通过测算各个行业的碳排放强度来界定高碳产业，并将相关的海关编码对应到各个高碳行业下。

比较以上三种界定方式，第一种通过定性研究各行业对环境的影响程度来确定高碳产业，简单明了，可以大大减轻研究者的工作量。但是由于侧重于定性分析且对高碳产业的界定存在主观性，缺乏具体的定量指标，欠缺说服力。第二种通过污染成本来界定高碳产业，相对于定性测量来说比较准确，但是存在污染成本处理烦琐，相关数据获取难度较高的问题。同时，污染成本不仅与污染量有关，也与污染设备支出以及企业所在地的环境管制程度有着很大关系，采用污染成本来表示污染程度也存在一定偏差。因此，本章参照第三种方法，通过计算各行业的二氧化碳排放强度①来界定高碳产业。

① 碳排放强度=各行业二氧化碳排放量/各行业工业产值。

《中国能源统计年鉴》提供了分行业的原油、汽油、煤油、柴油、燃料油、煤炭、焦炭和天然气8种分类能源的消耗量。各种能源的二氧化碳排放系数参考了IPCC推荐的净发热值、碳排放因子。本章选用2013年中国统计数据，根据单位产出的污染排放水平对相关分产业进行合并，得到中国高碳行业分类（见表2.1），并根据行业特征参考Weber和Matthews的方法找到行业对应海关编码（98章）①。经计算，中国高碳产业包括：化学工业、金属矿采选业、非金属矿采选业、石油加工炼焦及核燃料加工业、金属冶炼及压延加工业、金属制品业、非金属矿物制品业、电力热气生产和供应业。

表2.1　　中国高碳产业界定

简称	合并产业	统计产业	海关编码	碳排放强度	碳排放强度均值
化学	化学工业	化学原料和化学制品制造业	28-40.54.55	1.00079	1.00079
金属矿	金属矿采选业	有色金属矿采选业	26	0.097808	0.149111
		黑色金属矿采选业		0.200414	
非金属矿	非金属矿采选业	非金属矿采选业	25	0.489892	0.489892
能源	石油加工、炼焦及核燃料加工业	石油加工、炼焦及核燃料加工业	27	246.8271	246.8271
金属制品	金属冶炼及压延加工业、金属制品业	黑色金属冶炼和压延加工业	72-83	2.640474	1.573725
		有色金属冶炼和压延加工业		0.506976	
非金属制品	非金属矿物制品业	非金属矿物制品业	68-71	1.349986	1.349986
电力热气	电力、热气生产和供应业	电力、热气生产和供应业	85	7.04467	7.04467

数据来源：作者根据《2013年中国统计年鉴》、IPCC《2006年温室气体清单指南目录》中相关数据计算整理而得。

2.1.2　国际高碳产业转移

（1）国际产业转移分析

按照产业转移的层次不同，第二次世界大战后全球性的国际产业转

① WEBER C., MATTHEWS H.S. Embodied environmental emissions in U.S. international trade, 1997—2004[J]. Environmental Science and Technology, 2007, 41(14).

移大致可以划分为四个阶段。第一次国际产业转移浪潮发生在20世纪50年代，美国在确立了自身国际经济与技术的领先地位后，开始将纺织、日化、钢铁、普通工业机械等技术密集度较低的传统产业向日本、德国、加拿大等国家转移，在国内则重点发展汽车、化工等资本密集型产业。第二次产业转移浪潮发生在20世纪60年代，日本、德国等开始集中力量发展钢铁、化工等资本密集型和电子、航空等技术密集型产业，而将传统劳动密集型产业向亚洲新兴工业化国家和亚洲“四小龙”（新加坡、韩国、中国台湾和中国香港）转移。第三次国际产业转移发生在20世纪70年代，基于劳动力成本和环境污染两方面的压力，发达国家将发展重心放在技术密集型和知识密集型产业上，相继将高能耗、高污染的重工业、化工制造业和其他劳动密集型产业向发展中国家和地区转移。第四个阶段的国际产业转移始于20世纪90年代，转移呈现双向趋势，表现为由原来产业梯度转移向产业价值链各环节转移。在这种转移格局下，国际产业分工随之发生了变化：以美国、日本为代表的发达国家作为传统工业的转出国重点发展高科技等技术密集型产业；发展中国家则出现了内部分化：以韩国、新加坡为代表的国家在承接发达国家传统工业的同时也开始参与技术密集型产业领域的国际分工；而以中国、印度为代表的国家主要参与以廉价劳动力为优势的初级产品的加工和承接发展中国家转移过来的传统劳动密集型产业及部分资本密集型产业。相关数据显示，西方发达国家制造业占全球工业的份额由1970年的78%下降至2018年的54%；而发展中国家所占份额则从1970年的9.8%上升至2011年的46%[①]。这说明发展中国家成为发达国家传统制造业转移的主要承接国。

2005—2018年新兴发展中国家加速了工业化的步伐，其全球制造业产出中明显上升，而发达国家的制造业呈现稳步下降趋势。由表2.2可知，至2018年，发展中国家在全球制造业产出份额达到46%，已经接近西方发达国家的产出份额。从表2.2中也可以看出，2007年中国的全球

① 数据来源：根据世界银行WDI数据库计算而得。

制造业份额超过日本，2011 年达到 19.9%的全球份额，占比超越美国，成为全球制造业产出规模最大的国家。这表明了发达国家工业化进程已经完成，并将一些制造工业转移至发展中国家。

表 2.2　　2005—2011 年各国/地区在全球制造业产出份额(%)

年份	2005	2006	2007	2008	2009	2010	2011
新兴国家	31.1	33.9	36.4	39.7	42.4	43.4	46
其中：中国	9.8	11.1	12.7	15.2	19.3	17.7	19.9
其他	21.3	22.8	23.7	24.5	24.1	25.7	26.1
西方发达国家	68.9	66.1	63.6	60.3	57.6	56.6	54
其中：美国	23.8	22.9	21.2	18.9	19.8	19.2	18
日本	13.1	11.6	10.3	10.3	10.3	11	10.2
其他	32	31.6	32.1	27.5	27.5	26.4	25.8

数据来源：世界银行 WDI 数据库。

从表 2.3 呈现的产业结构变化趋势来看，以中国、印度为代表的发展中国家 1978—2018 年第一产业增加值呈现持续下降趋势，而第二产业和第三产业增加值占比上升趋势明显。中国第二产业增加值占比改革开放以后长期维持在 40%以上。而对于以美国和日本为代表的发达国家，其第一产业与第二产业增加值占比呈现稳步下降趋势，2018 年美国和日本的第二产业增加值占比降为 18.8%和 29%，第三产业占比却高达 77%和 63%。这表明发达国家通过国际产业转移将传统工业转移至欠发达地区，自身已形成以服务业为核心的产业结构。

表 2.3　　1978—2018 年分时间段主要国家三次产业构成(单位：%)

指标	国家	1978—1984	1985—1991	1992—1998	1999—2005	2006—2012	2014—2018
第一产业增加值占比	美国	2.94	2.13	1.67	1.19	1.16	0.9
	日本	3.16	2.30	1.79	1.46	1.17	1.1
	印度	33.89	29.63	27.26	21.37	18.10	17.1
	中国	31.13	26.06	19.23	13.63	9.99	8.0

续表

指标	国家	1978—1984	1985—1991	1992—1998	1999—2005	2006—2012	2014—2018
第二产业增加值占比	美国	33.09	28.91	25.33	22.16	21.23	
	日本	38.63	37.79	33.67	29.41	27.00	
	印度	24.96	25.96	26.26	25.89	29.60	29.6
	中国	45.64	42.47	45.94	45.41	46.27	40.9
第三产业增加值占比	美国	63.97	68.10	73.00	76.69	77.60	
	日本	58.23	59.90	64.53	69.13	71.80	
	印度	41.16	44.41	46.49	49.73	52.41	58.3
	中国	23.24	31.49	34.84	40.96	43.73	51.1

数据来源：国家统计局。

(2)国际高碳产业转移趋势

从国际范围来看，每一次的国际产业梯度转移几乎都伴随着能源消耗和碳排放的国际转移。20 世纪 70 年代以来，随着发达国家产业结构的升级，其国内环境规则对产业的约束性也随之不断提升。根据保护臭氧层的《维也纳公约》和《蒙特利尔协议书》，发展中国家在淘汰和禁止使用消耗臭氧层物质的规定期限上要比发达国家多出 10 年的宽限期。环境标准的变化使企业生产的外部成本发生变化，进而影响企业利润的变动路径。因此，发展中国家逐渐成为发达工业化国家劳动密集型、资本密集型、能耗污染型产业转移的主要集中地，而发达国家则专门从事清洁产品、技术密集型产品、服务密集型产品等的生产。在这种背景下，很多发展中国家的产业结构随之发生巨大变化，由以往的初级产品出口为主迅速转变为工业制成品出口为主，大大提高了出口总量，并在一定程度上改善了贸易结构。但是，这种通过承接国际产业转移而发展起来的现代工业和出口结构，使发展中国家逐渐成为高耗能、高污染型产品的“世界工厂”，成为其国内碳排放水平急剧增加的一个重要因素。

随着四次国际产业的转移，美国、德国、日本、法国、巴西等国家的单位 GDP 能耗的波峰均呈现自左向右依次递推的趋势。而每一次国际产业转移完成之后，转出国的单位 GDP 能耗逐渐呈现下降的趋势。第二次产业转移期间,发达国家逐渐严格的环境管制和上升的劳动力成本使发达国家逐渐将传统工业中需要消耗大量劳动力和资源的产业或某一环节向欠发达国家或地区转移。由于较低的劳动力成本和较为宽松的环境管制,大量高能耗产业集聚在发展中国家,这些国家生产过程所产生的碳排放很大部分是为了满足发达国家的消费,从而形成了发达国家通过高碳产业的"外包"形式将碳排放向外转移。一些研究证实,日本 20 世纪 60 年代以来已将 60%以上的高污染产业转移到东南亚和拉美国家,美国也将 39%以上的高污染、高消耗的产业转移到其他国家。1965—1988 年,发展中国家化工、有色金属、钢铁、纸浆和造纸、石油产业以及其他一些原材料加工业产品在世界市场上所占的份额从 22%上升到 26%,其中东欧、拉丁美洲和西亚国家此类产品的出口份额上升,东南亚国家的出口份额下降,污染密集型产品的比较优势已在某种程度上向发展中国家转移。①

从时间变化趋势来看(见图 2.1),美国、德国、英国、欧盟等发达经济体人均碳排放强度在第三、四次产业转移期间呈现波动下降的趋势;而中国、印度、巴西等发展中国家在研究期内人均碳排放强度整体呈现稳步上升的趋势。其中,中国 1970—2002 年上升速度较为缓慢,但 2002 年以后人均碳排放强度急剧上升,并于 2007 年超过世界平均水平。2013 年中国的人均碳排放强度达到 7.56 吨/年,接近欧洲国家的平均水平。但在 2013 年后,中国的人均碳排放强度开始呈现下降趋势。

从碳排放国际转移趋势来看,美国主要从中国、东亚、欧盟等进口碳消费;东亚主要向美国、中国、加拿大等国出口高碳产品。美国、欧盟、加拿大为主要碳排放转移经济体,而中国、东亚等发展中国家为主要碳排放承接经济体。另有数据显示,2000—2006 年中国本土每年提供给美国和欧盟消费需求的出口产品所产生的二氧化碳排放量分别占中国总排放量的 6%~7%和 4.8%~6.5%。扣除与之对应的进口碳排放,中美和中欧贸易净转移至中国的二氧化碳排放量分别占中国二氧化碳总排放量的

① LOW, P., YEATS, A. Do "Dirty" Industries Migrate?. World Bank Discussion Papers. 1992.

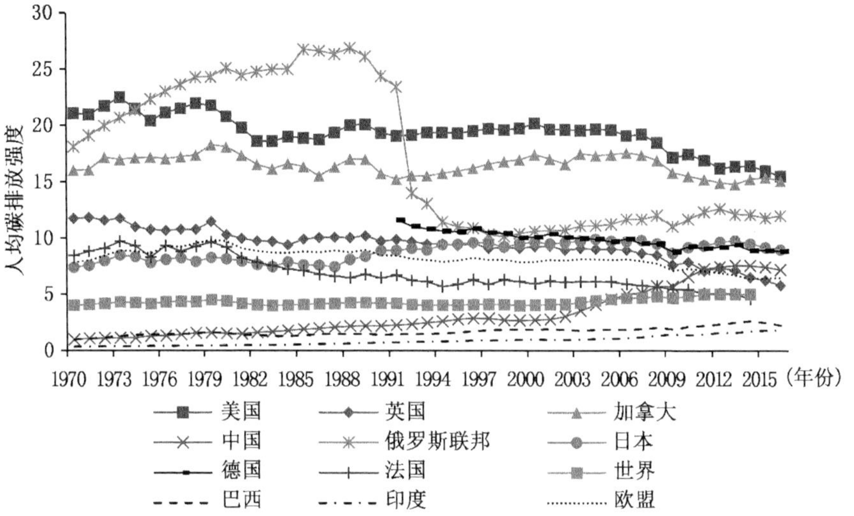

资料来源：世界银行 WDI 数据库。其中德国 1970—1990 年、法国和世界 2015—2016 年数据缺失。

图 2.1　主要国家 1970—2016 年的人均碳排放强度(单位 GDP 碳排放)

4.1%～5.1%和 1.8%～4.0%①。

2.1.3　高碳产业向中国转移及集聚趋势

(1)FDI 流入分析

改革开放以来，中国成为第三次国际产业转移中最大的承接地和收益国。FDI 利用规模逐步提高，1992—2007 年中国平均每年吸收外资超过 450 亿美元，年均增速高达 19.4%，比同期全球外国直接投资流入额年均增速高出 7.5 个百分点，远高于同期国民经济增长速度，并连续 16 年成为吸收投资最多的发展中国家，累计利用外商直接投资超过 8 200 亿美元。② 中国成为全球投资热点的地位逐步确立，吸收外国直接投资

---

① 张晓平. 中国对外贸易产生的 CO_2 排放区位转移分析[J]. 地理学报，2009(02).

② 数据来源：国家统计局。

规模稳步扩大。

FDI 规模的持续扩大对中国经济发展起到了重要的推动作用，然而 FDI 的大规模流入也使一些高能耗、高污染产业由发达国家转移到国内。通过对中国制造业 FDI 流入与出口 CO_2 排放的数据比较发现：在 1997—2018 年的大部分年份里，我国制造业的实际 FDI 流入量与出口 CO_2 排放量呈现较为显著的同向变动趋势。制造业实际利用外商直接投资额从 1997 年的 2 811 983 万美元上升至 2018 年的 3 666 157 万美元。与此同时，出口 CO_2 排放量从 1997 年的 659 852 千公吨上升至 2016 年的 1 834 668 千公吨，增加了近 3 倍。这说明，承接国际产业转移已经成为导致中国出口 CO_2 排放增长的重要因素。在技术和产品模仿效应下，制造业 FDI 的增加带动了我国相关产业的迅速发展，由以往的初级产品出口为主迅速转变为工业制成品出口为主。但由于转移至我国的产业类型大多为劳动力密集型、传统资本密集型或者技术密集型产业中的低附加值生产加工环节，这些产业的一个重要特点便是在能耗和排放方面具有较高强度。据统计，中国产品能耗比国际先进水平高 46%，能耗费用支出占 GDP 的比重比美国多出近两倍，大气污染造成的损失已占到 GDP 的 3%～7%（见图 2.2）。

（2）中国高碳行业集聚及地理分布

改革开放以来，我国经济发展工业化进程不断推进，但是地区之间的经济发展水平并不平衡，东部地区经济发展明显快于中西部地区。2010 年 8 月 31 日，国务院发布的《关于中西部地区承接产业转移的指导意见》指出：当前国际国内产业分工深刻调整，中国东部沿海地区产业向中西部地区转移步伐加快。中西部地区发挥资源丰富、要素成本低、市场潜力大的优势，积极承接国内外产业转移，不仅有利于加速中西部地区新型工业化和城镇化进程，促进区域协调发展，而且有利于推动东部沿海地区经济转型升级，在全国范围内优化产业分工格局①。产业转移成为我国调整

① 中国政府网。

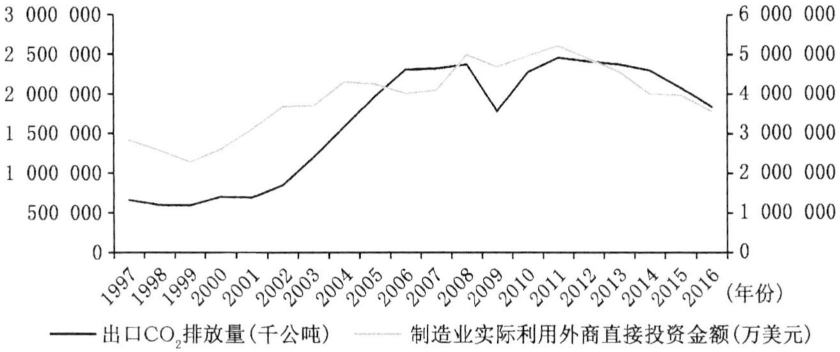

注：出口 CO_2 排放量＝CO_2 排放量×出口贸易总量/GDP。

数据来源：CO_2 排放量数据部分来自世界银行 WDI 数据库，出口贸易总量和 GDP 数据来源于中国国家统计局年度数据库，单位为“千公吨”。

图 2.2　出口 CO_2 排放与制造业 FDI 变化趋势图

产业结构、实现中西部经济腾飞的重要措施。随着东部沿海地区经济快速发展，人均工资水平不断提高，在成本和环境的双重压力下，一部分高碳产业开始由东部沿海地区向中西部进行梯度转移。为分析高碳产业在中国的区域分布规律及转移趋势，本节选取 2001—2016 年①省级高碳产业在东部、中部及西部的工业产值②占全国高碳产业工业产值的比重，来考察高碳产业地区分布状况及其变化（见表 2.4）。

表 2.4　　2001—2016 年东中西部高碳产业工业增加值比重(%)

年份	东部	中部	西部
2001	63.42	21.93	14.65
2002	63.72	21.83	14.45
2003	64.06	21.67	14.27

① 中国工业经济统计年鉴省级层面产业完整数据更新至 2016 年。

② 东部地区包括北京、天津、河北、辽宁、上海、江苏、浙江、福建、山东、广东、海南 11 个省/市；中部地区包括山西、吉林、黑龙江、安徽、江西、河南、湖北、湖南 8 个省；西部地区包括内蒙古、广西、重庆、四川、贵州、云南、西藏、陕西、甘肃、青海、宁夏、新疆 12 个省/市/自治区。

续表

年份	东部	中部	西部
2005	64.91	20.69	14.39
2006	64.36	20.72	14.92
2007	62.54	22.21	15.25
2008	61.96	22.74	15.30
2009	61.70	22.41	15.90
2010	60.59	23.27	16.15
2011	58.60	24.45	16.95
2012	58.77	24.33	16.89
2013	58.41	24.36	17.23
2014	58.22	24.49	17.29
2015	57.53	25.07	17.40
2016	56.74	25.21	18.05
平均值	61.04	23.02	15.94

注：选取的高碳产业分别为石油加工、炼焦及核燃料加工业，化学原料和化学制品制造业，非金属矿物制品业，黑色金属冶炼及压延加工业，有色金属冶炼及压延加工业，电力、热力生产和供应业六大产业。

数据来源：《中国工业经济统计年鉴》。

从地理分布来看，2001—2016 年东部地区高碳产业占比明显高于中西部，平均值为 61.04%；西部地区高碳产业占比最小，平均值为 15.94%。但在变化趋势方面，东部地区的高碳产业占比呈现先增加后减少的趋势，而中西部地区高碳产业占比呈现稳步增加的趋势，特别是中部地区增加趋势尤为明显。

对高碳产业按省份进行分析可看出，山东、江苏、广东、河南、河北、浙江的高碳占比在 2016 年均高于 5%，其中山东、江苏、广东三个省份占比最高，分别为 14.22%、12.04%、7.64%；中部的河南、西部的四川两大省份高碳占比也较高，分别为 7.52%、3.48%；西藏、宁夏、青海等西部地区高碳占比最低,其中西藏高碳产业仅占 0.02%。

从时间趋势来看,本节利用某区域高碳产业工业产值占比增速作为高碳产业转移的指标:如果增速大于 1,说明高碳产业有向该区域集中的趋势;反之,则说明高碳产业有向其他区域转移的趋势。2002—2016 年,东部地区高碳产业占比增速整体呈下降趋势,且 2005 年之后其增速一直小于 1,表明了高碳产业自 2005 年开始由东部地区向外转移趋势明显;中西部高碳产业占比增速呈现波动上升的趋势,且 2006 年之后中部地区高碳产业占比增速开始快于东部地区,2009 年之后西部地区的高碳产业占比一定程度上超过中部地区。由此可见,在中国高碳产业有明显从东部向中西部转移的趋势,其中中部地区承接了大部分高碳产业的转移,西部地区近些年承接转移趋势明显提高。

在具体的行业分布方面,图 2.3 及表 2.5 显示四大高碳产业主要分布在东部地区:

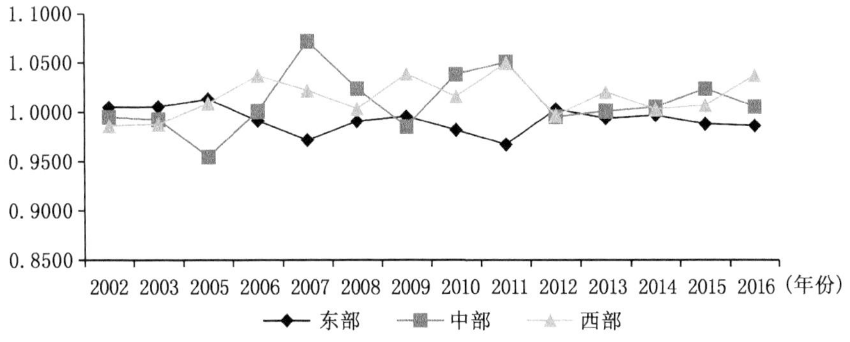

资料来源:根据《中国工业经济统计年鉴》数据绘制。

图 2.3 2002—2016 年高碳产业工业产值占比增速

①化学原料及化学品制造业主要集中在江苏、山东、广东等东部区域省份,其占比整体逐步上升,在中部地区占比呈现先下降后小幅上升的趋势,西部则出现先增后降波动变化。这说明化学原料及化学品制造业还未出现向中西部大规模转移的趋势。

②非金属矿物制造业在东部地区占比有增加趋势,而中部地区则呈现

减少趋势，西部地区几乎没有变化。2005 年之后东部地区的该产业占比一直下降，而中部地区的占比明显呈上升趋势，这表明非金属矿物制造业在 2005 年后由东部地区向中部地区转移，其中河南、湖北等省份占比最大。

③黑色金属冶炼及压延加工业主要集中在东部地区，其占比呈现先上升后下降的趋势；该产业在中部地区的占比呈现下降趋势，但此后略有上升，西部占比基本保持不变。

④对于电力、热力生产和供应业而言，东部地区呈现先增后降趋势，2006—2008 年占比达到最大值 60.65%；中部地区该产业占比基本保持不变，但西部地区占比呈现稳步增加态势。其中，内蒙古、贵州等省份增加幅度较为明显，这与我国在此期间采取“西电东送”“西气东输”等政策有着一定的关系。

总体而言，东部地区仍然是中国高碳产业的主要集聚区域 ，但随着中西部经济发展的加速，除了少数资本密集型高碳产业如黑色金属冶炼及压延加工业未出现明显转移趋势外，多数高碳产业已经呈现出向中、西部转移的趋势，且向中部区域转移趋势最为明显。

表 2.5　　2001—2016 年分时间段东中西部具体高碳产业工业产值占比

时间段	化学原料及化学品制造业			非金属矿物制造业		
	东部	中部	西部	东部	中部	西部
2001—2003	71.68%	17.18%	11.14%	65.80%	21.76%	12.44%
2005—2007	72.23%	16.48%	11.29%	66.19%	22.87%	10.95%
2008—2010	69.64%	18.50%	11.86%	58.70%	27.73%	13.57%
2011—2013	67.19%	20.63%	12.18%	51.46%	33.47%	15.07%
2014—2016	66.31%	21.57%	12.12%	46.29%	36.96%	16.74%
时间段	黑色金属冶炼及压延加工业			电力、热力生产和供应业		
	东部	中部	西部	东部	中部	西部
2001—2003	65.64%	20.67%	13.69%	56.57%	25.35%	18.08%

续表

时间段	黑色金属冶炼及压延加工业			电力热力生产和供应业		
	东部	中部	西部	东部	中部	西部
2005—2007	67.52%	19.44%	13.04%	59.34%	23.20%	17.46%
2008—2010	65.54%	20.21%	14.25%	57.60%	23.20%	19.20%
2011—2013	63.34%	21.17%	15.49%	55.39%	23.17%	21.44%
2014—2016	62.85%	20.46%	16.70%	57.23%	20.58%	22.19%

数据来源:作者根据《中国工业经济统计年鉴》相关数据计算整理而得。

2.2 国际产业转移、区位选择与贸易碳排放的政治经济学理论逻辑

2.2.1 现有理论基础

关于国际产业转移的动因和区位选择问题,目前的研究已相对成熟。在跨国产业转移动因方面,比较有代表性的观点有 Vernon(1966)的"产品周期理论"、Kojima(1978)的"边际产业转移论"、Dunning(1977)的"国际生产折中理论"、Lewis(1978)的"劳动力供给不足理论"、沃茨(1980)和迪肯(1986)的"市场占领"理论等。在国际产业转移的区位选择问题上,多数学者认为是多种因素共同作用的结果。例如,Pellenbarg(2002)认为外资企业的区位选择是企业与供应商、政府就价格、工资、税收、补贴、基础设施和其他关键因素进行谈判的结果。还有一些学者从制度经济学角度,将制度质量看作影响国际产业转移区位选择的重要变量。他们认为,产权、合同和法律规则等方面高质量的制度安排有利于促进国家主体之间的合作(Rodrik,2004);而腐败、行贿等高额的政府寻租以及合同执行的不确定性将导致较低的制度质量(Egger 和 Winner,2005)。新经济地理学派的研究者则认为,资本外部性的相对规模、运输成本和劳动力的可移动性是决定产业空间集聚和转移的关键因素。针对环境规则是否影响

国际产业转移问题，一部分研究认为环境管制对 FDI 的区位选择起到重要作用，如：世界银行研究报告（2000）指出，发达国家严格的环境管制使污染密集型产业向发展中国家转移，而发展中国家将以更低的环境管制标准来吸引 FDI；Levinson（1996）、List 和 Cole（2000）、刘建民等（2008）也持有类似的观点。另一方面，大量的经验研究似乎并没有对环境管制和 FDI 工厂选址之间的重大联系予以支持，如 Tobey（1990）、Levinson（1996）、Friedman 等（ 1992）、Valluru 和 Peterson（1997）、Bartik （ 1988）、Copeland 和 Taylor（2003）、Cole 和 Elliott（2003）、Busse（2004）、赵玉焕（2006）、傅京燕（2008）、陆旸（2009）、曾贤刚（2010）、李小平和卢现祥（2010）等的研究。持这类观点的学者大多将原因归结为严格环境规则的长期优势、对进出口影响的边界模糊、环境规制内生性以及环境规制成本较低等方面。

关于国际产业转移是否导致碳排放的问题，大部分学者通过研究验证了“污染避难所”或“污染天堂”假说，如 Baumol 和 Oates（1998）、Mani（1997）、Cole（2004）、He（2006）、夏友富（1995）、赵细康（2002）、杨海生等（2005）、沙文兵和石涛（2006）、应瑞瑶和周力（2006）、刘舜佳（2016）等。另外一部分学者对于 FDI 的环境效益问题持相反的观点，认为污染密集型产业的 FDI 企业比内资企业更重视环境保护，FDI 与环境保护之间存在一种互利互惠关系，可能存在“污染光环效应”，如 Bravo（1995）、Mani 和 Wheeler（1997）、Blackman 和 Wu（1998）、OECD（1999）研究报告、Mielnik （2002）、Wang 和 Jin（2002）、Jeffrey（2003）、Eskeland 和 Harrison（2003）、聂飞和刘海云（2015）、周杰琦和汪同三（2017）、霍伟东等（2020）。

目前的研究成果对于分析发展中国家通过承接产业转移的方式带动经济发展以及可能造成的环境问题奠定了一定的理论基础，但在分析角度和方法上尚有进一步发展的空间。

首先，目前关于国际产业转移动因和区位选择问题的研究方法，一般基于新古典经济学、新经济地理学、制度经济学等工具，而鲜有学者采用现代政治经济学方法对问题进行研究。

其次，关于 FDI 是否会导致碳排放问题的研究，大多偏重于实证分析和数据描述，能将规范分析和实证分析结合在一起进行完整性分析的成果并不多见。

再次，在内容构架上，多数学者仅对国际产业转移动因、区位选择、FDI 与碳排放中的某一问题进行单独研究，而较少将三者联合在一起进行系统性研究。

基于以上现实，本节以国际价值理论为基础，构建一个国际产业转移诱因模型，以分析基于外部资本投资差异、工资率差异、税收差异、环境规制差异等影响因素下发达国家向不发达国家的国际产业转移问题。

2.2.2 国际产业转移的静态分析模型

政治经济学将社会必要劳动时间定义为"在现有的社会正常的生产条件下，在社会平均劳动熟练程度和劳动强度下制造某种使用价值所需要的劳动时间"。当商品跨境流动后，一国生产某种商品的社会必要劳动时间便成为同类商品在国际市场上进行贸易交换的国别价值。设在国家 i 商品 j 的国别价值量为 $w_i^{N(j)}$，它由一国生产该商品所需的社会必要劳动时间所决定。而国际价值是在国际正常的生产条件、国际平均劳动熟练程度和平均劳动强度下生产出来的商品价值量。这种"国际正常的生产条件、国际平均劳动熟练程度和平均劳动强度"，又在很大程度上受各国国别生产条件、劳动熟练程度和劳动强度的影响。因此，商品 j 的国际价值是所有从事该商品生产和交换的国家 i 所生产商品 j 的国别价值的一个加权平均。某个国家国别价值量的变动，理论上会对国际价值量产生一定程度的影响。但是当这种变动发生在少数权重不大的国家时，我们可以忽略这种变动对国际价值量的影响。国别价值和国际价值的关系可用式(2.1)表示。

$$w^{W(j)}=f(w_i^{N(j)})=\frac{\sum_{i=1}^{n}q_i^j w_i^{N(j)}}{\sum_{i=1}^{n}q_i^j} \tag{2.1}$$

其中，$w^{W(j)}$ 为贸易产品 j 的国际价值，$w_i^{N(j)}$ 为国家 i 生产贸易产品 j 的国别价值，q_i^j 为国家 i 生产贸易产品 j 的产量。

在国际贸易中，一项重要的原则就是所有贸易商品均按照国际价值交换。不同的国别价值会导致不同国家在同类型产品出口时获得不同的贸易利润（超额剩余价值），只有一国贸易品的国别价值低于国际价值时，这个国家在按照国际价值出售商品上才有可能获得贸易利润。因此，在出口贸易中占据优势的国家通常具有比其他竞争伙伴更低的国别价值。

设定贸易产品 j 在 t 期的国际价值形式为：$w_t{}^{W(j)}=(\bar{c}^j+\bar{v}^j+\bar{m}^j)/\bar{q}^j$，国家 i 贸易产品 j 在 t 期的国别价值形式为：$w_{i,t}^{N(j)}=(c_i^j+v_i^j+m_i^j)/q_i^j$。其中，$\bar{c}^j$、$\bar{v}^j$、$\bar{m}^j$ 和 $\bar{q}^j$ 分别表示贸易品 j 国际价值构成中单位化的不变资本、可变资本、剩余价值和产量；c_i^j、v_i^j、m_i^j 和 q_i^j 表示国家 i 贸易产品 j 国别价值构成中的不变资本、可变资本、剩余价值和产量。另外，由于技术进步不仅会引起外部固定资本投资等劳动客观条件变化，也必然引起劳动者教育水平、劳动技能和强度、工作经验等劳动主观条件的变化，这会导致不同国家在固定资本投资价值和劳动者工资方面有所差异。因此，当国家 i 的国别价值低于国际价值时，它在出口贸易品 j 的活动中可以获得的单位超额剩余价值如式(2.2)所示：

$$\begin{aligned}\Delta w_{i,t}^j=w_t^{W(j)}-w_{i,t}^{N(j)}&=\frac{\bar{c}^j+\bar{v}^j+\bar{m}^j}{\bar{q}^j}-\frac{c_i^j+v_i^j+m_i^j}{q_i^j}\\&=\frac{\bar{c}^j+\bar{v}^j(1+m'^j)}{\bar{q}^j}-\frac{\alpha_i^j\bar{c}^j+\beta_i^j\bar{v}^j(1+m'^j)}{\alpha_i^j\bar{q}^j}\\&=\frac{(\alpha_i^j-\beta_i^j)(1+m'^j)\bar{v}^j}{\alpha_i^j\bar{q}^j}\end{aligned} \tag{2.2}$$

(2.2)式隐含了两个重要假设：一是 $\bar{m}^j=m_i^j$，即：贸易品 j 生产的国际剩余价值率和国别剩余价值率相等；二是假设商品 j 的产量与所投资固定资本同比例变化，α_i^j 为国家 i 生产贸易品 j 的固定资本投资与世界平均水平的差异，对于拥有更先进生产技术和生产效率的国家 i 而言，一般有 $\alpha_i^j > 1$。β_i^j 为国家 i 从事贸易品 j 生产的劳动者工资率。当技术进步状况对劳动客观条件的影响力（α_i^j）作用比对劳动主观条件的影响力（β_i^j）更大时，即 $\alpha_i^j > \beta_i^j$，国家 i 可以通过出口贸易品 j 获得正的国际超额剩余价值，$\Delta w_{i,t}^j > 0$。

但是，在国际贸易一体化和经济全球化的背景下，技术进步的一个重要效应就是技术溢出。一国初始在某个贸易品生产上的独占或相对占优技术，会随着出口产品的增多而产生外溢，这种技术外溢效应通常是从技术更先进的国家向外围国家扩散的。当其他外围国家通过引进、模仿和二次创新对贸易品 j 的生产技术进行不断改善时，加入出口贸易中的产品供给国将越来越多，而且每个国家的贸易品 j 国别价值也随着技术溢出效应而不断下降，这便造成了贸易品 j 的国际价值的下降。我们用式(2.3)表示技术溢出后的贸易品 j 国际价值量，其中 α_j^w 和 β_j^w 分别表示技术溢出对于贸易品 j 生产所投入的平均不变资本（固定资本、燃料、原料等）和平均可变资本（劳动者工资和其他报酬等）的影响系数。

$$w_{t+1}^{W(j)} = \frac{\alpha_j^w \bar{c}^j + \beta_j^w \bar{v}^j (1 + m'^j)}{\alpha_j^w \bar{q}^j} \tag{2.3}$$

假设国家 i 在 t 期和 $t+1$ 期的技术进步状况并没有明显的变化，那么在技术溢出效应的影响下，$t+1$ 期国家 i 通过出口商品 j 所获得的超额贸易利益变化为：

$$\Delta w_{i,t+1}^j = w_{t+1}^{W(j)} - w_{i,t}^{N(j)} = \frac{(\alpha_i^j \beta_j^w - \alpha_j^w \beta_i^j)(1 + m'^j)\bar{v}^j}{\alpha_j^w \alpha_i^j \bar{q}^j} \tag{2.4}$$

比较式(2.2)和式(2.4)发现，当技术溢出对贸易品 j 国际价值构成中的不变资本影响程度大于对可变资本的影响程度时，即 $\alpha_j^w > \beta_j^w$，有 $\Delta w_{i,t+1}^j < \Delta w_{i,t}^j$。这意味着，其他国家逐步通过模仿以及标准化生产掌

握了贸易品 j 的生产技术，这些国家与国家 i 间的劳动生产率差距逐渐缩小，这使贸易品 j 的国际竞争市场变动更加激烈，可能从原本的技术和生产率竞争转变为价格竞争。当国家 i 发现在本国生产并出口贸易品 j 所能获得的国际超额剩余价值接近于 0 时，它便会将贸易品 j 的生产环节向外转移至国别价值方面更有优势的国家。因此，贸易品 j 的国际产业转移临界条件可以表示为：

$$\frac{(\alpha_i^j\beta_j^w-\alpha_j^w\beta_i^j)(1+m'^j)\bar{v}^j}{\alpha_j^w\alpha_i^j\bar{q}^j}\leqslant 0\text{，即：}\frac{\alpha_i^j}{\alpha_j^w}\leqslant\frac{\beta_i^j}{\beta_j^w} \tag{2.5}$$

式(2.5)的经济含义为：当国家 i 在生产贸易品 j 方面的外部资本投资优势开始弱于工资成本所带来的劣势时，国家 i 将逐渐丧失出口所带来的国际超额剩余价值，为了维持高利润率和延长产品生命周期，国家 i 会将贸易品 j 的生产环节向外转移至劳动外部资本投资和劳动力成本更具优势的国家。

2.2.3 国际产业转移的动态分析模型

近代的科技进步和技术创新大都先产生于以欧美为代表的发达国家，这些国家几乎垄断了全球经济利润的制高点。在四次国际产业转移浪潮中，发达国家的国际商品交换基本都具有"前期获取国际超额剩余价值，后期获取转让价值"的特点。也就是说，在商品投入市场阶段，掌握新技术的国家可以在世界市场上占据暂时的垄断地位，获得超绝对利益，具有明显的出口优势。在之后的产品成熟和标准化阶段，由于国际竞争加剧和技术溢出效应，发达国家拥有的超额垄断利益开始逐渐消失。为了延长高科技产品生命周期以及继续维持高利润空间，发达国家以产业转移者身份出现，将在本国无法获得可观的国际超额剩余价值的产业逐步转移至更有优势的国家。

本部分将在前文静态模型基础上，构建一个初始技术垄断条件下的国际竞争和产业转移动态模型，用于解释某个产业从中心国家向外围国家转移的动态演化机制。

(1)基本假设

①产品 j 生产需投入不变资本 C_{ij} 和可变资本 v_{ij},其中不变资本包括机器设备原材料 C_{ij}^{m} 和燃料能源 C_{ij}^{e} 。

②产品 j 的产量 Q_{ij} 和投入的机器设备原材料类不变资本 C_{ij}^{m} 均为资本投入率 $\alpha_{ij}(>1)$ 的函数,$C_{ij}^{m}=\alpha_{ij}\bar{c}_{m}$,$Q_{ij}=\alpha_{ij}\bar{q}$ 。其中,$\bar{c}_{m}$ 和 $\bar{q}$ 分别为单位化的机器设备原材料价值和产量。

③投入的燃料能源 $C_{ij}^{e}=\beta_{ij}\bar{c}_{e}$,其中,$\bar{c}_{e}$ 为单位化的能源消耗价值,$\beta_{ij}(>1)$ 为国家 i 生产产品 j 的能源投入率,β_{ij} 越大表明能源投入越多。

④国家 1 在期初垄断产品 j 的生产技术和生产能力,其他国家 $i(i=2,\cdots,n)$ 暂不具有这种生产能力,国家 1 利用垄断技术生产该类产品的国别价值量为 $w_{1j}^{N}=(\alpha_{1j}\bar{c}_{m}+\beta_{1j}\bar{c}_{e}+v_{1j}+m_{1j})/\alpha_{1j}\bar{q}$,m_{1j} 为国家 1 生产产品 j 所获的剩余价值。

⑤国家 1 利用产品 j 的垄断技术设定的出口垄断高价为 $\hat{P}_{1j}$ 。

⑥国家 1 用于出口的产品 j 产量为 $Q_{1j}=\alpha_{1j}\bar{q}$,其他国家通过进口国家 1 的产品满足对产品 j 的需求。

⑦其他国家具有对垄断技术模仿和学习的能力。

⑧资本能够完全自由流动,不考虑关税、贸易壁垒和运输成本的影响。

(2)国际产业转移动态模型

如果满足上述假设,那么垄断条件下国家 1 对产品 j 的国际产业转移将按照以下几个阶段进行:

在 $T=1$ 期,国家 1 凭借垄断技术成为世界上产品 j 的唯一供给者,其他国家通过进口满足对产品 j 的需求,总需求量为 Q_{1j} 。在这一阶段,产品 j 的国际价值与国家 1 的国别价值相等,国家 1 通过垄断高价获得超额垄断利润。垄断价格水平虽具有独立性,但并不是由垄断部门随意确定的,因此垄断价格与价值之间的转换系数 ρ_{j} 的决定在某种程度上受到多重约束:

第一,初始垄断国制定的目标价格作为市场价格,归根到底还要受到客观的国际价值基础的支配。因此,本节设定一个"转换系数" ρ_j ,将以"货币"为单位的垄断价格换算为以"社会必要劳动时间"为单位的国际价值,即单位垄断价格 $\hat{P}_{1j}=\rho_j w_{1j}^N$ 。

第二,垄断价格要以平均利润为基础,垄断部门确定的垄断价格必须保证至少能获得按国别价值出售而获得的剩余价值或利润。

第三,垄断利润最大化原则。虽然市场需求对垄断价格有较强的制约性,但是垄断价格不能随意、无限度地提高,它与市场需求间的反向关系仍然存在。另外,供给对垄断价格的制约来自垄断门槛的限制,随着技术溢出和学习效应的进一步发展,垄断门槛有可能被其他国家所突破,初始垄断国家的垄断高价会受到挑战。

第四,垄断价格与价值的转换系数还受到垄断国家货币价值的影响。在不考虑供求影响下,商品价格与价值之间的关系可表述为: $P=w_j/w_m$,其中 w_j 为商品 j 的价值, w_m 为货币的价值。对价格方程两边的时间 t 求导发现:商品价格变化率同时取决于商品价值变化率、货币价值及货币价值变化率,三个因素交替影响价格变化。在不考虑货币价值变化的情况下,商品价格的变化率取决于货币价值及所有能引起商品价值变化的因素,即有: $dP/dt=(dw_j/dt)/w_m$ 。

根据上述约束条件,本节用方程组式(2.6)表示垄断价格与国际价值的转换系数(ρ_j)的决定机制:

$$\begin{cases} Max(\hat{P}_{1j}-w_{1j}^W)Q_j^D \\ \alpha_{1j}\bar{c}_m+\beta_{1j}\bar{c}_e+\varepsilon_{1j}\bar{v}(1+m'_{1j})=w_{1j}^N\alpha_{1j}\bar{q} \\ (p_m\tilde{\alpha}_{1j}+p_e\tilde{\beta}_{1j}+p_v\tilde{\varepsilon}_{1j})(1+r_{1j})=\hat{P}_{1j}\alpha_{1j}\bar{q} \\ p_m=\dfrac{\bar{c}_m}{w_m},p_e=\dfrac{\bar{c}_e}{w_m},p_v=\dfrac{w_m}{} \\ d\hat{P}_{1j}/dn<0,d\hat{P}_{1j}/dQ_j^D<0 \end{cases} \tag{2.6}$$

其中, $\bar{c}_m$ 、 $\bar{c}_e$ 和 $\bar{v}$ 分别为单位化的机器设备厂房、能源和原材料、可变资本价值, $\bar{q}$ 为单位化的产量; α_{1j} 、 β_{1j} 、 ε_{1j} 为以价值为折算基础的投入

率(系数)，$\tilde{\alpha}_{1j}$ 、$\tilde{\beta}_{1j}$ 、$\tilde{\varepsilon}_{1j}$ 为以数量为折算基础的投入率(系数)；p_m 、p_e 、p_v 为以机器设备厂房为代表的资本单位价格、能源和原材料单位价格、劳动力成本单位价格；Q_j^D 为产品 j 的国际需求量；m'_{1j} 为剩余价值率；r_{1j} 为垄断利润率；w_m 为货币的价值；n 为能提供垄断商品的国家的数量。

在不考虑供求影响且只有一个初始垄断国的情况下，国际市场需求量 Q_j^D 为一个相对稳定的值，而且产品 j 国际价值 w_{1j}^W 与垄断出口国(国家 1)的国别价值 w_{1j}^N 相等。此时最大化的垄断利润只与垄断价格有关，而垄断价格又决定于其价值基础和设定的垄断利润率。垄断价格和价值之间的转换系数 $\tilde{\rho}_j$ 可通过式(2.6)中的第二个、第三个和第四个方程计算出来：

$$\tilde{\rho}_j=\frac{\hat{P}_{1j}}{w_{1j}^N}=\frac{(\tilde{\alpha}_{1j}\bar{c}_m+\tilde{\beta}_{1j}\bar{c}_e+\tilde{\varepsilon}_{1j}\bar{v})(1+r_{1j})}{w_m[\alpha_{1j}\bar{c}_m+\beta_{1j}\bar{c}_e+\varepsilon_{1j}\bar{v}(1+m'_{1j})]} \tag{2.7}$$

进一步考察加入供求和竞争因素后的情况。由于国际需求量难以准确衡量，为了简化计算，假定国际市场对于产品 j 的需求量在考察期内相对稳定，恰好等于国家 1 的生产供给能力，即 $Q_j^D=Q_{1j}=\alpha_{1j}\bar{q}$ ，这样我们只需从供给角度考察 ρ_j 的变化即可。设考察供求因素后的转换系数 ρ_j 的形式为：

$$\rho_j=\frac{\hat{P}_{1j}}{w_{1j}^N}=\frac{(\tilde{\alpha}_{1j}\bar{c}_m+\tilde{\beta}_{1j}\bar{c}_e+\tilde{\varepsilon}_{1j}\bar{v})(1+r_{1j})}{w_m[\alpha_{1j}\bar{c}_m+\beta_{1j}\bar{c}_e+\varepsilon_{1j}\bar{v}(1+m'_{1j})]}\times\frac{n+1}{n} \tag{2.8}$$

其中，n 表示能提供产品 j 的国家的个数。ρ_j 的这种形式具有良好的特征：

①n 值越大，表示国际范围内能够提供产品 j 的国家数量越多，即供给越多；

②当只有国家 1 掌握产品 j 的生产技术时，$\rho_i=2\tilde{\rho}_j$ 或 $\hat{P}_{1j}=2\tilde{\rho}_j w_{1j}^N$ 是 ρ_j 和 $\hat{P}_{1j}$ 的极值，它反映了垄断价格不可能完全脱离商品的价值基础；

③当 $n\rightarrow\infty$时，$\lim\rho_j\rightarrow\tilde{\rho}_j$，这反映了随着国际市场竞争的不断加剧，

垄断价格最终会趋向价值基础的特征。

这样,国家 1 出口产品 j 获得的垄断利润为:

$$\begin{aligned}\Delta\hat{W}_{1j} &=(\hat{P}_{1j}-w_{1j}^{W})Q_{j}^{D}\\ &=\frac{(n+1)(1+r_{1j})}{n\cdot w_{m}}(\tilde{\alpha}_{1j}\bar{c}_{m}+\tilde{\beta}_{1j}\bar{c}_{e}+\tilde{\gamma}_{1j}\bar{v})\\ &\quad-[\alpha_{1j}\bar{c}_{m}+\beta_{1j}\bar{c}_{e}+\gamma_{1j}\bar{v}(1+m'_{1j})]\end{aligned} \tag{2.9}$$

在 $T=1$ 期,由于国家 1 是产品 j 的唯一生产者和出口者,因此在第一阶段国家 1 凭借绝对卖方垄断地位获得的垄断利润为:

$$\begin{aligned}\Delta\hat{W}_{1j}\Big|_{T=1}^{n=1}&=\frac{2(1+r_{1j})}{w_{m}}(\tilde{\alpha}_{1j}\bar{c}_{m}+\tilde{\beta}_{1j}\bar{c}_{e}+\tilde{\gamma}_{1j}\bar{v})\\ &\quad-[\alpha_{1j}\bar{c}_{m}+\beta_{1j}\bar{c}_{e}+\gamma_{1j}\bar{v}(1+m'_{1j})]\end{aligned} \tag{2.10}$$

在 $T=2$ 期,国家 2 通过进口产品 j 进行技术学习和模仿,逐渐形成产品 j 的模仿生产能力,并开始生产同类型的相似产品。假设国家 2 自主生产产品 j 的产量为 Q_{2j},且 $Q_{2j}=\theta_2 Q_{1j}$,$\theta_2(0<\theta_2<1)$为国家 2 国内生产产品 j 占国家 1 原本出口量的比例,Q_{2j} 只用以满足国内需求,不用于出口,因此国家 2 的生产能力暂不影响产品 j 的国际价值。此时,国家 1 产品 j 的垄断利润随着国际需求量和垄断价格的双重下降而缩小:

$$\begin{aligned}\Delta\hat{W}_{1j}\Big|_{T=2}^{n=2}&=\Delta\hat{W}_{1j}\Big|_{T=1}^{n=1}\\ &=\Big\{\frac{3(1+r_{1j})}{2w_{m}}(\tilde{\alpha}_{1j}\bar{c}_{m}+\tilde{\beta}_{1j}\bar{c}_{e}+\tilde{\gamma}_{1j}\bar{v})\\ &\quad-[\alpha_{1j}\bar{c}_{m}+\beta_{1j}\bar{c}_{e}+\gamma_{1j}\bar{v}(1+m'_{1j})]\Big\}(1-\theta_2)\end{aligned} \tag{2.11}$$

如果以上过程不断继续,越来越多的国家会通过技术外溢逐渐学习和模仿来生产产品 j 以满足国内需求,那么国家 1 的垄断利润空间会随着国际产品出口量减少及垄断价格下降而逐渐降低。直到 $T=t$ 期,国家 2,…,n 都具备了生产 j 的能力,且国内产量扩大到具有对外出口的能力时,产品 j 的国际供给市场就相应从由国家 1 单方控制的垄断市场转变为由多国共同参与的竞争市场。此时,产品 j 的国际交换基础就变为由所有供给国共同决定的国际价值w_j^W。为了分析简便，假设国际市场有国家 1 和国家 2 两个供给商，产品 j 的国际市场需求量扩大为$(\alpha_{1j}+\alpha_{2j})\bar{q}$，两国产品 j 的出口量分别为$\alpha_{1j}\bar{q}$ 和$\alpha_{2j}\bar{q}$，两个国家的剩余价值率相同，则产品 j 的国际价值量变为：

$$w_j^W=\frac{(\alpha_{1j}+\alpha_{2j})\bar{c}_m+(\beta_{1j}+\beta_{2j})\bar{c}_e+(1+m')(v_{1j}+v_{2j})}{(\alpha_{1j}+\alpha_{2j})\bar{q}} \quad (2.12)$$

式(2.12)表明产品 j 的国际价值量同时受两个国家的资本投入率α_{ij}、能源投入率 β_{ij}、可变资本价值(工资)v_{ij} 的影响。当国家 1 在技术能力和生产效率方面的优势大于在可变资本价值方面的劣势时，即满足式(2.13)时，国际价值将在国家 1 的国别价值量 w_{1j}^N 和国家 2 的国别价值量 w_{2j}^N 间浮动。

$$\frac{\alpha_{1j}\beta_{2j}-\alpha_{2j}\beta_{1j}}{\alpha_{2j}v_{1j}-\alpha_{1j}v_{2j}}>\frac{1+m'}{\bar{c}_e} \quad (2.13)$$

在满足式(2.13)条件后，国家 1 虽无法凭借垄断地位获得垄断利润，但仍能按国际价值量进行商品交换获得国际超额剩余价值(如式 2.14 所示)：

$$\Delta W_{1j}=\frac{(\alpha_{1j}\beta_{2j}-\alpha_{2j}\beta_{1j})\bar{c}_e+(\alpha_{1j}v_{2j}-\alpha_{2j}v_{1j})(1+m')}{\alpha_{1j}+\alpha_{2j}} \quad (2.14)$$

(3)初始技术垄断国家进行国际产业转移的临界(门槛)条件

下面分析国家 1 国际产业转移的临界条件。国家 1 和国家 2 的单位商品价值量可表示为：

$$w_{ij}^N=\frac{\alpha_{ij}\bar{c}_m+\beta_{ij}\bar{c}_e+\varepsilon_{ij}(1+m')\bar{v}}{\alpha_{ij}\bar{q}} \quad (i=1,2) \quad (2.15)$$

其中，$v_{1j}=\varepsilon_{1j}\bar{v}$，$v_{2j}=\varepsilon_{2j}\bar{v}$，$\bar{v}$ 为单位化的可变资本价值。对式(2.15)中的系数求偏导可得：$\partial w_{ij}/\partial a_{ij}<0$，$\partial w_{ij}/\partial\beta_{ij}>0$，$\partial w_{ij}/\partial\varepsilon_{ij}>0$　$(i=1,2)$。

虽然在产品 j 生产的初始阶段，国家 1 凭借垄断技术在劳动生产率和能源利用率方面均高于国家2，即 $\beta_{1j}/\alpha_{1j}<\beta_{2j}/\alpha_{2j}$ 成立，①但由于技术扩散和溢出，两国的劳动生产率和能源利用效率之间的差距逐渐缩小，可变资本价值转而成为两国共同关注的问题。假设国家1的可变资本价值较高，即 $\varepsilon_{1j}>\varepsilon_{2j}$，这样国家2可以凭借较低的可变资本价值增强产品的国际市场竞争力。当产品 j 的国际价值继续下降，直至与国家1产品 j 的国别价值相等时，国家1的超额剩余价值降为0，此时高额的可变资本价值完全抵消了初始技术和生产率优势带来的好处。为了继续获得国际超额剩余价值，国家1开始将产品 j 的生产转移至在可变资本价值更有优势的国家。式(2.16)即为国家1生产优势丧失及国际产业对外转移的临界(门槛)条件。

$$\varepsilon_{1j}>\frac{(\alpha_{1j}\beta_{2j}-\alpha_{2j}\beta_{1j})\bar{c}_e+\alpha_{1j}\varepsilon_{2j}(1+m')\bar{v}}{\alpha_{2j}(1+m')\bar{v}} \tag{2.16}$$

2.2.4 国际产业转移的区位选择

前一部分对一个国家为什么要将某一产业对外转移的内在机制进行了分析和探讨，这一部分接着对一国跨国产业转移的区位选择问题进行研究。

在式(2.4)所讨论的国际超额剩余价值模型中，我们仅在国际价值理论的基础上加入技术进步对不变资本和可变资本影响系数两个变量，以考察一国是如何利用技术优势在出口方面获取超额利润的，技术溢出又是如何通过影响其他国家的技术进步进而影响技术初始领先国的国际超额剩余价值的。下面我们进一步在式(2.4)的基础上构建一个两国间产业转移模型，从外部资本投资差异、工资率差异、税收差异、环境管制差异等角度，论证一国在将产业向外转移过程中对于产业承接国区位的选择机制。

设定一个两国模型：国家1代表产业转出国，这类国家一般为拥有某类贸易品生产的初始技术和初始优势的发达国家，随着产业升级和国内条件变化，这些国家逐渐丧失在某些贸易品生产方面的优势，必须将其转

① 因为 $\alpha_{1j}>\alpha_{2j}$，$\beta_{1j}<\beta_{2j}$，因此 $\beta_{1j}/\alpha_{1j}<\beta_{2j}/\alpha_{2j}$ 成立。

移至其他更具备生产优势的国家。国家 2 代表产业承接国，这类国家一般在技术进步方面缺乏劣势，却拥有劳动力资源、自然资源、环境资源等方面的优势，更为重要的是这些国家大多为历史上的欠发达国家，国内有强烈的经济增长需求。当国家 1 将其已丧失优势的产业转移至国家 2 时，国家 1 延长该产业的生命周期，重新获得高额的国际超额剩余价值。假设国家 1 和国家 2 生产同类贸易品的国别价值分别为 $w_1^{N(j)}$ 和 $w_2^{N(j)}$，考虑到现实贸易品生产的国别价值构成，除了不变资本价值、可变资本价值和剩余价值之外，在生产中发生的各种费用也计入国别价值中。因此，我们在式(2.2)的基础上，进一步加入生产性税收和环境税收两部分费用，构建国家 1 和国家 2 的贸易品 j 的国别价值模型如下：

$$w_{i=1,2}^{N(j)}=\frac{c_{i=1,2}^{j}+(1+m'^{j})v_{i=1,2}^{j}+T_{i=1,2}^{j}+\theta_{i=1,2}^{j}E_{i=1,2}^{j}}{q_{i=1,2}^{j}} \tag{2.17}$$

其中，$T_{i=1,2}^{j}$ 表示生产性税收，$\theta_{i=1,2}^{j}$ 表示针对生产性碳排放的环境税率，$E_{i=1,2}^{j}$ 表示生产贸易品 j 所产生的碳排放。

定义：$\bar{c}^{j}$、$\bar{v}^{j}$、$\bar{m}^{j}$ 和 $\bar{q}^{j}$ 分别表示贸易品 j 国别价值构成中单位化的不变资本、可变资本、剩余价值和产量；$\alpha_{i=1,2}^{j}$ 和 $\beta_{i=1,2}^{j}$ 表示国家 1 和国家 2 生产贸易品 j 的固定资本投资率及工资率①；生产性税收为剩余价值的函数，表示为 $T_{i=1,2}^{j}=\lambda_{i=1,2}^{j}m'^{j}v_{i=1,2}^{j}$，$\lambda_{i=1,2}^{j}$ 为生产性税率；生产碳排放量为投入的不变资本的函数，表示为 $E_{i=1,2}^{j}=e_{i=1,2}^{j}c_{i=1,2}^{j}$。这样，式(2.17)可重新表述为：

$$w_{i=1,2}^{N(j)}=\frac{\alpha_{i=1,2}^{j}\bar{c}^{j}+(1+m'^{j})\beta_{i=1,2}^{j}\bar{v}^{j}+\lambda_{i=1,2}^{j}\beta_{i=1,2}^{j}m'^{j}\bar{v}^{j}+\theta_{i=1,2}^{j}e_{i=1,2}^{j}\alpha_{i=1,2}^{j}\bar{c}^{j}}{\alpha_{i=1,2}^{j}\bar{q}^{j}} \tag{2.18}$$

为了比较国家 1 对与产业承接国的区位选择因素，我们列出国家 1 将国家 2 作为贸易品 j 生产转移承接国的条件如下：

① 固定资本投资率体现了技术进步对不变资本投入和产量的影响程度，而技术进步对可变资本的影响程度主要从工资率中体现出来，工资率越高，说明在生产中所投入的人力资本密集度越高。

$$w^{W(j)}-w_1^{N(j)}<w^{W(j)}-w_2^{N(j)}\text{，即 }w_1^{N(j)}-w_2^{N(j)}>0 \tag{2.19}$$

将(2.18)式代入(2.19)式得：

$$\begin{aligned}w_1^{N(j)}-w_2^{N(j)}&=\frac{\alpha_1^j\bar{c}^j(1+\theta_1^je_1^j)+\beta_1^j\bar{v}^j(1+m'^j+\lambda_1^jm'^j)}{\alpha_1^j\bar{q}^j}\\&\quad-\frac{\alpha_2^j\bar{c}^j(1+\theta_2^je_2^j)+\beta_2^j\bar{v}^j(1+m'^j+\lambda_2^jm'^j)}{\alpha_2^j\bar{q}^j}\\&=\frac{\alpha_1^j\alpha_2^j\bar{c}^j(\theta_1^je_1^j-\theta_2^je_2^j)+\bar{v}^j[\alpha_2^j\beta_1^j(1+m'^j+\lambda_1^jm'^j)-\alpha_1^j\beta_2^j(1+m'^j+\lambda_2^jm'^j)]}{\alpha_1^j\alpha_2^j\bar{q}^j}>0\end{aligned} \tag{2.20}$$

式(2.20)表明，国家1对外产业转移的区位选择受多项因素影响，包括两国间的固定资本投资差异(α_1^j 和 α_2^j)、劳动者工资率差异(β_1^j 和 β_2^j)、生产性税收差异(λ_1^j 和 λ_2^j)、环境管制差别(θ_1^j 和 θ_2^j)、生产排放系数差别(e_1^j 和 e_2^j)。式(2.20)大于0的充分条件为：

$$\begin{cases}\theta_1^je_1^j-\theta_2^je_2^j>0\\\alpha_2^j\beta_1^j(1+m'^j+\lambda_1^jm'^j)-\alpha_1^j\beta_2^j(1+m'^j+\lambda_2^jm'^j)>0\end{cases}$$

即：

$$\begin{cases}\dfrac{\theta_1^j}{\theta_2^j}>\dfrac{e_2^j}{e_1^j}\\[2ex]\dfrac{\alpha_1^j}{\alpha_2^j}<\dfrac{\beta_1^j(1+m'^j+\lambda_1^jm'^j)}{\beta_2^j(1+m'^j+\lambda_2^jm'^j)}\end{cases} \tag{2.21}$$

式(2.21)为国家1将国家2作为贸易品 j 产业对外转移承接国的充分条件，其经济含义非常明显：国家1在对产业转移进行国际区位选择时，受多个因素交叉影响，最终的区位确定是一个综合比较结果。对于产业转移国(国家1)和产业承接国(国家2)而言，一般有以下关系成立：$\alpha_1^j>\alpha_2^j,\beta_1^j>\beta_2^j,\lambda_1^j>\lambda_2^j,\theta_1^j>\theta_2^j,e_1^j<e_2^j$。这意味着国家1在劳动生产率、工资率、生产性税率以及环境税率方面均高于国家2，这与传统的产业转移理论所研究的日益上涨的劳动力成本和严格环境管制是发达国家向欠发达国家产业转移的重要原因的论述基本一致。同时，由于技术进步状况不同，国家1在生产性碳排放方面一般具有较高的效率，即单位产出的碳排放率要小于国家2。因此，产业转移区位选择的充分条件之一是：$\theta_1^j/$

$\theta_2^j > e_2^j / e_1^j$，即国家 2 在环境税率较低的优势要大于碳排放系数较高的劣势；充分条件之二是：$\alpha_1^j / \alpha_2^j < \beta_1^j (1 + m'^j + \lambda_1^j m'^j) / \beta_2^j (1 + m'^j + \lambda_2^j m'^j)$，即产业国家 2 在低工资率与生产性税收优惠方面的优势要大于在生产率较低的劣势。多因素交叉影响的综合结果，成为国家 1 在进行产业承接国区位选择的依据。

2.2.5　国际产业转移与碳泄漏模型

20 世纪 70 年代以来，出于产业结构升级和国内环境规则不断严格的压力，发达国家的跨国公司开始通过对外投资的方式陆续将传统工业转移到资源丰富、环境管制较低的国家或地区。这些传统工业大多属于劳动力密集型和资源密集型产品，需要消耗大量劳动力和资源。因此，一些在劳动力资源和自然资源上禀赋富裕的国家，便成为发达工业化国家劳动密集型、资本密集型、能源消耗型产业转移的主要承接者，国内产业结构也随之发生巨大变化。在技术和产品模仿效应下，带动了产业承接国相关产业的迅速发展，由以往的初级产品出口为主迅速转变为工业制成品出口为主，大大提高了出口总量和收益，并在一定程度上改善了贸易结构。但是，这种通过承接国际产业转移而发展起来的以传统工业品为主的出口结构，逐渐转化为高碳贸易形式，增加了产业承接国的资源和环境成本，使其成为高耗能、高污染型产品的"世界工厂"。产业转出国享受了产业转移带来的收入上升、环境质量改善等好处，而产业承接国在获得产业转移带来的工业化和贸易收益的同时，还不得不作为"污染避难所"承受着资源消耗和环境破坏之痛。正如英国"新经济基金会"政策总裁安德鲁·西姆斯所说："每当政府官员谈及气候变化的时候，他们似乎把中国当作替罪羊。"①传统工业的国际产业转移，成为产业承接国高碳贸易、国内环境条件恶化、能源消费和浪费等诸多问题的一个重要原因。

假设国家 1 将产品 j 的生产转移到一个在劳动力成本方面更有优势

① 金碚. 中国工业化的资源路线与资源供求[J]. 中国工业经济，2008(02).

的国家 3，就相应出现了产品生产和碳泄漏的同步转移。由于国际产业转移所导致的碳泄漏可分为生产排放和消费排放两大类，因此生产投入的不变资本、可变资本就相应转化为碳排放，即：

$$E_{1j}^{c}=E_{1j}^{m}+E_{1j}^{e}=e_{1j}^{m}C_{1j}^{M}+e_{1j}^{e}C_{1j}^{e}=e_{1j}^{m}\alpha_{1j}\bar{c}_{m}+e_{1j}^{e}\beta_{1j}\bar{c}_{e},E_{1j}^{v}=\bar{e}_{3j}^{v}n_{3j}\text{①} \tag{2.22}$$

其中，E_{1j}^{c} 代表国家 1 将产业 j 转移至国家 3 生产后在不变资本投入中内嵌的碳泄漏，以生产排放为主，由机器、厂房、设备、原料等内嵌的 E_{1j}^{m} 以及燃料投入内嵌的 E_{1j}^{e} 组成。e_{1j}^{m} 和 e_{1j}^{e} 分别为以两种形式存在的不变资本与碳泄漏之间的转换系数，即碳泄漏系数。E_{1j}^{v} 为产业转移后产品 j 生产投入的可变资本所形成的碳泄漏，以消费排放为主要形式，由生产 j 所需雇佣的工人数量 n_{3j} 与每个劳动力的平均排放 e_{3j}^{v} 的乘积表示。由于个人排放水平在一定时期是相对稳定的，因此 e_{3j}^{v} 可近似看为常量。另外，由于劳动力人数 n_{3j} 一般与单位可变资本价值（工资率 k_{3j}）负相关，这样我们可将国家 1 产业转移后单位价值量生产所造成的碳泄漏模型写为：

$$E_{j}^{1\to 3}=\frac{e_{1j}^{m}\alpha_{1j}\bar{c}_{m}+e_{1j}^{e}\beta_{1j}\bar{c}_{e}+e_{3j}^{v}\varepsilon_{1j}\bar{v}/k_{3j}}{\alpha_{1j}\bar{c}_{m}+\beta_{1j}\bar{c}_{e}+\varepsilon_{1j}(1+m')\bar{v}} \tag{2.23}$$

我们进一步分析考虑再生产过程的碳泄漏模型。假设当期产品 j 生产所获得的剩余价值转化为下一期再生产的资本积累，并定义厂房、机器和设备的积累率为 g_{1j}^{m}，燃料等的积累率为 g_{1j}^{e}，可变资本积累率为 g_{1j}^{v}（$g_{1j}^{m}+g_{1j}^{e}+g_{1j}^{v}<1$），这样新增可变资本和不变资本为：

$$\Delta C_{1j}^{m}=g_{1j}^{m}(m'\varepsilon_{1j}\bar{v}),\Delta C_{1j}^{e}=g_{1j}^{e}(m'\varepsilon_{1j}\bar{v})\ ,\Delta C_{1j}^{v}=g_{1j}^{v}(m'\varepsilon_{1j}\bar{v}) \tag{2.24}$$

将式（2.24）转化为碳泄漏形式：

$$\Delta E_{1j}^{m}=e_{1j}^{m}g_{1j}^{m}\varepsilon_{1j}m'\bar{v},\Delta E_{1j}^{e}=e_{1j}^{e}g_{1j}^{e}\varepsilon_{1j}m'\bar{v},\Delta E_{1j}^{v}=e_{3j}^{v}g_{1j}^{v}\varepsilon_{1j}m'\bar{v}/k_{3j} \tag{2.25}$$

---

① 由于国家 1 将产品 j 的生产转移至国家 3 后，生产投入的可变资本和消费排放水平便由国家 3 工人的工资水平和平均排放决定，因此可变资本内嵌的碳泄漏量便是国家 3 变量的函数。

将式(2.25)代入式(2.23)，我们可以得到再生产条件下的国际产业转移碳泄漏模型：

$$E_j^{1\to3}=\frac{e_{1j}^m\alpha_{1j}\bar{c}_m+e_{1j}^e\beta_{1j}\bar{c}_e+\bar{e}_{3j}^v\varepsilon_{1j}\bar{v}/k_{3j}+(e_{1j}^m g_{1j}^m+e_{1j}^e g_{1j}^e+e_{3j}^v g_{1j}^v/k_{3j})\varepsilon_{1j}m'\bar{v}}{\alpha_{1j}\bar{c}_m+\beta_{1j}\bar{c}_e+\varepsilon_{1j}(1+m')\bar{v}} \tag{2.26}$$

式(2.26)表明：由国家 1 将产品 j 向国家 3 转移所产生的单位价值碳泄漏受多个因素影响。为了检验各影响因素对国际产业转移内嵌的碳泄漏的影响关系，本节对 $E_j^{1\to3}$ 求各影响因素的偏导数，得出系数符号矩阵如下：

$$\begin{pmatrix}\dfrac{\partial E_j^{1\to3}}{\partial\alpha_{1j}},\dfrac{\partial E_j^{1\to3}}{\partial\beta_{1j}},\dfrac{\partial E_j^{1\to3}}{\partial\varepsilon_{1j}},\dfrac{\partial E_j^{1\to3}}{\partial e_{1j}^m},\dfrac{\partial E_j^{1\to3}}{\partial e_{1j}^e}\\ \dfrac{\partial E_j^{1\to3}}{\partial e_{3j}^v},\dfrac{\partial E_j^{1\to3}}{\partial k_{3j}},\dfrac{\partial E_j^{1\to3}}{\partial g_{1j}^m},\dfrac{\partial E_j^{1\to3}}{\partial g_{1j}^e},\dfrac{\partial E_j^{1\to3}}{\partial g_{1j}^v}\end{pmatrix}=\begin{pmatrix}+,+,+,+,+\\+,-,+,+,+\end{pmatrix} \tag{2.27}$$

根据式(2.27)我们可以发现：在所有的影响因素中，除产业承接国的单位可变资本价值水平 k_{3j} 与国际产业转移所产生的碳泄漏负相关外，其他因素都与单位价值所隐含的碳泄漏正相关。这说明，一国的可变资本价值不仅是影响国际产业转移的一项重要因素，而且还对碳泄漏起到抑制作用。

2.3　国际产业转移诱因机制检验

本部分将在以上理论模型的基础上建立相应的计量模型，并根据中国工业部门外商投资数据对 FDI 流入的诱因机制以及流向工业部门的 FDI 对中国贸易碳排放的影响进行实证检验，以验证国际产业向中国转移的诱导因素，以及中国在承接国际产业转移过程中所内嵌的碳排放问题。

2.3.1　计量模型

国家 1 在对产业转移进行区位选择时，需要比较备选承接国在外部固定资本投资、工资率、税收、环境管制以及碳排放系数等方面的综合优势，以寻找具有较低国别价值的产业承接国。因此，国家 1 对外转移贸易品 j 行业的价值量与贸易品 j 国别价值负相关，即：

$$fdi_{1\to 2}^{j}=g(w_{2}^{N(j)})$$
$$=g\left[\frac{\alpha_{2}^{j}\bar{c}^{j}(1+\theta_{2}^{j}e_{2}^{j})+\beta_{2}^{j}\bar{v}^{j}(1+m'^{j}+\lambda_{2}^{j}m'^{j})}{\alpha_{2}^{j}\bar{q}^{j}}\right],\frac{d(fdi_{1\to 2}^{j})}{d(w_{2}^{N(j)})}<0 \tag{2.28}$$

对于同一个产业转出国而言，它在国内和海外生产的碳排放效率大致是相同的。因此，本节在实证部分暂时忽略碳排放系数 e_2^j 的影响。在式(2.28)基础上，构建国际产业转移诱因机制的时间序列方程：

$$\begin{aligned}\log fdi_{t}=&k_{0}+k_{1}\log(capital_{t})+k_{2}\log(wage_{t-2})\\&+k_{3}\log(tax_{t})+k_{4}\log(encontrol_{t})+\mu_{t}\end{aligned} \tag{2.29}$$

其中，fdi_t 为国际产业转移指标，$capital_t$ 为固定资本投资指标，$wage_{t-2}$ 为滞后两期的劳动力成本指标①，tax_t 为税收指标，$encontrol_t$ 为环境管制指标。$capital_t$、$wage_{t-2}$、tax_t 和 $encontrol_t$ 分别替代了式(2.1)中的 α_2^j、β_2^j、λ_2^j 和 θ_2^j。假设四者满足对数线性关系，k_1、k_2、k_3、k_4 分别为国际产业转移对固定资本投资、劳动力成本、税收及环境管制的变动弹性，μ_t 为误差项。

根据式(2.18)，我们对贸易品 j 的国别价值求固定资本投资、劳动力成本、税收及环境管制的偏导数，得：

$$\begin{pmatrix}\dfrac{\partial w_{i}^{N(j)}}{\partial\alpha_{i}^{j}},\dfrac{\partial w_{i}^{N(j)}}{\partial\lambda_{i}^{j}}\\ \dfrac{\partial w_{i}^{N(j)}}{\partial\beta_{i}^{j}},\dfrac{\partial w_{i}^{N(j)}}{\partial\theta_{i}^{j}}\end{pmatrix}=\begin{pmatrix}-\dfrac{\beta_{1}^{j}\bar{v}^{j}(1+m'^{j}+\lambda_{1}^{j}m'^{j})}{(\alpha_{i}^{j})^{2}\bar{q}^{j}},\dfrac{\beta_{1}^{j}\bar{v}^{j}m'^{j}}{\alpha_{i}^{j}\bar{q}^{j}}\\ \dfrac{\bar{v}^{j}(1+m'^{j}+\lambda_{1}^{j}m'^{j})}{\alpha_{i}^{j}\bar{q}^{j}},\quad\dfrac{\bar{c}^{j}e_{1}^{j}}{\bar{q}^{j}}\end{pmatrix} \tag{2.30}$$

由于国家 1 对外转移贸易品 j 行业的价值量与贸易品 j 国别价值负

① 因为劳动合同的黏性特征，因此本研究用滞后两期的劳动力成本对国际产业转移的诱因机制进行检验。

相关，因此应有$\partial fdi_t/\partial\alpha_{i,t}^j>0$，$\partial fdi_i/\partial\beta_{i,t}^j<0$，$\partial fdi_i/\partial\lambda_{i,t}^j<0$，$\partial fdi_i/\partial\theta_{i,t}^j<0$。将式(2.15)偏导关系对应到式(2.14)计量方程系数，应有$k_1>0$、$k_2<0$、$k_3<0$、$k_4<0$，这说明当产业承接国的固定资本投资越高，劳动力成本越低，生产性税收越低，环境管制越低，它所承接国际产业转移量就越大；反之就越少。

2.3.2　数据说明

(1)工业部门外商实际直接投资额(fdi_t)

衡量外资流入的统计口径有多种，如"利用外资项目总数""合同利用外资额"和"实际直接投资额"等。为了更加准确地反映各解释变量对国际产业转移的影响以及流入我国生产过程中的真实外资量，我们使用"实际直接投资额"作为国际产业转移指标。外商对我国的实际直接投资的统计涉及19个大类行业，其中有相当一部分涉及金融、批发和零售、教育卫生、文化娱乐等服务业。为了验证国际产业转移与贸易碳排放的关系，本节从中挑选工业部门的外商直接投资额作为代表。该变量由"采矿业""制造业""电力、燃气和水的生产和供应业"三个行业加总而得，数据均源于中经网统计数据库，时间跨度为1995－2011年。

(2)固定资本投资量($capital_t$)

根据前文模型推导，一国固定资本投入量的增加会降低出口商品单位价值量，提高按照国际价值交换的出口贸易利润，会促进其他国家将同类产业转移至该国。该指标数据来源于联合国UNDIO数据库，时间跨度为1995－2011年，经过同年美元汇率换算为"亿元"。

(3)外商投资企业就业人员平均工资($wage_t$)

本节采用"外商投资企业就业人员平均工资"作为劳动力成本指标，该指标是按登记注册类型划分的单位就业人员平均工资中的外商投资企业数据。数据来自国家统计局数据库，时间跨度为1995－2011年，单位为"元"。一般情况下，一国劳动力成本是吸引外商国际产业转移的一个重要原因，这在20世纪90年代发生的第四次国际产业转移浪潮中得以证明。这次国际产业转移的目的国大多为在劳动力资源禀赋上有优势、单位劳动力成本低廉的国家,如中国、印度等。前文中的式(2.15)已证明,一国的劳动力成本与单位出口商品价值量呈反比,继而与国际产业转移量呈反比。因此,该指标与"实际利用外资额"间的变动弹性应为负数。

(4)外商投资企业平均税收(tax_t)

本节采用"外商投资企业平均税收"作为生产性税收指标。由于该指标无法直接从现有数据资料中得以统计和反映,因此我们将外商投资企业在产业承接国内的税收负担近似地表示为两部分税收之和,即:"外商投资企业平均税收=外商投资企业主营业务税收及附加+外商投资企业应交增值税"。其中,"外商投资企业主营业务税收及附加"和"外商投资企业应交增值税"两个指标均从中国统计局数据库历年数据整理得来,单位"亿元"。

(5)全国排污费征收收入($encontrol_t$)

本节使用"全国排污费征收收入"作为环境管制指标用于验证一国的环境管制程度在何种程度上影响国际产业转移。关于环境管制的变量选择,目前的相关研究所采用的替代变量并不相同,如 Dean(2005)采用"污水费率",Christer(2005)选取"付费企业平均承担的污染费用",应瑞瑶和周力(2006)采用"治理污染投资量",刘建民和陈果(2008)采用"各省污水排放达标量除以该省污水排放总量",曾贤刚(2010)采用"排污费/GDP"和"污染治理投资/GDP"双重指标。在这些众多的替代变量中,"污染治理投资"表示了一个国家对于污染治理的动力和程度,而"各省污水排放达标量除以该省污水排放总量"则更偏重于污染物的处理效率和技术,这些指标在某种程度上与环境管制程度的含义有差异。本节参考 Dean、Christer 的研究思路,采用"全国排污费征收收入"变量体现我国的环境管制压力和程度。由于中国统计局对该变量的统计在 1995—2011 年有不同的口径和归类,因此本节中该指标数据是根据中国统计局历年环境统计数据整理而得。其中,1995—2000 年数据采集于"县及县以上工业企业'三废'排放及治理情况"统计;2003—2008 年以及 2010 年数据来自

“各地区排污费征收情况”统计；2001 年、2002 年和 2009 年数据统计缺失，本节根据数据未缺失年份平均增长情况进行估算。

2.3.3　结果说明

由于本节模型数据涉及时间序列问题，因此可能存在序列相关问题。对式(2.31)进行最小二乘估计发现，log(*fdi*)方程主要系数的 *t* 值大都存在不显著的问题。为此，本书先运用增广 Dickey-Fuller 法对模型涉及变量进行单位检验，结果显示，log(*fdi*)、log(*encontrol*)、log(*capital*)、log(*wage*)、log(*tax*)的原序列均为不平稳序列，经过 1 次差分后成为平稳序列，同属于一阶单整，因此可以使用协整方法对模型重新进行分析。采用 Johansen 特征根迹检验的方法对式(2.14)进行协整检验，最优滞后期根据 AIC 准则确定。迹检验和最大特征根检验都表明：在 5%显著性水平上，log(*fdi*)方程各变量之间存在一个长期稳定的协整关系(见表 2.6)。

表 2.6　Johansen 检验结果

方程	零假设	特征值	迹统计量	5%临界值	1%临界值
log(*fdi*)	None *	0.895 743	82.760 28	69.818 89	77.818 84
	At most 1	0.721 350	46.585 88	47.856 13	54.681 50
	At most 2	0.677 912	26.141 13	29.797 07	35.458 17

注：* 为 5%显著性水平下的协整方程个数。

数据来源：作者根据 eviews6 计算整理而得。

接下来，我们对 log(*fdi*)方程进行实证检验。表 2.7 的结果显示，对 log(*fdi*)方程用 OLS 估计后，主要的系数结果均出现不显著的情形。另外，我们用当期和滞后 1 期的工资变量对 log(*fdi*)方程进行 VEC 估计，又出现了系数符号与理论模型推论相反的结果，其原因可能在于工资变量具有黏性和滞后性。因此，我们采用滞后 2 期工资变量对 log(*fdi*)方程进行 VEC 估计(模型 4)。分析结果表明，对企业排污的惩罚力度、固定资本投资量、外商投资企业工人平均工资以及外商投资企业平均税负都成为影响我国吸引 FDI 流入的重要因素。与理论预测相同，我国对企业排污的惩罚力度与FDI流入量负相关，我国对企业排污的惩罚力度每增加1%，FDI的流入量便减少1.53%，这说明我国日益严格的排污管制在一定程度上约束了FDI流入。除了环境管制因素外，我国固定资本投资量、外商投资企业工人平均工资、外商投资企业平均税负也对FDI流入产生显著影响。其中，固定资本投资与FDI流入量之间呈现正相关关系，固定资本投资每增长1%，吸引的FDI流入便会显著地增长4.94%，这主要是因为固定资本投资的增加通常提高了劳动生产率，这会导致贸易品国别价值的下降，继而在国际贸易交换中处于有利地位，这会吸引FDI流入。而外商投资企业工人平均工资、外商投资企业平均税负则与FDI流入负相关，这两个变量每增长1%，FDI的流入便会分别减少6.16%和8.91%，这说明无论是工人平均工资的上涨还是外商投资企业税负的加重都会抑制FDI流入。

表2.7　　　　回归分析结果

模型	1	2	3	4
	log(*fdi*)	log(*fdi*(−1))	log(*fdi*(−1))	log(*fdi*(−1))
log(*encontrol*)	−0.11(0.25)[−0.46]			
log(*capital*)	0.42(0.25)[0.91]			
log(*wage*)	−0.27(0.54)[−0.49]			
log(*tax*)	−0.16(0.12)[−1.38]			
log(*encontrol*(−1))		0.97(0.29)[3.31]	−0.45(0.14)[3.23]	−1.53(0.35)[−4.33]
log(*capital*(−1))		−3.76(0.53)[−7.08]	−1.67(0.27)[−6.24]	4.94(0.74)[6.69]
log(*wage*(−1))		5.19(0.62)[8.36]		
log(*wage*(−2))			2.52(0.31)[7.89]	
log(*wage*(−3))				−6.16(0.95)[−6.46]
log(*tax*(−1))		1.16(0.14)[8.48]	0.79(0.07)[10.75]	−8.91(0.23)[−38.29]
c	6.99	−11.4	−1.86	4.39

注：模型1为OLS估计结果，模型2—4为VEC估计结果，(·)为标准差，[·]为*t*值。

为了描述各变量冲击对log(*fdi*)当前值和未来值所产生的影响程度，本节对log(*fdi*)方程进行脉冲响应分析。图2.4描绘了log(*fdi*)对各变量冲击的反应，可以看出，log(*encontrol*)、log(*capital*)、log(*wage*)

和 log(*tax*)对 log(*fdi*)的冲击影响具有波动性。

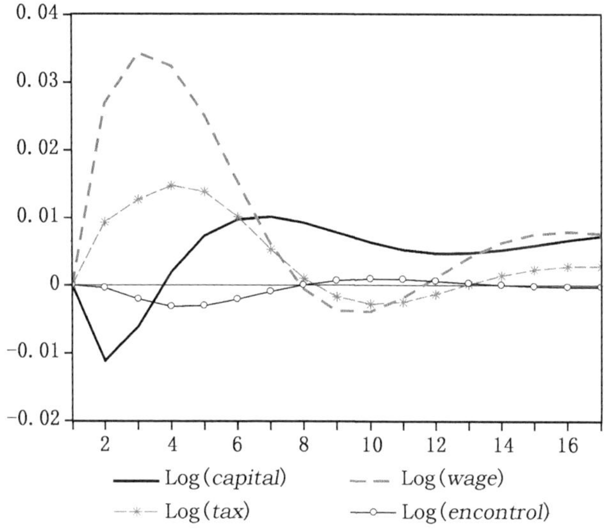

图 2.4 log(*fdi*)各变量单位冲击响应

首先,工业部门的外资流入对环境管制的冲击响应程度并不明显。当期初给 log(*encontrol*)一个正向冲击后,log(*fdi*)会缓慢进入负向响应区间,之后逐渐回升至正向响应区间,在 13 期后稳定在 0 点附近。这说明,国内的环境管制压力的突然增加的确会对外商投资的流入产生负向冲击,但是这种冲击很快会变得极其微弱。造成这种情况的原因可能在于国内对工业环境污染惩罚力度的总体偏弱:一是国内认定污染的标准、测定口径、法律法规与欧洲、美国、日本等相比较为宽松;二是被认定污染后,企业遭受的惩罚与污染收益相比微乎其微,即污染成本较低,这便导致 log(*fdi*)对 log(*encontrol*)的冲击响应并不十分敏感,国内环境规制对 FDI 流入的约束力有限。

与环境管制的冲击响应不同的是,在本期给固定资本投资一个正冲击后,工业部门外商投资流入响应在前 3 期迅速下降至-0.011,之后开始稳步回升,并在第 7 期达到最高正响应点(0.01),虽然在 8 期之后仍有小幅波动，但一直处于正向响应区间。这表明中国国内固定资本投资在受外部条件的某一冲击后，经市场传递给外商投资工业企业，且这一冲击具有显著的正向作用和较长的持续效应。

在所有变量中，劳动力成本冲击所带来的 FDI 波动性是最大的。在传统工业的外商投资企业中，我国低水平的劳动力成本成为外资企业商品参与国际竞争并获得超额国际剩余价值的重要因素，由此形成了一种“金字塔式产业链结构”与“倒金字塔式的利润结构”。以计算机制造为例，美国、日本是最主要的核心技术创新研发基地，中国台湾是最主要的外观设计和外围产品生产地，中国是最大的终端组装地。美国的 IBM、英特尔、微软等大公司通过开发 CPU 和软件占据总利润的 25％～35％；日本和中国台湾保留了技术、资金密集型的制造部分，其利润率为 15％～25％；劳动密集型的制造部分，如我国中关村的企业，其利润仅有 8％～12％，这些现实都与本节实证结论相符。当本期给外商投资企业工人人均工资一个正冲击后，工业部门的外商投资流入响应会迅速增加，并在第 3 期达到最高点(0.034)，之后回落至负响应区间，又逐渐回升到正向响应区间，在 17 期稳定在 0.007 6。这说明，当劳动力成本由于某一外在冲击突然上升时，外商投资工业企业流入会先受到正冲击，此后转为负向冲击，其原因可能在于工资合同和外商投资合同本身短期内都具有黏性的缘故。但从中长期来看，劳动力成本上涨对外商投资企业的负向冲击影响会逐步被产品销售价格上涨而抵消，因此工业部门外资流入对劳动力成本冲击的响应又会逐步从负向转为微弱的正向。这在某种程度上表明：劳动力成本的确是 FDI 选址要考虑的一个重要因素，但从长期来看却不是国外产业转移对承接国选择的唯一考虑要点。国内税负冲击与劳动力成本冲击趋势大致相同，只是波动幅度略小。当本期给国内税负一个正冲击后，外商投资流入响应会在第 4 期达到最大(0.015)，之后转为下降直至第 10 期达到负向响应最小点(－0.002 8)，第 11 期后小幅反弹最终在 17 期稳定在 0.002 7 附近。

接下来，进一步用方差分解分析国内环境管制对 FDI 流入变化的重要性。图 2.5 表明，log(*encontrol*)对 log(*fdi*)的贡献率表现最低，在整个考察期仅为 0.2%，这个结果再次验证了国内较为宽松的环境规制环境对国际产业转移的约束力贡献度较低的结论。与此相反，log(*wage*)对 log(*fdi*)的贡献度最大，从第 2 期的 10.01%增加至第 17 期的 26.88%，这说明劳动力成本对工业部门外资流入的负向冲击作用虽然有所减弱，仍是影响工业 FDI 流入的最重要因素。log(*tax*)对 log(*fdi*)的贡献度居于第二位，从第 2 期的 1.19%上升至第 17 期的 5.39%。log(*capital*)对 log(*fdi*)的贡献度呈现波动式上升趋势，在期末达到 5.41%，这说明固定资本投资在吸引 FDI 流入过程中所起的作用越来越大，其原因可能是固定资本投资的累积效应，前期的固定资本投资将会对之后的固定资本形成及新增投资产生积累，这对外商投资企业转移至我国产生了正向的资本环境优势。

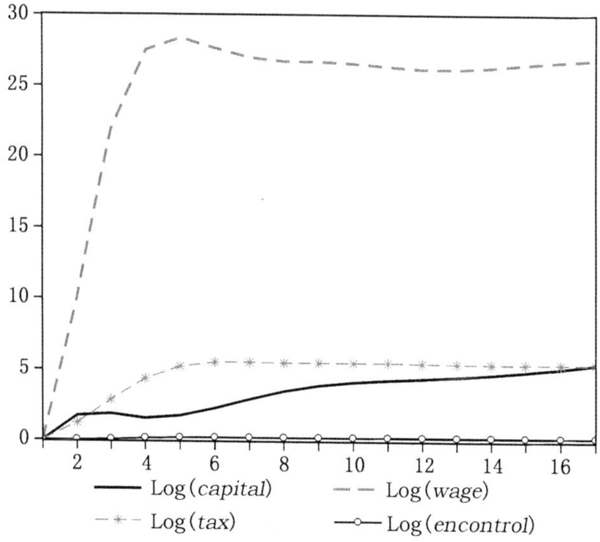

图 2.5 log(*fdi*)方差分解

为了检验 log(*fdi*)方程中各解释变量与被解释变量之间的关系，本节对方程的变量进行 Granger 因果检验,结果如表 2.8 所示。结果显示,在 log(*fdi*)方程中,外商投资企业人均工资显著性地成为影响国际产业转移流入我国的 Granger 原因,而环境管制、固定资本投资、外商投资企业平均税负的诱因性不显著。四个指标的联合检验却是显著的,即固定环境管制、资本投资、外商投资企业人均工资、外商投资企业平均税负能同时引起 FDI 流入中国。

表 2.8　log(*fdi*)方程的 Granger 因果检验结果

零假设	*Chi-sq*	自由度	*P* 值
log(*encontrol*)不能 Granger 引起 log(*fdi*)	0.014 672	1	0.903 6
log(*capital*)不能 Granger 引起 log(*fdi*)	2.336 119	1	0.126 4
log(*wage*)不能 Granger 引起 log(*fdi*)	5.230 079	1	0.022 2
log(*tax*)不能 Granger 引起 log(*fdi*)	0.806 544	1	0.369 1
联合检验	9.576 647	4	0.048 2

数据来源:作者根据 eviews6 计算整理而得。

通过以上理论论证与实证检验,我们得到以下结论:

①当一个国家在生产某种贸易品方面的劳动生产率优势开始弱于工资成本所带来的劣势时,便会逐渐丧失出口所带来的国际超额剩余价值,为了维持高利润率和延长产品生命周期,该国会将贸易品的生产环节向外转移。该国在对产业转移进行国际区位选择时,受多个因素交叉影响,其充分条件表现为:产业承接国低环境税率方面的优势要大于碳排放系数较高的劣势,低工资率与生产性税收优惠方面的优势要大于生产率较低的劣势。

②国际产业转移的一个重要结果是可能导致碳泄漏。产业转出国通过增加进口产品数量,减少了自身的生产性碳排放;而产业承接国为了满足出口需求,在消耗国内资源的同时又增加了国内的碳排放。碳泄漏的程度受多项因素共同影响,其中,产业承接国的单位可变资本价值与国际产业转移所导致碳泄漏负相关,而资本投入、能源投入及可变资本投入的

总量、间接和直接碳泄漏系数、产业承接国人均排放量、不变资本和可变资本的积累率都与单位价值所隐含的碳泄漏正相关。碳泄漏的收益—成本估算框架表明，碳利益可分为资源利益和环境利益，碳泄漏导致了产业转出国和承接国之间不平衡的碳利益分配。在资源利益方面，考虑到不同区域的资源价格差异及资源过度开采所导致的未来价值上升等因素，产业转出国在碳泄漏过程中可以获得资源价差收益；而产业承接国则因生产性过度开采增加了其资源价值的期差成本。在环境利益方面，产业转出国通过碳泄漏将环境压力转移至他国，自身获得了环境税和污染治理投资的节约收益，并减少了因生产排放所导致的间接经济损失；而产业承接国不仅为碳泄漏投入了大量的环境治理费用，还在农林渔业、人体健康、土壤可持续生产力等方面付出了代价。

③通过对我国 1995—2011 年的相关数据分析发现，流入我国的工业部门 FDI 与固定资本投资、外商投资企业人均工资、外商投资企业税负和国内环境管制之间存在显著的协整关系。其中，固定资本投资与工业部门 FDI 流入量正相关，而外商投资企业的人均工资、税负及国内环境管制与工业部门 FDI 流入量之间呈负相关关系。FDI 方程脉冲响应分析结果表明，外商投资企业人均工资和税负对 FDI 投资在短期内产生正向冲击，随后转为负向冲击，并最终稳定在较小的正向冲击区间；固定资本投资对 FDI 投资产生较为持续的正向冲击；国内环境管制因素在短期内对 FDI 投资产生微弱的负向冲击。外商投资企业人均工资对 FDI 投资的影响贡献度显著大于税负及国内环境管制因素。

第三章　中国出口贸易的高碳特征及原因

本章涉及的“高碳贸易”不限于二氧化碳排放，而是泛指与气候变暖及导致环境污染相关的物质排放。本章首先对中国对外贸易发展现状、取得的成就及发展趋势进行了梳理，继而对中国高速发展的出口贸易背后的“双高”问题展开分析，从高能耗、高排放、高碳贸易行业机构及高碳贸易流向四个角度总结了中国出口贸易高碳特征，最后对导致这种高碳特征的原因从技术与制度、内部与外部等多角度进行深入探讨。

3.1　中国对外贸易发展的现状及趋势

改革开放以来，中国对外贸易逐渐进入高速发展时期，出口作为中国经济增长的三驾马车之一，其规模也在不断扩大，成为支撑中国经济增长的重要动力。综观多年来的中国出口贸易，其在贸易规模、技术结构、出口对象、贸易地位及贸易区域分布等方面出现了明显的变化。

(1)从贸易规模看，出口贸易规模不断扩大，贸易地位不断上升

首先，从贸易规模看，中国出口贸易规模不断扩大，但不同时期又表现出一定的阶段性特征。如表 3.1 所示，在改革开放以前，中国出口总额水平基本保持平稳，1974—1978 年平均增长率仅为 4.71%。随着改革开放的不断推进，中国对外贸易发展迅猛，出口贸易增长率始终维持在 20%～30%的高水平，其中 1990 年和 1994 年的增长率分别达到 52.65% 和 97.2%。1978—2000 年，中国出口贸易总量翻了一百多倍。究其原因，中国凭借一系列鼓励出口的措施与经济发展初期的劳动力成本优势不断向国际市场提供价格低廉的商品，使出口高增长态势一直维持到

2000 年。进入 21 世纪，随着加入 WTO，中国出口规模发生了一定变化。一方面，由于加入 WTO 使中国市场开放程度不断提高，相应出口规模也随之扩大，2001—2005 年出口增长率保持在 30%左右；另一方面，随着贸易自由化的不断深入，中国对外贸易更易受到国际经济波动的影响，例如 2008 年受美国次债危机冲击，中国出口贸易 1978 年以来首次出现负增长，之后出口虽有所恢复，但增幅大大削弱。截至 2019 年，中国制造业年产值在国民生产总值中的占比达到 26.8%，工业制成品出口从 1999 年的 1 749.9 亿美元增长到 2020 年的 24 751.7 亿美元，增长了 14.1 倍。制造业出口结构不断优化，工业制成品占比从 89.8%上升到 95.5%，且自 2017 年开始工业制成品出口中超过一半为机械及运输设备类产品出口[①]。随着中国劳动力及原材料成本的上涨，具有传统劳动力密集型优势、被国外广泛认可的“中国制造”的纺织类、玩具类等轻工业产业开始向东南亚、南亚、非洲等地转移。可见，中国对外贸易经过 40 余年的发展，无论在规模还是结构方面都得到优化，中国对外贸易广度和深度的不断拓展和深化对世界经济繁荣和金融危机后全球经济复苏都起了重要作用。

表 3.1　　中国历年出口总额　　单位：亿元人民币

年份	出口总额	年份	出口总额	年份	出口总额	年份	出口总额
1974	139.4	1986	1 082.1	1998	15 223.6	2010	107 022.8
1975	143	1987	1 470	1999	16 159.8	2011	123 240.6
1976	134.8	1988	1 766.7	2000	20 634.4	2012	129 359.3
1977	139.7	1989	1 956	2001	22 024.4	2013	137 131.4
1978	167.6	1990	2 985.8	2002	26 947.9	2014	143 883.8
1979	211.7	1991	3 827.1	2003	36 287.9	2015	141 166.8
1980	271.2	1992	4 679.4	2004	49 103.3	2016	138 419.3
1981	367.6	1993	5 284.8	2005	62 648.1	2017	153 309.4
1982	413.8	1994	10 421.8	2006	77 594.6	2018	164 127.8

① 国家统计局、WDI 数据库。

续表

年份	出口总额	年份	出口总额	年份	出口总额	年份	出口总额
1983	438.3	1995	12 451.8	2007	93 455.6	2019	172 373.3
1984	580.5	1996	12 576.4	2008	100 394.9		
1985	808.9	1997	15 152.8	2009	82 029.7		

数据来源：中国统计年鉴。

其次，从贸易地位看，无论是货物出口还是服务出口，中国在世界贸易格局中的地位都不断提升。从货物出口看，1980—2019 年中国货物出口额占世界出口总额比重由 0.9%上升至 13.2%，并于 2009 年超越美国成为世界第一大出口国，之后中国作为全球最大货物出口国的地位得到进一步巩固。在服务出口方面，中国服务贸易也取得了相当程度的发展。1985 年中国的服务贸易出口总额为 31 亿美元，2019 年达到了 2 836 亿美元，增长了近 92 倍，平均年增长率超过 15%，并于 2007 年以来一直保持着全球第五大服务贸易出口国的地位，不仅对外服务贸易出口规模持续扩大，且占世界总额比重也稳健攀升。尽管近年来中国现代服务出口比重有所上升，但以旅游、运输为代表的传统服务贸易占主导地位的服务出口模式并未改变（见表 3.2）。《中国统计年鉴（2020）》有关数据显示，2019 年电信、计算机和信息服务、运输服务和旅行服务出口位列中国服务出口的前三位，所占比重依次为 19.0%、16.2%和 12.2%，而金融服务与保险服务等现代服务业出口分别仅占 1.4%和 1.7%，可见中国服务贸易出口结构仍有进一步优化的空间。

表 3.2　　中国货物及服务出口额及所占比重　　单位：亿美元

年份	货物出口				服务出口		
	世界出口总额	中国出口额	中国所占比重	位次	世界出口总额	中国出口额	中国所占比重
1985	19 529	274	1.4	17	3 835	31	0.8
1990	34 897	621	1.8	15	7 887	81	1.0
1995	51 676	1 488	2.9	11	11 794	244	2.1
2000	64 540	2 492	3.9	7	14 913	350	2.3
2005	105 103	7 620	7.3	3	26 204	843	3.2

续表

年份	货物出口				服务出口		
	世界出口总额	中国出口额	中国所占比重	位次	世界出口总额	中国出口额	中国所占比重
2010	153 065	15 778	10.3	1	38 964	1 783	4.6
2015	165 556	22 735	13.7	1	49 296	2 186	4.4
2018	194 681	24 867	12.8	1	59 489	2 668	4.5
2019	188 887	24 990	13.2	1	60 859	2 836	4.7

数据来源：WTO 国际贸易统计数据库(International Trade Statistics Database)、《中国统计年鉴》。

(2)从技术结构看，高技术产品出口比例不断增加

图 3.1 表明，改革开放以来中国初级产品出口份额不断减小，而工业制成品出口比例不断扩大。20 世纪 80 年代，初级产品与工业制成品占出口总额比例基本相等。随着生产技术的不断提高，中国实现了从以初级产品为基础的出口导向到以工业制成品为基础的出口导向的过渡，工业制成品占出口总额比重由 1990 年的 74.41% 上升到 2020 年的 95.5%。

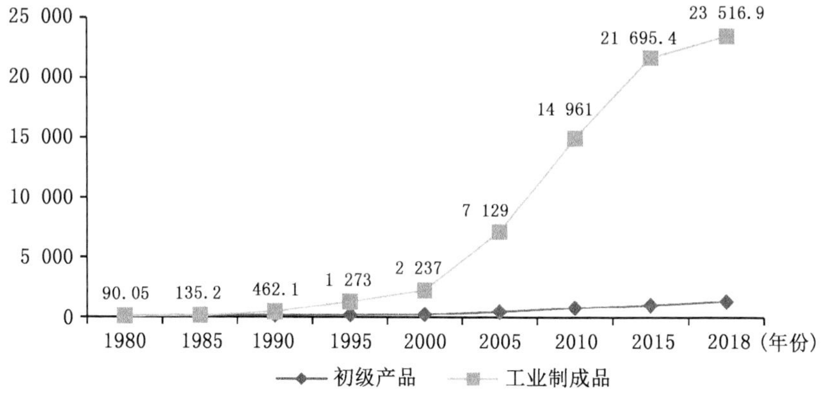

数据来源：中国统计年鉴。

图 3.1　中国初级产品及工业制成品出口额(单位：亿美元)

根据 SITC 国际贸易分类标准，机械和运输设备类、杂项制品类一般被认为是具有高技术含量的贸易商品，因此将《中国贸易外经统计年鉴》

与《中国对外经济统计年鉴》的统计中有关出口产品的第十六类、第十七类、第十八类、第十九类及第二十类[①]归为高技术产品。由表 3.3 可知,自 1995 年至 2019 年中国高技术产品出口金额绝对量大幅上升了 26.06 倍。同时,如果以上述高技术产品占出口商品总金额的相对比重来考察中国出口贸易结构,该比重由 31%上升至 56.08%。这表明加入 WTO 后,客观上要求中国改善出口贸易结构,加强资本密集型和技术密集型商品出口。

表 3.3　　中国出口商品结构　　单位:亿元人民币

年份	1995	2000	2005	2010	2012	2019
出口商品总额	12 451.8	20 634.4	62 648.1	107 022.8	129 359.25	179 326.36
高技术出口商品额	3 859.69	9 005.95	34 876.99	63 261.83	74 301.81	100 574.11
高技术出口商品比例	31.00%	43.65%	55.67%	59.11%	57.44%	56.08%

资料来源:作者根据《中国贸易外经统计年鉴》与《中国对外经济统计年鉴》计算整理而得。

(3)从出口对象看,中国对主要出口国家的依存度逐渐降低

近年来,中国出口流向的集中化程度正逐渐降低,贸易伙伴更趋多元化,发达经济体所占比重降低而新兴市场国家所占比重提高。

作为中国制造业出口规模最大的贸易伙伴国,美国和日本在中国出口贸易利益中的贡献度明显下降,分别由 2005 年的 24%和 12.67%下降至 2014 年的 16.44%和 8%[②],并由最终品出口向中间品出口转变。其他贸易伙伴在中国制造业出口贸易获益的国家分布格局中也发生了巨大变化。澳大利亚、巴西、印度、俄罗斯等新型贸易伙伴在中国制造业出口贸易利益中的贡献率占比日益提升,据测算在 2014 年的合计占比达到 18.85%,相较于 2005 年增长了 45.89%。在总量提升的同时,出口结构

① 第十六类为机器、机械器具、电气设备及其零件,录音机及放声机、电视图像、声音的录制和重放设备及其零件、附件;第十七类为车辆、航空器、船舶及有关运输设备;第十八类为光学、照相、电影、计量、检验、医疗或外科用仪器及设备、精密仪器及设备,钟表乐器,上述物品的零件、附件;第十九类为武器、弹药及其零件、附件;第二十类为杂项制品。

② 作者根据 WIOD 数据测算而得。

也逐渐从最终品贸易转向中间品贸易，如中国对韩国出口的最终产品与中间产品所形成的贸易利益比值已从 2005 年的 4:5 下降至 2014 年的 1:4，有近 80%的贸易利益是通过中间品出口增加值形式获得的①。

出现这种变化的原因是多方面的：

首先，从世界经济背景来看，2008 年的金融危机与紧随其后的欧债危机削弱了发达国家的收入水平和购买力，而发达国家采取了更为严苛的技术与绿色壁垒等手段以保护国内经济产业发展，这在一定程度上加大了中国的出口风险。另一方面，在全球经济复苏乏力、欧债危机导致外需低迷之时，新兴市场国家经济发展依旧较为活跃，客观上加深了中国与新兴经济体的贸易合作，并且这一趋势将会维持很长一段时间。

其次，从政治外交层面来看，2012 年日本政府宣布将钓鱼岛"国有化"，使得中日关系严重恶化并直接影响了两国的经贸往来，中国对日本的出口比例由 1995 年的 19%大幅缩水至 2012 年的 7%，日本也从中国第二大出口国位置下降至第五位。

(4)从国内出口地区看，中国出口货源地集中化程度较高

从国内各地区出口额占全国总额比重来看，2000—2018 年广东、江苏、浙江、上海、山东、福建、辽宁、河北等省市一直位于中国前十大出口地区，只是个别省份排名有所变化。广东省作为中国第一大出口省份的地位始终不变，但其占全国出口总额比重由 37.5%下降至 28.49%。此外，上海、福建、辽宁、天津这五大地区占全国出口总额的比重均有所下降。由此可见，中国出口重点区域依然存在高度集中的特点，但这种集中度逐渐趋缓。从表 3.4 可以看出，2000—2018 年中国出口增长幅度最大的省份主要为中西部地区，如重庆、四川、河南、陕西、江西等。从长期来看，随着"一带一路"等项目的建设，中西部地区辐射范围将会进一步扩大到中亚、西亚和东南亚国家，因此中西部地区对外出口有较大增长空间，是中国外贸出口的新增长点。

---

① 作者根据 WIOD 数据测算而得。

表 3.4　　中国各地区出口比重及平均增速排名

排序	2000 年出口比重		2018 年出口比重		2000—2018 年平均出口增速	
	省份	比重	省份	比重	省份	增速
1	广东	37.5%	广东	28.49%	重庆	23.29%
2	江苏	10.59%	江苏	16.77%	河南	22.12%
3	上海	9.89%	浙江	13.18%	四川	21.51%
4	浙江	8.22%	上海	7.27%	陕西	18.99%
5	山东	6.46%	山东	6.97%	江西	18.93%
6	福建	5.47%	福建	4.22%	安徽	17.13%
7	辽宁	4.25%	河南	2.34%	湖北	16.92%
8	天津	3.08%	辽宁	2.33%	浙江	16.66%
9	北京	3.08%	河北	1.99%	江苏	16.58%
10	河北	1.32%	四川	1.92%	河北	16.28%
11	其他	10.14%	其他	14.52%	新疆	15.51%

数据来源：作者根据《中国统计年鉴》相关数据计算整理而得。

(5)出口贸易呈高碳特征

国际高碳产业向中国转移的一个重要结果就是中国高碳贸易的形成。1990—2019 年中国工业制成品出口在出口总额中的比重从 1990 年的 74.4%上升到 2018 年的 95.5%。[①] 这一方面说明我国的出口贸易结构在不断改善，另一方面说明我国长期依赖工业品出口的贸易结构又会增加我国生产性能源消耗及各类污染物排放的压力。同时，中国作为目前全球最大生产制造及出口国，进口品隐含排放远小于出口产品的隐含排放。根据《哈佛中国碳排放报告(2015)》，在中国的出口贸易中，西方发达国家是主要消费国，其中美国消费占中国出口贸易隐含碳排放的 24%，其他主要的消费国包括日本(9%)、德国(5%)、韩国(4%)、英国(4%)和俄罗斯(3%)。欧盟和其他亚洲国家分别消费了中国贸易隐含

① 数据来源：国家统计局。

排放总量的25%和15%。与之相对应，从中国进口产品所隐含的碳排放占日本贸易隐含排放的48%，占美国贸易隐含排放的44%，占俄罗斯贸易隐含排放的42%。表3.5给出了高碳产业贸易进出口变化趋势，可以发现：1995—2014年我国高碳产业贸易一直处于逆差状态，高碳产业出口额与进口额的相对比例从1992年的71.49%增长到2014年的90.12%，整体呈上升趋势。

表3.5　高碳产业1995—2014年进出口额及占比　单位：亿美元

年份	高碳产业出口	高碳行业进口	总出口	总进口	高碳产业出口/高碳产业进口	高碳产业出口/总出口	高碳产业进口/总进口
1995	582.04	660.83	12 451.80	11 048.10	88.08%	4.67%	5.98%
1996	700.75	700.75	12 576.40	11 557.40	100.00%	5.57%	6.06%
1997	703.89	779.92	15 160.70	11 806.50	90.25%	4.64%	6.61%
1998	705.45	793.50	15 223.60	11 626.10	88.90%	4.63%	6.83%
1999	767.59	967.76	16 159.80	13 736.40	79.32%	4.75%	7.05%
2000	1 020.82	1 398.91	20 634.40	18 638.80	72.97%	4.95%	7.51%
2001	1 092.39	1 457.96	22 024.40	20 159.20	74.93%	4.96%	7.23%
2002	1 317.54	1 778.94	26 947.90	24 430.30	74.06%	4.89%	7.28%
2003	1 746.40	2 488.80	36 287.90	34 195.60	70.17%	4.81%	7.28%
2004	2 539.63	3 464.94	49 103.30	46 435.80	73.30%	5.17%	7.46%
2005	3 335.25	4 270.84	62 648.10	54 273.70	78.09%	5.32%	7.87%
2006	4 361.27	5 199.21	77 597.20	63 376.86	83.88%	5.62%	8.20%
2007	5 690.52	6 375.28	93 563.60	73 300.10	89.26%	6.08%	8.70%
2008	6 795.59	7 634.81	100 394.94	79 526.53	89.01%	6.77%	9.60%
2009	5 325.43	6 712.58	82 029.69	68 618.37	79.34%	6.49%	9.78%
2010	7 123.04	9 182.17	107 022.84	94 699.30	77.57%	6.66%	9.70%
2011	8 769.18	11 441.3	123 240.60	113 161.40	76.65%	7.12%	10.11%
2012	9 531.10	11 836.9	129 359.25	114 800.96	80.52%	7.37%	10.31%
2013	10 604.6	12 658.7	137 131.43	121 037.46	83.77%	7.73%	10.46%
2014	11 356.9	12 601.3	143 883.75	120 358.03	90.12%	7.89%	10.47%

数据来源：作者根据国家统计局相关数据计算整理而得。

3.2 中国出口贸易的高碳特征

3.2.1 高能耗特征

出口贸易虽然对中国经济发展产生了促进作用，但随之引发的高能耗问题也日益突出。本章将中国出口贸易的高能耗特征归纳为以下三点：

(1)出口依赖型经济增长模式引致的高能耗

改革开放以来，中国经济增长对出口的依赖程度不断提高，出口依赖型的经济模式特色明显。出口占 GDP 比重由 1978 年的 4.6%上升至 2008 年的 44.7%，此后受金融危机引发的全球经济减速影响出口占比逐渐下降，2020 年减至 17.65%。

首先，中国整体出口结构的不合理性加剧了高能耗的负面效应。中国整体出口结构的不合理性主要表现在服务业等低能耗出口比重一直较小，商品货物贸易占比较大，货物加工贸易等高能耗出口始终居高不下。加入 WTO 以来，尽管中国服务贸易规模进一步扩大，但服务贸易占对外贸易的比重却不高，始终在 10%左右波动，几乎只是世界平均水平的一半。随着信息化时代的到来，咨询、电信、金融、保险等服务贸易在世界范围内迅速发展，尤其是发达经济体在上述服务出口中的优势和地位得以巩固。而中国不仅服务出口长期逆差并且仍以劳动密集型的服务贸易为主要方式，如旅游、运输业，其中运输业还需要高能耗、高排放的运输载体为依托，对环境保护与能源集约的促进作用较小。此外，中国货物贸易中加工贸易所占份额较大，2008 年以前加工贸易始终占对外贸易总额的 50%以上，之后逐渐下降，2019 年占比为 32%。具体来看，加工贸易出口额由 2000 年的 1 376.52 亿美元上升至 2014 年的峰值 8 842.18 亿美元，此后逐渐下降至 2019 年的 7 354.36 亿美元。[①] 然而加工贸易的不断扩大并不利于改善一国的贸易结构与贸易利益，其负面效应主要体现为以下两点：

一是中国的加工贸易模式以外资为主，在出口贸易中，外资企业比重达到了 60%以上，外资企业有动机将能源密集型、低技术含量的加工环节从母国剥离，并将高污染、高能耗的生产环节安排在中国，因此中国的资源与环境利益无法得到改善。

二是以加工贸易主导的经济活动客观上无法激励出口企业提升其能源效率，低技术含量的加工环节所需投入的生产要素往往是低技术水平的劳动力，用于从事简单的加工操作与低附加值的劳动生产，难以具备提升能源效率和研发低碳技术的必要技能。加工贸易的低营利性使得该行业的企业难有足够资本进行产业升级和改造，由此陷入高能耗、高排放、低收益的恶性循环。

其次，出口导向型的经济增长模式对带动国内需求型能耗增加具有溢出与扩散作用。该作用机制主要通过以下途径实现：一方面，在国内人均收入水平较低、内需疲软、储蓄率偏高的情况下，出口贸易相比提升内需具有更可观的利益，出口也就成为中国经济增长的主要引擎。另一方面，受国际分工、产业转移等因素的影响，在发达国家主导的买方型国际市场中，中国需要大量出口能源密集型、污染密集型的产品以满足发达国家需求。因此，在国内对出口贸易的强烈需求与国际市场条件的双重作用下，容易造成国内需求型生产能耗与排放的增加，出口对拉动国内高污染、高能耗产品生产的溢出与扩散作用也就由此产生。

(2)能源结构及其使用效率引致的高能耗

影响一次能源生产结构的主要因素包括：资源的品种、储量的丰度、空间的分布及地域组合特点、可开发程度、能源开发及利用的技术水平等。在能源生产基本稳定、能源供应基本自给的基础上，能源生产结构

---

① 《中国贸易外经统计年鉴》。

决定着能源消费结构(林寿富、赵定涛,2010)。表 3.6 显示,中国能源结构相对单一,无论从生产结构还是消费结构看,煤炭都占据中国能源结构的主体地位,石油、天然气、水电、核电和风电等能源的生产和消费比例只占 30%左右。

表 3.6 **中国能源结构表** 单位:%

年份		1980	1990	1995	2000	2005	2010	2015	2019
生产结构	煤炭	76.2	74.6	69.2	70.8	68.0	70.8	72.2	68.5
	石油	16.6	17.5	22.2	19.8	19.0	19.8	8.5	6.9
	天然气	2.1	1.8	2.2	2.6	4.4	2.6	4.8	5.6
	水电、核电、风电	5.1	6.1	6.4	6.8	8.6	6.8	14.5	19.0
消费结构	原煤	74.2	75.3	73.2	77.6	76.6	77.6	68.1	62.8
	原油	19.0	16.6	17.2	12.0	9.8	12.0	19.6	20.7
	天然气	2.0	1.9	2.7	3.0	4.2	3.0	6.2	8.7
	水电、核电、风电	4.8	6.2	6.9	7.4	9.4	7.4	6.1	7.8

数据来源:中国能源统计年鉴。

中国目前高度依赖煤炭资源主要基于以下几方面原因:

第一,资源禀赋是决定中国能源结构的基础因素。尽管 20 世纪 50 年代以来石油天然气勘探技术取得重大突破,提升了石油生产能力,使 1980—2019 年煤炭在能源结构中所占比例由 76.2%下降至 68.5%①,但仍没有从本质上改变中国对煤炭高度依存的现状,这在很大程度上取决于中国的资源禀赋结构。中国能源储备中 94%来自煤炭资源,而原油和天然气分别仅占 5.4%和 0.6%,这决定了在今后相当长的一段时期中国将继续维持以煤炭为主的能源结构。

第二,扭曲的能源价格产生了对能源生产与消费的不合理引导。国际市场上,按相同净发热值计算的原油、天然气价格一般是动力煤价格的 2～

① 《中国能源统计年鉴》。

3倍，中国一般为4倍左右。[①] 低廉的煤炭价格不仅给煤炭企业的发展造成不利影响，同时加剧了工业部门对煤炭能源的旺盛需求，最终这种不可持续的高煤炭生产模式会给社会经济发展造成极大压力，并严重制约中国能源结构的调整。一般情况下，各种能源要素之间具有替代效应，然而中国煤炭和石油之间的价格交叉弹性效应却表现得十分微弱（陈小勇、翁非，2012），其原因在于政府部门不合理的行政干预使能源价格严重扭曲。

第三，单一的能源结构与低下的能源效率有着密不可分的联系。衡量能耗高低的重要指标就是能源效率。能源效率是指生产过程中消耗单位能源所产生的经济利益。随着单一能源要素的不断投入，其边际效率势必不断下降，与此同时其他能源要素则不能得到充分利用。《世界经济论坛》与埃森哲咨询管理公司共同推出的《2013全球能源工业效率研究》显示，中国在全球105个国家和地区的能源使用效率排名中位列第74位，2010年单位GDP的能耗为0.265 3千克油当量/美元，不仅远远落后于排名靠前的挪威、瑞典、法国、瑞士、日本、德国等发达国家，甚至落后于巴西、印度等发展中国家。[②] 2010年，中国生产过程中所使用的钢、水泥、铁矿石、铅分别占世界总消耗量的45%、53%、47%与45%，大量的能源消耗与中国经济总量只占世界的10%相比明显偏高。[③] 单一的能源结构与低下的能源效率直接导致中国出口贸易的高能耗性。以2005年为例，中国出口产品的二氧化碳排放量达到7.96亿吨，在出口过程中使用了大约13.4%的国内一次能源消耗。[④]

(3)产业结构引致的高能耗

本章用能源强度指标来衡量行业创造单位经济产出所消耗的能源，以观测中国高能耗行业分布。

---

① 邓志茹，范德成. 我国能源结构问题及解决对策研究[J]. 现代管理科学，2009(06).

② http://www.china5e.com/news/news-262253-1.html.

③ 徐光瑞. 我国工业能源效率及提升对策[J]. 现代商业，2013(16).

④ 刘强，庄幸，姜克隽，韩文科. 中国出口贸易中的载能量及碳排放量分析[J]. 中国工业经济，2008(08).

表3.7显示，中国能源消耗量最高的行业为黑色金属冶炼及压延加工业、化学原料及制品制造业、非金属矿物制品业，其次是石油加工及炼焦业、有色金属冶炼及压延加工业、煤炭采选业；能耗量较低的行业包括皮革毛皮羽绒及其制造业、印刷业记录媒介的复制业、仪器仪表文化办公用机械业；能耗量最低的是烟草加工业、文教体育用品制造业及家具制造业。与能耗总量相比，各行业的能耗强度的排序与能耗总量有所不同，塑料制品业虽然能源消耗总量比较高，但是能源强度相对较低，而石油加工及炼焦业、化学原料及制品制造业、非金属矿物制品业、黑色金属冶炼及压延加工无论是能耗总量还是能源强度都是工业部门中的“双高”行业。

表3.7　中国各行业能源强度及能源消耗总量

行业	能源强度(万吨标准煤/亿元)			能源消耗总量(万吨标准煤)		
	2005年	2010年	2017年	2005年	2010年	2017年
煤炭采选业	1.208 7	0.478 3	0.465 3	6 916.95	10 574.43	17 680
石油和天然气开采业	0.598 3	0.409 1	0.583 4	3 761.33	4 057.55	9 232
黑色金属矿采选业	0.956 0	0.262 3	0.246 4	946.09	1 573.35	3 952
有色金属矿采选业	0.581 9	0.251 1	0.175 1	663.56	954.16	1 531
非金属矿采选业	1.140 1	0.331 8	0.212 4	862.51	1 026.38	1 107
食品加工业	0.191 7	0.075 7	11.324 4	2 034.40	2 644.27	4 089
饮料制造业	0.284 7	0.123 5	0.029 0	879.57	1 130.42	1 418
烟草加工业	0.083 7	0.039 2	0.074 5	237.68	228.89	200
纺织业	0.392 9	0.217 6	0.022 6	4 978.35	6 204.53	7 487
服装及其他纤维制品制造	0.109 9	0.060 7	0.185 8	546.82	748.42	879
皮革毛皮羽绒及其制品业	0.089 6	0.049 7	0.037 1	310.16	392.19	560

续表

行业	能源强度(万吨标准煤/亿元)			能源消耗总量(万吨标准煤)		
	2005年	2010年	2017年	2005年	2010年	2017年
木材加工及竹藤棕草制品	0.377 9	0.140 1	0.036 9	690.71	1 035.62	1 075
家具制造业	0.090 3	0.047 5	0.071 1	128.83	209.66	353
造纸及纸制品业	0.786 8	0.379 7	0.040 0	3 274.13	3 961.92	4 304
印刷业记录媒介的复制	0.190 2	0.109 7	0.290 2	274.47	390.97	479
文教体育用品制造业	0.132 1	0.067 2	0.058 6	195.89	210.84	433
石油加工及炼焦业	0.990 1	0.567 1	0.025 6	11 881.87	16 582.66	24 367
化学原料及制品制造业	1.375 0	0.619 6	0.715 0	22 494.07	29 688.93	49 055
医药制造业	0.264 1	0.121 6	0.565 2	1 122.39	1 427.68	2 222
化学纤维制造业	0.514 5	0.290 9	0.078 2	1 342.00	1 440.91	2 175
橡胶制品业	0.491 4	0.247 4	0.276 0	1 079.38	1 461.17	4 761
塑料制品业	0.285 5	0.151 2	0.145 3	1 446.81	2 097.51	32 835
非金属矿物制品业	2.050 0	0.863 6	0.520 7	18 849.94	27 683.25	60 934
黑色金属冶炼及压延加工	1.676 1	1.110 0	1.009 8	35 988.23	57 533.71	22 157
有色金属冶炼及压延加工	0.905 6	0.456 7	0.453 3	7 188.69	12 841.45	5 152
金属制品业	0.338 6	0.180 2	0.131 0	2 220.38	3 627.75	3 630
普通机械制造业	0.186 8	0.093 1	0.075 1	1 982.12	3 270.81	1 688
专用设备制造业	0.204 2	0.085 9	0.044 8	1 242.52	1 851.20	433

续表

行业	能源强度(万吨标准煤/亿元)			能源消耗总量(万吨标准煤)		
	2005 年	2010 年	2017 年	2005 年	2010 年	2017 年
交通运输设备制造业	0.124 1	0.067 6	0.048 9	1 950.44	3 748.85	3 378
电气机械及器材制造业	0.085 7	0.048 9	0.034 8	1 191.25	2 121.53	992
电子及通信设备制造业	0.054 6	0.045 9	0.037 2	1 474.41	2 525.15	2 580
仪器仪表文化办公用机械	0.069 8	0.054 1	0.032 5	194.18	346.47	3 662

数据来源:作者根据《中国统计年鉴》计算整理而得。

上述情况说明:一方面,随着中国能源技术水平的提高,各行业能耗强度有了明显降低,这对提升行业出口竞争力具有促进作用。根据 1995 年发布的《中国洁净煤技术"九五"计划和 2010 年发展纲要》,中国在洁净煤技术的开发、应用及推广方面均取得了较大进展,如国内具备了制造 1000 MW、25 MPa、600℃等级发电机组的基础和能力,"600MWe 超临界循环流化床"已完成设计、制造技术研究。① 上述洁净煤技术已达到国际先进水平,为抑制出口企业的煤炭消耗强度提供了技术保障与支持。另一方面,行业的自然垄断不利于促进能耗节约。中国能源强度较高的行业(如黑色金属冶炼及压延加工业、自来水的生产和供应业等)都具有自然垄断性质,垄断行业能够凭借其垄断优势获得较高的垄断利润,垄断优势本身使得该行业的出口企业缺乏提升其自身运行效率、管理水平与技术改进的内在动力,这也就不利于促进其降低能源消耗强度。2015 年前 10 个月,中国有色金属冶炼出口交货值累计 12.08 亿元,同比下降 60.63%②。尽管该行业在出口额处于不断下降阶段,其能源消耗总量却不断上升,这间接反映了落后的管理运行和低效能源利用率已成为行业的痼疾。

---

① http://news.xinhuanet.com/fortune/2012-05/28/c_123200968.htm.

② http://www.chyxx.com/data/201511/363183.html.

3.2.2　高排放特征

贸易碳排放是一个广义的概念，除二氧化碳外，工业排放中的固体颗粒、废水、二氧化硫、氮氧化物等污染排放对生态环境系统也具有极强的破坏力和更长的持续周期。中国出口贸易的高排放特征主要表现在以下方面：

(1)出口活动导致各类废气排放水平长期居高不下

第一，随着贸易活动的日益频繁，中国出口活动隐含了大量碳排放。相关数据表明，2004 年中国出口隐含二氧化碳排放约有 11.09 亿吨，占全国排放总量的 21.0%，约等于同年日本二氧化碳排放总量(Mongelli 和 Tassielli，2006)。二氧化碳大量排放的直接后果是导致全球气候变暖，继而对人体健康、农业经济、自然环境及自然物种产生严重的影响。中国出口贸易在很长时间都是以低端加工或资源投入型的工业品为主，在生产过程中大量使用化石燃料。以 2000 年为例，中国因化石燃料燃烧等原因所产生的二氧化碳占全球总量的 10.6%，其绝对量高达 0.73Gt C ($1Gt=10^9 t$)①，其中，全国各类排放源中，由于燃煤所排放的二氧化碳占比约为 80%②。钢铁、建材和化工行业等作为高耗能产业成为二氧化碳的重要排放源，其中每吨水泥生产释放的 CO_2 可达到 0.136t C③。

第二，PM2.5 对中国居民健康造成了不可逆转的负面影响。PM2.5 是直径小于 2.5 微米的颗粒悬浮物，附带重金属、微生物等有毒、有害物质。PM2.5 产生的原因包括煤炭、石油等化石燃料燃烧、汽车尾气与工业生产废弃物排放等等。以煤炭为主的单一能源使用结构，使得中国国内经济活动以及出口生产过程产生了大量的 PM2.5 等空气污染物，这不仅使中国成为世界 PM2.5 污染最严重地区，还造成了极大的社会公众健康损失。据 2011 年中国环保部统计，中国长三角、珠三角、京津冀三大区

---

① 戴民汉，翟惟东，鲁中明，蔡平河，蔡卫君，洪华生. 中国区域碳循环研究进展与展望[J]. 地球科学进展，2004(01).

② 胡予红，孙欣，张文波，张斌川，孙庆刚. 煤炭对环境的影响研究[J]. 中国能源，2004(01).

③ 高树婷. 中国温室气体排放量估测初探[J]. 环境科学研究，1994(07).

域的城市群每年出现灰霾污染的天数达到 100 天以上，空气中 PM2.5 年均浓度超过世界卫生组织（WHO）推荐的空气质量标准指导值的 2～4 倍。[①] PM2.5 污染可导致公众心脑系统和呼吸系统损伤，增加癌症发病风险和过早死亡。美国北卡罗来纳大学环境科学院与国家环境保护局研究人员在《环境研究通讯》（*Environmental Research Letters*）发布研究报告称，从世界范围看每年约有 210 万人死于因空气污染所造成的肺部损伤，而大气中高浓度的 PM2.5 等悬浮颗粒物成为主要污染物。中国 2012 年发布的《PM2.5 的健康危害和经济损失研究报告》通过对上海、广州、西安、北京四座城市的调查研究，指出如果环境水平没有进一步改善，这四座城市的 PM2.5 污染每年将会导致 68 亿元的经济损失。

第三，中国出口生产形成的二氧化硫排放成为酸雨的重要污染源。1997—2002 年中国出口产品隐含的二氧化硫增加了 47.23 万吨（张昭利等，2012）。表 3.8 给出了中国 2000—2019 年的二氧化硫排放情况。可以看出，在 2007 年之前中国二氧化硫一直呈现上升态势，2000—2006 年累积工业二氧化硫排放量达到 14 964 万吨。这种不断上升的趋势在 2008 年美国金融危机之后出现转折。受危机冲击导致出口疲软的影响，中国工业二氧化硫排放在 2008 年之后不断下降，只在 2011 年略有反弹，2019 年下降至 457.3 万吨。此外，在二氧化硫排放来源方面，工业源占比超过 80%，2011 年后工业源排放量所占比重更进一步提高至 84%以上，而生活源占比则保持在 9%～16%。由此可见，中国在二氧化硫排放控制特别是工业源控制方面成效并不显著。

表 3.8　　中国二氧化硫排放量　　单位：万吨

年份	合计排放	工业源	生活源	年份	合计排放	工业源	生活源
2000	1 995.1	1 612.5	382.6	2 009	2 214.4	1 865.9	348.5
2001	1 947.8	1 566.6	381.2	2 010	2 185.1	1 864.4	320.7
2002	1 926.6	1 562	364.6	2 011	2 217.9	2 017.2	200.4

① 环保部环境规划院：《"十二五"重点区域大气污染联防联控规划编制指南》，2011 年 3 月。

续表

年份	合计排放	工业源	生活源	年份	合计排放	工业源	生活源
2003	2 158.7	1 791.4	367.3	2 012	2 117.6	1 911.7	205.7
2004	2 254.9	1 891.4	363.5	2 013	2 043.9	1 835.2	208.5
2005	2 549.3	2 168.4	380.9	2 014	1 974.4	1 740.4	233.9
2006	2 588.8	2 234.8	354	2 015	1 859.1	1 556.7	296.9
2007	2 468.1	2 140	328.1	2 016	854.9	770.5	84.4
2008	2 321.2	1 991.3	329.9	2 019	457.3	395.4	61.9

(2)工业废水与固体废物的高排放所导致的社会福利损失

由于排污处理技术相对落后以及工业快速发展对资源投入的大量需求，中国废水和固体废料排放对环境的影响日益严重。据估计，中国废水排放每年以3%的速度上升，2014年全国废水排放量达到716.2亿吨，工业固体废料达到33亿吨左右(见表3.9，表3.10)。大量的废水排放造成以下后果：

一是水体水质的恶化。通过评价中国河流不同区域与各河流段的水质情况，可将中国河流的水质分为6类，其中Ⅰ类、Ⅱ类和Ⅲ类为污染较轻的河流段，劣Ⅴ类为重污染的河流段。从全国层面看，劣Ⅴ类占17.2%，Ⅰ类、Ⅱ类和Ⅲ类占64.2%。黄河区域污染异常严重，该区域劣Ⅴ类的水质占到51%。[①]

二是水污染事件的频发对居民健康与国民经济造成了巨大损失。例如1994年的淮河水污染事件，中国政府累计投入600亿元人民币，历经10年时间才将淮河水质恢复至原来水平。此外，2004年沱江特大水污染事件导致直接经济损失高达2.19亿元。作为中国出口产品生产和加工集聚区域，大量汞、镉、铬、铅、砷等工业污染物以及工业废水集中分布在广东、福建、浙江、江苏等东部沿海省份。据统计，广东工业制成品出口额每增加1%，工业固体废弃物产生量将增加0.53%[②]。

① http://www.askci.com/news/201402/12/1217511436016.shtml.

② 吕颖，董芬.广东省工业制成品出口贸易增长与环境污染关系的实证分析[J].工业经济论坛，2015(03).

表 3.9　　　　　全国废水及其主要污染物排放情况

年份	排放量、排放源	合计	工业源	农业源	城镇生活源
2011	废水(亿吨)	659.2	230.9	—	427.9
	化学需氧量(万吨)	2 499.9	354.8	1 186.1	938.8
	氮氧(万吨)	260.4	28.1	82.7	147.7
2012	废水(亿吨)	684.8	221.6	—	462.7
	化学需氧量(万吨)	2 423.7	338.5	1 153.8	912.8
	氮氧(万吨)	253.6	26.4	80.6	144.6
2013	废水(亿吨)	695.4	209.8	—	485.1
	化学需氧量(万吨)	2 352.7	319.5	1125.8	889.8
	氮氧(万吨)	245.7	24.6	77.9	141.4
2014	废水(亿吨)	716.2	205.3	—	510.3
	化学需氧量(万吨)	2 294.6	311.3	1 102.4	864.4
	氮氧(万吨)	238.5	23.2	75.5	138.1
2017	废水(亿吨)	699.6	—	—	—
	化学需氧量(万吨)	1 021.9	—	—	—
	氮氧(万吨)	139.5	—	—	—

注：自 2011 年起环境统计中增加农业源的污染排放统计，包括种植业、水产养殖业和畜禽养殖业排放的污染物。

数据来源：根据《中国环境统计年鉴》(2012—2018)数据整理而得。

表 3.10　　　　　全国一般工业固体废物及危险废物产生量　　　　单位：万吨

年份	2011	2012	2013	2014	2017
一般固体废物	322 722.3	329 044.3	327 701.9	325 620	331 592
工业危险废物	3 431.2	3 465.2	3 156.9	3 633.5	6 936.9

数据来源：《中国统计年鉴》。

3.2.3　中国高碳贸易行业分布

表 3.11 给出了中国七大高碳行业的净出口贸易额 2006—2014 年的

变化情况，可以看出化学工业、金属矿采选业、非金属矿采选业、石油加工炼焦及核燃料加工业长期净出口为负，呈现逆差。随着中国工业化对各类资源及能源类中间投入需求的增加，这类商品的进口规模也迅速扩大，其中金属矿采选业和石油加工炼焦加工业的贸易逆差呈逐年上升态势，这两个行业2006—2014年逆差分别增加了43.5%和295.9%。非金属矿采选业从2006年顺差4.23亿美元转为2014年逆差23.7亿美元，且期间逆差波动较为明显。化学工业净出口值变化与其他高碳行业不同，虽在2006—2013年呈现逆差，但逆差额有缩小趋势，至2014年该产业净出口由负值转为48.8亿美元，中国从化学工业品净进口国转为净出口国。与上述四个行业逆差情况相反，非金属矿物制品业、金属冶炼压延及金属制品业、电热气生产和供应业长期处于顺差状态，2014年与2006年相比顺差额分别增加3.37倍、2.24倍和16.2倍，电热气生产和供应业的贸易顺差无论在绝对值还是增长率方面都是最高的。

表3.11　　**七大高碳产业净出口额**　　单位：亿美元

年份	化学工业	非金属矿采选业	金属矿采选业	石油加工、炼焦及核燃料加工业	非金属矿物制品业	金属冶炼及压延加工业、金属制品业	电力、热气生产和供应业
2006	−295.61	4.23	−26.98	−713.28	138.78	255.24	85.11
2007	−280.67	−3.60	−26.92	−331.65	158.23	380.39	434.84
2008	−179.31	−23.32	−37.84	−1 374.79	187.60	570.62	755.68
2009	−305.04	−5.69	−21.72	−1 035.86	172.95	−93.21	573.43
2010	−380.30	−13.89	−31.20	−1 622.91	223.89	77.41	744.73
2011	−304.19	−23.76	−34.18	−2 434.91	382.59	260.76	948.02
2012	−185.83	−29.56	−33.91	−2 820.49	626.76	378.31	1 058.01
2013	−150.57	−25.31	−34.56	−2 814.33	677.74	523.31	1 218.71
2014	48.78	−23.70	−38.72	−2 823.85	606.79	826.71	1 465.90

数据来源：根据联合国数据库的相关数据整理。

3.2.4　中国高碳贸易流向

本节以中国与主要贸易伙伴的“高碳产业出口/高碳产业进口”与“全

行业出口/全行业进口”的相对比值反映中国高碳产业贸易流向。中国高碳产业出口主要流向美国、东盟、欧盟、日本，其中对美国的高碳产品出口占比最大，达 13.99%；而对澳大利亚、俄国、印度和巴西的出口较少，占比均不超过 3%，其中对澳大利亚出口占比仅为 1.43%。在进口方面，中国从东盟进口高碳产品的比例最大，其次是日本和澳大利亚（见图 3.2）。

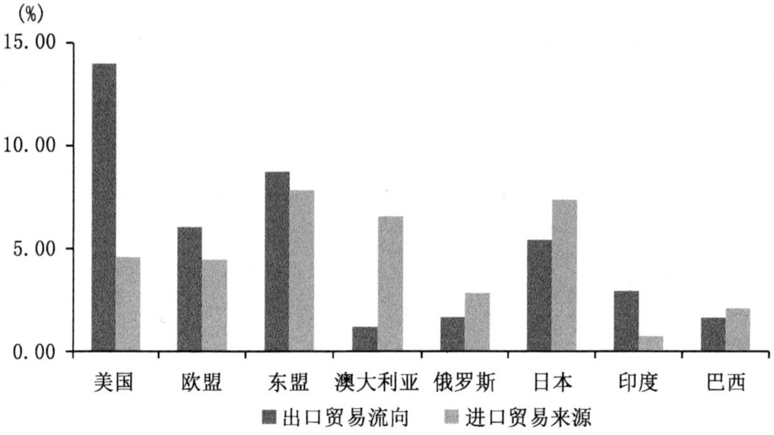

数据来源：作者根据联合国数据库的相关数据计算整理而得。

图 3.2 中国高碳产业进出口贸易流向

本节以美国和澳大利亚为例分析高碳贸易变化趋势。2005—2014年，中国对美国高碳产品出口占总高碳产品出口的比重高于 10%，但整体呈现稳步下降趋势，从 2005 年的 19.21%下降至 2013 年的 12.71%，后于 2014 年小幅回升至 13.99%；另一方面，中国对美国高碳产品进口占总高碳产品进口的比重从 5%左右小幅下降，在 2012 年达到最低值 4.28%[①]。中国对澳大利亚高碳产品出口一直在低位徘徊，但对澳大利亚高碳产品进口占总高碳产品进口的比重在 2006 年后呈加速上升。

从七大高碳行业的中美双边贸易流向来看，非金属矿物制品业、电力热气生产和供应业、金属制品工业、非金属矿采选业的出口与进口的比值

① 根据联合国数据库数据计算整理而得。

明显大于 1,其中非金属矿物制品业进出口相对比例差距最大,在 2005 年达到最大值 8.7,此后逐年下降。与此相反,电力热气生产和供应业出口与进口比例呈现上升趋势,并于 2012 年超过非金属矿物制品业达到峰值 5.4。石油加工、炼焦及核燃料加工业的出口与进口比值呈现稳步下降趋势,在 2006 年达到峰值 5.0 之后开始下降①。在中美双边贸易中,石油加工、炼焦及核燃料加工业的出口顺差状况被迅速改变,中国由原先石油加工及炼焦类产品的输出国逐步转为输入国;化学工业与金属矿采选业的转移趋势较为平缓。这一定程度上表明中国的节能减排和结构调整政策产生了积极效果。

3.3　中国出口高碳整因分析

本节认为特殊的能源结构、产业结构、技术进步、环境管制、劳动力人口等因素是导致中国出口呈现高碳特征的重要原因。

3.3.1　能源结构

长期以来,中国一直保持着以煤炭消费为主的能源使用结构。这种单一的能源结构带来大量的生产性碳排放,主要通过以下机制产生作用:

(1)煤炭的单位排放量较高

根据 IPCC 推荐的净发热值和碳排放因子,可以比较不同能源的发热效率和单位发热能量所产生的碳排放量。从净发热值看,煤炭、焦炭的发热效率远低于天然气,每千克煤炭和焦炭仅能产生 21.28 和 28.2 焦耳的热量,仅为天然气的一半,碳排放因子却较高,即在同样能源使用量情况下,煤炭、焦炭的发热过程伴随着更多的二氧化碳排放。基于煤炭使用的低发热值、高排放的特征,出口企业生产活动中大量使用煤炭能源必然引起能源效率低、碳排放量高的问题。

---

① 根据联合国数据库数据计算原理而得。

(2)能源效率区域差异明显,整体效率较为低下

从区域能源分布状况看,中国各地区能源要素分布不均,开采规模也不尽相同,导致中国出口企业的能源效率存在显著的地区差异性,且呈现由东向西逐级下降的特点。由于地方政府往往采取限制本地资本和自然资源输出等地方保护主义措施,导致中国处于严重的市场分割状态,其直接结果是资源整体配置效率低下(林毅夫,刘培林,2004)。据测算,2000年中国由于市场分割所造成的省际要素配置效率损失和产出结构配置效率损失达到20%(郑毓盛,李崇高,2003)。

(3)出口活动增加了对煤炭的消耗需求

在国际市场处于发达国家买家驱动的条件下,发展中国家出口企业为立足于国际市场并保持竞争力,可能被强制要求提高生产技术水平和能源使用效率(Gereffi 等,2005),理论上出口贸易应具有促使一国能源效率提高的内在动力(Findlay,1978)。然而,部分研究表明出口活动反而降低了中国工业行业的能源效率(綦建红,陈小亮,2011;张兵兵,朱晶,2015)。这其中很大一部分原因归咎于中国以煤炭为主的能源生产与消费结构,煤炭在能源结构的生产端与消费端都占据了70%左右的比例,远高于石油、天然气等资源。丰富的煤炭资源储备为中国出口企业发展高碳产品、能源密集型等工业产品出口创造了条件,这些工业产品的生产过程需要上游原材料如水泥钢铁等大量双高型产品投入,必然加剧能源的消耗和二氧化碳的排放,由此制约了出口企业提升能源效率的动力。因此,不合理的能源结构降低了出口企业整体的能源效率,成为中国出口贸易产品隐含碳的因素之一。

3.3.2 产业结构

长期以来,中国产业结构的重工业化特点显著。由于产业间存在紧密联系,重工业化的产业结构很大程度上影响了中国出口产品的隐含碳排放状况,削弱了中国出口贸易的环境利益。

首先,从世界范围来看,随着产业升级和环境约束的变化,发达国家

将逐渐丧失竞争优势,传统工业品生产将转移至更具备劳动力、资源及环境优势的国家。发达国家逐渐形成以技术密集型、服务密集型的产业结构,而发展中国家的产业结构则以劳动密集型、资本密集型及能耗密集型的产业结构为主。出口过程隐含的碳排放主要通过两种机制发生作用:一是出口生产对能源消耗所直接产生的碳排放;二是出口品生产过程中由于中间投入品而间接产生的间接碳排放。因此,贸易生产作为国内生产活动的重要部分,必然受一国整体产业结构影响。外贸部门与非外贸部门通过生产关联相互影响,这使重工业化的产业结构在很大程度上决定了出口贸易隐含碳排放强度与碳排放量。

其次,中国仍不发达的第三产业也使服务类贸易现阶段仍以进口为主。从出口结构看,中国贸易顺差主要是由工业品出口所贡献的,而对于低碳型的服务贸易则始终处于逆差状态,且逆差有进一步扩大趋势。中国统计局统计报告显示,2019 年我国全年服务进出口总额 54 153 亿元,服务出口 19 564 亿元,服务进口 34 589 亿元,服务进出口逆差 15 025 亿元。与中国相比,很多发达国家的贸易结构是以进口工业型商品、出口服务型商品为主,从进出口双向降低了贸易隐含碳排放水平。例如:美国贸易虽总体处于逆差,但其凭借在服务类产业的优势,使其服务贸易的顺差不断扩大,其顺差在 2003—2018 年的十五年间由 454.0 亿美元上升至 3 003.6 亿美元,年均增长率达 13.42%。① 以上数据充分说明中国绿色服务业贸易的国际竞争力与发达国家相比还有明显的差距。

3.3.3　技术进步

一国贸易产品的属性在很大程度上取决于该国的技术水平,技术进步通过改变劳动生产率、生产加工方式等影响国际经济活动分工。技术进步对贸易隐含碳排放的影响主要通过一般型技术进步与低碳型技术进步两个途径产生作用,与发达国家在技术进步方面的差距也是导致中国

① 数据来源于 Wind 数据库。

碳排放强度较高的重要原因，继而影响出口隐含碳排放总量。

(1)中国与发达国家在一般型技术进步方面的差距

从纵向上看，中国在技术进步方面取得了重要进步，R&D 投入尤其是高技术产业的 R&D 投入呈明显上升趋势，极大地促进了中国科技创新能力，并逐步改善出口贸易结构。随着知识和技术在全球的传播以及独立自主研发能力的不断提高，2005—2019 年中国在航空航天器制造业、医药制造业、电子及通信设备制造业、电子计算机及办公设备制造业和医疗设备及仪器仪表制造业五大高新技术产业的 R&D 投入上有了明显的增加，R&D 投入分别增加了 6.49 倍、15.25 倍、10.37 倍、5.60 倍和 19.92 倍。同时，R&D 投入的增加提升了中国技术密集型产品的国际竞争力，2018 年高技术产业出口总额达到 7 318.91 亿美元，中国出口结构得以优化，这对抑制中国高碳贸易起到了一定作用。①

从横向上看，中国在技术进步方面虽提升显著，但与发达国家相比仍存在较大差距。制造业企业作为科技创新的主体，其创新动力、创新能力以及创新效率等是影响中国国际分工地位及真实出口贸易利益分配的重要元素。垂直生产链使中国制造业出口产品对美国和日本等垄断全球制造业核心技术及关键零部件的发达经济体的依赖性形成明显固化，这成为当前中国制造业及出口内涵性结构短板的重要原因。2018 年中美贸易摩擦映射出中国整体制造业转型升级进程中最突出的痛点，即尚未形成一个与国内消费结构升级相匹配的精益制造生态体系，关键零配件和高端生产设备的创新研发能力严重缺失。据统计，2018 年中国中间品进口占当年总进口额的 79.6%，总额超过 7 000 亿美元。进口国际领先技术和核心零部件等中间品有效提升了我国制造业出口贸易利益及出口企业绩效，另一方面也由于全球价值链俘获效应在关键战略性产品和技术供应链方面陷入被西方国家"卡脖子"的困境。2008 年美国次债危机之后全球经济复苏乏力，新技术变革亦尚未成熟，本轮新冠疫情叠加中美贸

① 数据来自《中国高科技产业统计年鉴》。

易摩擦对脆弱的全球经济造成了进一步巨大冲击，抑制中国关键技术领域的突破可能成为美国政府未来对华一致性的政策。

从制造业细分行业对全球中间品产业供应链的依赖程度看，计算机、电子和光学制品，电气设备，制造机械三个行业对国外中间品进口的依赖度合计达到 60.58%，这与本轮美国对中国的公布的“301 调查清单”中的重点行业高度匹配。这反映出我国生产制造业出口贸易存在的主要问题：在参与全球价值链过程中，中国制造业某些关键技术、核心零部件、特殊材料等仍然依赖国外进口，全球制造业产业链中的高附加值关键性节点及供应链渠道仍大多掌握在欧美手中。中国近十年来的出口贸易结构虽得到改进，但基础工业精益化水平与发达国家相比有较大差距，制造业出口部门的“相对”技术进步与先进制造业国家的差距仍然明显，中国制造业出口部门在全球产业供应链位置仍需进一步向两端延伸。

技术进步的方式包括技术自主创新、技术引进和技术模仿。技术自主创新由于前期投入巨大，从技术研发到试验再到应用的时间较长，存在极大的不确定性和风险，因此改革开放以来中国出口企业的技术进步大多依赖技术引进和技术模仿。虽然出口企业可通过技术引进和模仿进行二次创新，但这依赖于对原始技术的吸收能力和创新动力。事实上，中国对引进技术的消化吸收率水平普遍较低，导致技术引进投资每年增长，但产出转化率始终在低水平徘徊，造成了资源浪费，而技术模仿的方式又十分容易受到发达国家技术贸易壁垒和专利壁垒的打击。此外，受到发达国家高科技产品出口限制，中国很难通过技术转移和引进的方式获得真正全球领先的技术，这就导致了中国与发达国家的技术级差固化。本轮中美贸易摩擦中的“中兴事件”和“华为事件”所映射出的中国战略新兴制造业自主创新能力问题为中国制造业和出口内涵结构敲响警钟，未来大国间竞争主要是科技创新制高点的竞争。在当前全球价值链的利益分配中，我国大多依赖廉价的劳动成本在全球化生产中负责低附加值的环节，处于全球生产的“微笑曲线”的底端。作为工业制成品出口大国，“大而不强”是中国制造业出口的现实，多数大中型企业技术开发与技术创新能力均不足，缺乏参与国际科技制高点竞争的能力。中国科技统计数据显示，2018年我国企业R&D经费强度达到2.19%，较上年增长11.8%，但与部分发达国家2.5%～4%的水平相比仍存在差距。从R&D活动类型看，企业R&D活动主要集中在试验环节，占比高达83.3%，应用研究经费占11.1%，基础研究经费仅占5.5%，基础技术研究较薄弱。中国的核心技术对外依存度超过50%～60%，新产品开发70%靠外来技术。在技术进出口方面，根据麦肯锡全球研究院2019年报告：2017年中国的知识产权进口额为290亿美元，而知识产权出口额仅为50亿美元左右（为进口额的17%）。与中国签订技术进口合同的国家的地域集中度非常高，超过一半的海外研发采购金额集中流向美国（31%）、日本（21%）、德国（10%）。

（2）低碳技术

低碳技术是一国从事环境友好型商品贸易的基础与客观要求。低碳技术的落后不仅提升了中国出口产品的环境成本，也使中国面临日益严格的绿色壁垒等限制。从低碳技术的发展阶段来看，可将中国的低碳技术分为两大类：一类是处于研究开发阶段的技术。这类技术与发达国家的差距最大，以二氧化碳捕集和封存（CCS）为代表。CCS分为二氧化碳捕集、运输及埋存三个步骤，其中二氧化碳捕集和运输在北美国家已经相当成熟，该技术在美国和加拿大已经使用了30多年，每年有超过30MtCO_2通过美、加两国境内6 200公里的高压管道网络进行运输。[①] 在二氧化碳埋存方面，美国和加拿大承接了该项技术研发的大部分项目，旨在将CO_2注入低下盐水层。中国CCS技术的研究明显晚于美加等国，这就使中国产品在加工制造过程中无法将CO_2有效收集并封闭，导致大量的CO_2从生产链中逃逸并游离于大气中。另一类是虽已开发完成但应用能力和竞争力较弱的技术，此类技术以太阳能光伏发电和绿色照明技术（LED）为代表。在太阳能光伏发电技术方面，由于缺失核心技术，中

① 王文军，赵黛青，陈勇．我国低碳技术的现状、问题与发展模式研究[J]．中国软科学，2011(12)．

国仅在国际太阳能光伏产业链中从事加工组装工作，而太阳能产品的基础材料和终端测试仪器主要以进口为主，这大大限制了中国光伏发电产业的国际市场竞争力。在 LED 技术方面，80%以上的 LED 芯片核心技术专利掌握在欧美与日本等手中，而中国仅占 10%①，这就使 LED 产业面临居高不下的生产成本，出口企业利润极为微薄。

在技术进步差距的影响下，中国碳排放强度远高于发达国家。据统计，2016 年中国的碳排放强度为 0.78 千克/美元，远高于美国和日本，约为欧盟与日本的 3.39 倍、美国的 2.92 倍，在主要经济体中仅优于印度、俄罗斯。高排放强度增加了中国出口贸易资源与环境的成本，不仅大幅削弱了中国出口企业的利润，也使中国出口产品受到更严重的 TBT 限制。商务部调查报告称，1997—2000 年中国 25%的出口总额因国外技术壁垒而遭受限制，累计直接经济损失高达 700 亿美元；2002 年 71%的出口企业、39%的出口产品因此类限制造成 170 多亿美元的损失。2015 年，有 40%的出口企业在进行对外贸易时遭遇了其他国家设置的技术性贸易壁垒，仅损失额就占全年出口总额的 4.1%②。2017 年 38.2%企业受国外认证、检测、标准变更、通关障碍等技术性措施影响，直接损失约 36 亿元人民币，占总出口额的 5.8%，新增成本 17 亿元人民币。因此，无论从生产技术还是从低碳技术看，中国与发达国家间的技术差距成为中国出口贸易高排放的重要原因。

3.3.4 环境管制

环境管制通过改变产品生产成本影响一国出口污染密集型产品的比较优势。20 世纪 60 年代以来，发达国家国内的环境规则对产业的约束性不断提升，大多具备包括碳税制度在内的环境管理体系。例如，芬兰、瑞典早在 20 世纪 90 年代开始推行二氧化碳排放税制度，随后丹麦、挪威

---

① http://www.chinawjol.com/news/show-4872.html.

② 郭伟锋．我国产品遭遇国外技术贸易壁垒的原因及对策[J]．经济研究导刊，2019(16).

和瑞士等相继效仿开征碳税。[①] 美国于20世纪70年代开始征收二氧化硫税，之后德国、日本、挪威、荷兰、瑞典、法国等也设定了相应的二氧化硫税。德国从1981年开征废水税，意大利1984年开征废物垃圾处置税，比利时1993年通过的生态税法规定了一系列生态税。各类环境税和碳税能有效地将环境成本内部化，很好地控制出口生产的隐含排放。以瑞典为例，碳税的开征对减少二氧化碳排放起到了明显的效果。瑞典环境保护署(SEPA)的评估报告显示，1987—1994年由于碳税等相关环境政策的作用，使瑞典二氧化碳排放减少了6万～8万公吨，下降了13%，并促使许多能源生产厂家因碳税的实施更换了燃料。[②] 与此相反，中国与环保有关的专门税种存在定位上的缺失。2018年之前我国未专门设置环境保护税，也未就环境污染行为和导致环境污染的产品征收特定的污染税。[③] 环境规则体系不完善，也就无法对出口企业降低能耗、减少排放形成约束力。

在国别间环境管制标准存在明显差异的情况下，发达国家从事污染密集型产品生产的环境成本极高，污染密集型产业逐步流向环境标准更低的国家。大量研究表明，外商投资在全球的区位分布并不平衡，FDI大多流向资本和劳动等要素禀赋富裕、环境管制宽松的国家，如中国、印度、越南、巴基斯坦等。事实上，中国各地区的环境管制一直没有统一的标准，而且现存的环境管制标准与发达国家相比也有不小差距。以2008年之前的排污费征收为例，中国的排污费征收管理与发达国家相比存在以下缺陷：一是从污染认定标准看，国内认定污染的标准、测定口径、法律法规与欧洲、美国、日本等相比较为宽松；二是从污染成本看，被认定污染后，出口企业遭受的惩罚与污染收益相比微乎其微，即污染成本较低；三是从征收依据看，中国的排污费征收在很长时期里都是单因子收费法，该

① http://news.xinhuanet.com/world/2013-08/25/c_125241160.htm.

② 苏明，傅志华，许文，王志刚，李欣，梁强. 碳税的中国路径[J]. 环境经济，2009(09).

③ 第十二届全国人民代表大会常务委员会第二十五次会议通过的《中华人民共和国环境保护税法》规定，2018年1月1日起开征环境保护税，不再征收排污费。

收费办法缺乏对企业污染排放的综合评价，只是选择企业所有污染排放物中含量最高的一种进行收费，这为企业规避高收费提供了机会，容易使出口企业增加次要污染物的排放。

此外，严格的环境管制能够有效降低信息不对称，从而准确反映负外部性成本，为合理控制出口碳排放提供了依据。基于上述目的，美国早在1990 年就推出了交易许可证，但中国的碳排权交易市场仍处于起步阶段。

3.3.5　劳动力人口

第四次产业转移的重要表现就是发达国家将纺织、服装、玩具、皮革、机械制造、化工印染等技术附加值较低但资源消耗强度和污染强度相对较高的产业向更具有劳动力资源和成本优势的国家和地区转移，并通过贸易的方式满足国内需求。作为传统低端产业转移的承接国，中国低廉的劳动力成本成为影响中国高碳贸易的重要因素。

首先，中国廉价的劳动力成本吸引了国外工业类 FDI 流入，进而影响了中国出口贸易的隐含碳。根据国际产业转移相关理论，中国的劳动力禀赋优势成为发达国家将中国作为国际产业转移目的地的一个重要诱因。例如，美国 1995 年制造业人均月工资为 16 432 元[①]，而中国制造业工人月工资仅为 430.7 元，两者相差高达 38 倍。2000 年以后，中国人均工资开始不断增加，直至 2019 年中国制造业企业人均月工资达到 6 898.6 元，其中私营制造业企业人均工资 4 825.8 元。即便如此，这与美国 1995 年制造业人均月工资相比仍有 2.4 倍和 3.4 倍的差距[②]。中国低廉的劳动力资源促使大量制造业 FDI 流入的同时，也带来了出口贸易隐含碳排放的增加。

其次，低技能的劳动力成为出口企业采取粗放式生产的重要诱因。中国出口企业在技术水平上并不具备竞争优势，劳动力人口技术的相对

① 美国制造业工人工资原始数据为“小时工资”，本研究通过将小时工资按照每日 8 小时工时、每月 20 个工作日及汇率换算后得到按照“元/月”为单位的制造业人均工资。

② 作者根据《中国劳动统计年鉴》数据计算而得。

落后无法要求其提供高端服务并采取能源节约型的生产模式。同时，廉价劳动力的客观存在及丧失高附加值环节使出口企业成本竞争模式不断固化，尤其是中小型企业的出口商品大多为劳动密集型或资本密集型中的低端加工和组装类产品，十分依赖低廉的劳动力成本优势，压缩劳动力成本成为其赚取利润的重要方式，这类企业不会过多考虑通过提升技术水平以改变生产模式。在仅依赖于劳动力成本优势生存的产业，微薄的利润无法支持企业在生产工艺、环保技术等方面付出更多努力。因此，劳动密集型产业的一个重要的副产品就是通过对环境的破坏降低企业环保成本。中国是全球纺织业生产中心，纺织业在中国出口中长期占据重要地位，与此同时纺织业也成为中国工业废水排放量第三位的行业。由于产业关联性，中国纺织行业消耗了全球42%的纺织化学品，化学物质通过废水排放到自然环境中或残留于服装中。中国大多数印染企业的生产工艺处于20世纪80年代初的水平。根据中国环境科学出版社出版的《全国重点行业工业污染防治报告》，在生产同类单位产品的情况下，中国印染废水中污染物平均含量是国外的2～3倍，用水量则高达3～4倍，造成严重的环境问题，改进的步伐却异常迟缓。①

这种劳动密集型产业在造成国内环境破坏的同时，又遭受了国际绿色贸易壁垒的冲击。欧盟非食品类消费品快速预警系统(RAPEX)发布的数据显示，2012年欧盟召回的565项纺织服装产品中涉及中国纺织服装产品比重为48%，比上年同期增长60%。2016年3月，欧盟和美国两大市场同时制定相关措施限制中国纺织品进口，其中欧盟将中国纺织服装进口关税由9%提高到12%，并在2016年第26号法规中对纺织制品中NPE含量做出不得高于0.01%(100ppm)的限制，5年过渡期后，不符合限量要求的产品将不允许在欧盟市场销售或被欧盟国家进口。而NPE是纺织服装行业最常用的洗涤剂和染色助剂，占我国市场份额的80%以上。这无疑会对中国的劳动密集型产业出口造成沉重打击。

---

① http://www.efiber.cn/news/10504.html。

最后，根据环境库兹涅茨曲线理论，碳排放水平会随着一国人均收入的提高呈现倒U形变化。尽管部分研究表明中国东部地区产生了EKC曲线效应（蔡昉，2008；林伯强，2009），但从全国范围看EKC曲线的时间拐点尚未到来。因此，中国较低的劳动力成本与目前所处的经济发展阶段都决定了高排放水平在短期仍会存在的局面。从国内劳动力人口的发展状况看，中国的人均工资及劳动力技能正在逐步提高。这在一定程度上会对现有的高碳贸易形成倒逼效应，降低出口贸易碳排放量。从全国范围看，2003—2019年中国小学学历及文盲占6岁以上人口比例由43.11%下降至30.39%，文盲人口占15岁及以上人口的比重从10.95%下降到4.59%。同时，大专及以上学历人口比重则由5.49%上升至14.58%。从各行业就业人员受教育程度的统计来看，2019年农林牧渔业、制造业、采矿业中的就业人员有超过48%仅具备初中及以下学历，而教育业、科学研究和技术服务业、金融业的受教育程度最高，具有本科及研究生学历的就业人员分别占48.2%、47.4%与41.7%[①]。随着教育的普及化，更多的劳动力将涌入教育、医疗、科研、金融等经济附加值高的技术密集型和知识密集型行业。这不仅有利于提升中国向国际市场出口高技术产品与服务型产品的软实力，还对改善中国出口贸易内涵结构具有积极作用。

劳动力技能的提高有利于加快中国在国际产业和价值链分工中的地位，一国单纯依靠低廉劳动力成本和资源投入创造的竞争力仅在一定历史阶段有效。从长远角度来看，在劳动力成本上升趋势不可扭转的局面下，中国出口企业必然向技术创新型转型，即在先进的科学技术试验与应用、新产品研发、提高能源利用率和减排技术等领域加大科研投资力度，以提高高科技产品、能源环保类产品、高端制造业产品等的出口比例，减少出口贸易碳排放。

---

① 2004年和2020年《中国劳动统计年鉴》。

第四章　中国出口隐含碳排放影响因素研究

国际贸易隐含碳排放的形成机理主要体现在贸易国出口和进口的产品类别差异，即：出口产品在国内生产，在消耗能源的同时将废料排放在国内；而进口产品是在国外生产，不消耗国内能源，也就不会在国内排放碳废料。发达国家可通过增加进口欠发达国家碳排放量高的产品从而减少自身的碳排放量，而增加后者的碳排放量。一些欠发达国家尤其是新兴工业发展中国家虽然在对外贸易上显示为顺差，资源环境却为逆差。其原因是这些国家出口产品的平均资源消耗和污染强度大，而进口产品的平均资源消耗和污染强度小，这种特征使广大欠发达国家不仅损失实物贸易价值，而且陷入环境资源危机之中。

基于上述现实，本章尝试以政治经济学价值理论为基础，通过价值模型向碳排放模型转换，构建出口贸易隐含碳排放影响模型，对固定资本投资、贸易结构、劳动力成本及技术进步对隐含碳排放的影响机制进行严格的数理推理及证明。在此基础上利用我国制造业相关数据，对影响我国出口 CO_2 排放量和其他污染排放的短期波动效应和长期效应进行深入分析和研究。

4.1　出口贸易隐含碳排放影响因素模型

4.1.1　行业生产隐含排放模型

假设某一行业 i 在 t 期所生产的商品价值总量为 W_{it}，根据政治经济学价值理论，有式(4.1)成立：

$$W_{it}=c_{it}+v_{it}+m_{it}=c_{it}+(m'_i+1)v_{it} \tag{4.1}$$

其中，c_{it} 为生产价值量为 W_{it} 的商品所需要投入的不变资本价值总量，包括机器、设备、厂房等固定资本以及原料、燃料等部分流动资本；v_{it} 为生产所投入的劳动力价值总量，一般用工人工资表示；m_{it} 为行业所创造的剩余价值总量，m'_i 为行业平均剩余价值量，可以近似用行业利润和行业平均利润率表示。

能源消耗分为生产性消耗和消费性消耗，前者主要发生在商品生产过程中，由投入的各类资本产生的直接消耗或间接消耗，而后者主要为在消费环节的生活能耗。为了更为清晰地考察各项因素对贸易隐含碳排放的影响，本节从单位价值量角度构建隐含能源和排放模型：

$$E_{it}=\frac{\alpha_{it}c_{it}+n_{it}\bar{e}_v}{c_{it}+(m'_i+1)v_{it}} \tag{4.2}$$

其中，E_{it} 代表 t 期的单位价值能耗量或单位价值 CO_2 排放量，α_{it} 为 t 期的能耗系数或排放系数，n_{it} 为该行业在 t 期所雇用的劳动力人数，$\bar{e}_v$ 为每个劳动力平均所消耗的能源量或排放的 CO_2 量，$\alpha_{it}c_{it}$ 表示生产性能耗或排放，$n_{it}\bar{e}_v$ 表示消费性能耗或排放。对消费性能耗或排放而言，个人能耗或排放在一定时期是相对稳定的，因此 $\bar{e}_v$ 可近似视为常量。

考虑基期 $t=0$，行业 i 在基期内不变资本初始量为 c_{i0}，且假设在考察期内行业 i 内部用于可变资本价值量总和保持相对稳定，即工资总和不变（$v_{it}=v_{i0}$）。这样，行业内雇佣的劳动力人数便和单位劳动力成本（工资 w_{it}）负相关，当平均工资率提高时，行业内部对劳动力数量的需求意愿也随之下降。定义 θ_{it} 为技术进步，通常来说某一行业在节能环保方面的技术进步水平越高，其单位价值所消耗的能源数量和排放水平也就越低，即能耗或排放系数（α_{it}）与节能技术或排放技术（θ_{it}）成反比。为简化计算，我们设定 α_{it} 与 θ_{it} 的关系为 $\alpha_{it}=z_{i0}/\theta_{it}$。这样，式（4.2）可重新写为：

$$E_{it}=\frac{\alpha_{it}\beta_{it}c_{i0}+\bar{e}_v v_{i0}/w_{it}}{\beta_{it}c_{i0}+(m'_i+1)v_{i0}}=\frac{\beta_{it}c_{i0}z_{i0}/\theta_{it}+\bar{e}_v v_{i0}/w_{it}}{\beta_{it}c_{i0}+(m'_i+1)v_{i0}} \tag{4.3}$$

式(4.3)表明:单位价值能源消耗或单位价值 CO_2 排放受能耗或排放系数 α_t、固定资本增长率 β_t 和平均劳动力成本 w_t 等多个因素影响。对 E_{it} 求各变量的偏导数,得到:

$$\frac{\partial E_{it}}{\partial \theta_{it}}=-\frac{1}{\theta_{it}^2}\times\frac{\beta_{it}c_{i0}z_{i0}}{\beta_{it}c_{i0}+(m'_i+1)v_{i0}} \tag{4.4}$$

$$\frac{\partial E_{it}}{\partial w_{it}}=-\frac{1}{w_{it}^2}\times\frac{\bar{e}_v v_{i0}}{\beta_{it}c_{i0}+(m'_i+1)v_{i0}} \tag{4.5}$$

$$\frac{\partial E_{it}}{\partial \beta_{it}}=\frac{\theta_{it}w_{it}c_{i0}v_{i0}[z_{i0}(m'_i+1)w_{it}-\bar{e}_v\theta_{it}]}{[\beta_{it}c_{i0}+(m'_i+1)v_{i0}]^2(\theta_{it}w_{it})^2} \tag{4.6}$$

从式(4.4)—(4.6)我们可以发现:行业 i 单位价值能源消耗和单位价值 CO_2 排放量与节能技术或排放技术(θ_{it})成反比,与行业平均劳动力成本(w_t)成反比,但与固定资本增长率(β_t)的关系不确定。当 $w_{it}/\theta_{it}>\bar{e}_v/z_{i0}(m'_i+1)=\mu$,即行业人均劳动力成本与行业技术进步水平差距大于 μ 值时,单位价值能耗或排放与固定资本增长成正比($\partial E_{it}/\partial\theta_{it}>0$),固定资本增长越快,单位价值能耗或排放越多;当 $w_{it}/\theta_{it}<\bar{e}_v/z_{i0}(m'_i+1)=\mu$,即行业人均劳动力成本与行业技术进步水平差距小于 μ 值时,单位价值能耗或排放与固定资本增长成反比($\partial E_{it}/\partial\theta_{it}<0$),固定资本增长越快,单位价值能耗或排放越少。

4.1.2 出口贸易隐含排放影响因素模型

接下来我们将出口因素加入行业生产所消耗的能源及排放模型中,由此分解出出口贸易隐含碳排放的各项影响因素,并分析各项因素是如何影响出口贸易隐含碳排放变动的。

定义 s_{it} 为 t 期一国的贸易结构状况,一般用第 i 产业的出口占总出口的比重表示,s_{it} 的变化对商品的价值量生产以及所消耗的能源及排放的 CO_2 都产生影响。

首先,s_{it} 对式(4.1)所表示的商品价值总量具有正向拉动效应。作为经济增长三大引擎之一,净出口的增长对一国价值总量生产形成外需拉动。在出口结构中，不同行业类别产品的比重变化直接影响该行业的产值，继而影响社会生产总价值量。定义 $f(s_{it})$ 为出口结构引致的生产投入乘数，$f(s_{it})>1$，s_{it} 对商品生产价值总量具有正向拉动效应，$df(s_{it})/ds_{it}>0$。

其次，基于对商品价值生产量的拉动效应，s_{it} 也对隐含在产品内的能耗及 CO_2 排放产生拉动效应。与价值量拉动效应不同的是，s_{it} 对隐含能耗及排放的拉动一方面表现为由价值量拉动导致的能耗和排放的增加，这是由 s_{it} 绝对值上升导致的数量效应；另一方面又表现为 s_{it} 内部结构发生变化可能导致的质量效应，即若 s_{it} 绝对值上升是由行业内低碳型企业比重增加导致的话，那么随着 s_{it} 和行业 i 生产价值量的增加，所导致的能耗和排放有可能下降①。定义出口结构引致的能耗及排放乘数 $g(s_{it})>1$，s_{it} 对生产投入能耗和产出排放的拉动效应方向并不确定。若 s_{it} 绝对值上升是由行业内部传统企业比重增加带来的话，那么 s_{it} 将对能耗和排放产生正向拉动，$dg(s_{it})/ds_{it}>0$；当 s_{it} 绝对值上升是由低碳型企业比重增加所导致的话，那么 $g(s_{it})$ 与 s_{it} 负相关，即 $dg(s_{it})/ds_{it}<0$。下面我们将出口结构因素加入式(4.3)：

$$E_{it}=\frac{f(s_{it})g(s_{it})\beta_{it}c_{i0}z_{i0}/\theta_{it}+\bar{e}_v v_{i0}/w_{it}}{g(s_{it})\beta_{it}c_{i0}+(m'_i+1)v_{i0}} \tag{4.7}$$

对式(4.7)中的各变量求偏导，得到：

$$\frac{\partial E_{it}}{\partial \theta_{it}}=-\frac{1}{\theta_{it}^2}\times\frac{f(s_{it})g(s_{it})\beta_{it}c_{i0}z_{i0}}{g(s_{it})\beta_{it}c_{i0}+(m'_i+1)v_{i0}} \tag{4.8}$$

$$\frac{\partial E_{it}}{\partial w_{it}}=-\frac{1}{w_{it}^2}\times\frac{\bar{e}_v v_{i0}}{g(s_{it})\beta_{it}c_{i0}+(m'_i+1)v_{i0}} \tag{4.9}$$

$$\frac{\partial E_{it}}{\partial \beta_{it}}=\frac{g(s_{it})\theta_{it}v_{it}c_{i0}v_{i0}[f(s_{it})w_{it}z_{i0}(m'_i+1)-\theta_{it}\bar{e}_v v_{i0}]}{[g(s_{it})\beta_{it}c_{i0}+(m'_i+1)v_{i0}]^2(\theta_{it}w_{it})^2} \tag{4.10}$$

---

① 随着产业升级以及低碳生产的全面展开，工业或制造业出口比重的上升有可能发生内部结构的转化，即由传统工业部门出口为主导转变为由新兴工业、低碳工业等绿色生产部门为主导的出口结构。

$$\frac{\partial E_{it}}{\partial s_{it}}=\frac{f'(s_{it})[g(s_{it})c_{i0}+(m'_i+1)v_{i0}]g(s_{it})w_{it}z_{i0}-g'(s_{it})[\theta_{it}\bar{e}_v-f(s_{it})w_{it}z_{i0}(m'_i+1)]v_{i0}}{[g(s_{it})\beta_{it}c_{i0}+(m'_i+1)v_{i0}]^2(\theta_{it}w_{it})^2} \tag{4.11}$$

式(4.8)和式(4.9)给出考虑了出口结构的贸易隐含碳排放对各项分解因素的影响关系，表明 t 期单位价值能耗和单位价值排放与当期的科学技术与行业平均劳动力成本负相关($\partial E_{it}/\partial\theta_{it}<0$；$\partial E_{it}/\partial w_{it}<0$)：科学技术水平和行业平均劳动力成本越低，单位价值能耗和排放水平越高；反之，单位价值能耗和排放水平越低。

式(4.10)给出了单位价值能耗和排放对不变资本价值量的变化关系，从推导结果看两者之间的关系并不明确：当 $f(s_{it})w_{it}/\theta_{it}>\bar{e}_v\cdot v_{i0}/z_{i0}(m'_i+1)$ 时，单位价值能耗和排放同不变资本价值量正相关，即 $\partial E_{it}/\partial\beta_{it}>0$；当 $f(s_{it})w_{it}/\theta_{it}<\bar{e}_v\cdot v_{i0}/z_{i0}(m'_i+1)$ 时，单位能耗和排放同不变资本价值量负相关，$\partial E_{it}/\partial\beta_{it}<0$。

与式(4.10)所体现的关系相似，式(4.11)中单位价值能耗和排放同出口贸易结构之间的关系也非单向、唯一的。出口结构引资的能耗和排放乘数 $g(s_{it})$ 与出口结构变化间根据导致出口结构增加的企业类型不同存在两种变化关系：正相关和负相关。因此，探讨单位价值能耗和排放同出口贸易结构之间的关系需分情况讨论。

①若 s_{it} 绝对值上升是由行业内部传统企业比重增加所导致，出口贸易结构改善将提高能耗和排放乘数，即 $dg(s_{it})/ds_{it}>0$。此时的一阶边际值为：

$$\frac{f'(s_{it})}{g'(s_{it})}=\frac{[\theta_{it}\bar{e}_v-f(s_{it})w_{it}z_{i0}(m'_i+1)]v_{i0}}{[g(s_{it})c_{i0}+(m'_i+1)v_{i0}]g(s_{it})w_{it}z_{i0}}=\varepsilon \tag{4.12}$$

此时 $f'(s_{it})>0$ 且 $g'(s_{it})>0$，还需满足 $\theta_{it}\bar{e}_v-f(s_{it})w_{it}z_{i0}(m'_i+1)>0$，即：

$$f(s_{it})w_{it}/\theta_{it}<\bar{e}_v/z_{i0}(m'_i+1) \tag{4.13}$$

式(4.13)为在 $dg(s_{it})/ds_{it}>0$ 情况下使 $\partial E_{it}/\partial s_{it}>0$ 成立的边界条件。当同时满足 $f'(s_{it})/g'(s_{it})>\varepsilon$，且 $f(s_{it})w_{it}/\theta_{it}<\bar{e}_v/z_{i0}(m'_i+1)$

时，$\partial E_{it}/\partial s_{it}>0$；当 $f'(s_{it})/g'(s_{it})<\varepsilon$ 时，$\partial E_{it}/\partial s_{it}<0$。

②若 s_{it} 绝对值上升是由行业内部低碳类生产企业比重增加所致，那么出口贸易结构的改善将降低由其引致的能耗和排放乘数，即 $dg(s_{it})/ds_{it}<0$，此时的一阶边际条件仍为式(4.12)。此时 $f'(s_{it})>0$ 且 $g'(s_{it})<0$，此外还需满足：

$$f(s_{it})w_{it}/\theta_{it}>\bar{e}_v/z_{i0}(m'_i+1) \tag{4.14}$$

式(4.14)为在 $dg(s_{it})/ds_{it}<0$ 情况下使 $\partial E_{it}/\partial s_{it}>0$ 成立的边际条件。当同时满足 $f'(s_{it})/g'(s_{it})<\varepsilon$，且 $f(s_{it})w_{it}/\theta_{it}>\bar{e}_v/z_{i0}(m'_i+1)$ 时，贸易结构的改善将对单位价值能耗和排放产生正向拉动作用($\partial E_{it}/\partial s_{it}>0$)，会提高隐含贸易成本；当 $f'(s_{it})/g'(s_{it})>\varepsilon$ 时，贸易结构改善，将有助于减少单位价值能耗和排放水平($\partial E_{it}/\partial s_{it}<0$)。

4.2　中国出口贸易隐含二氧化碳排放影响因素的实证检验

本节将在以上理论模型的基础上建立相应的计量模型，并根据相关数据对中国出口贸易隐含碳排放各项分解因素的影响效应进行实证检验。

4.2.1　计量模型构建

从式(4.7)可知，贸易中隐含的碳排放(E_{it})由多项因素共同决定，因此本节构建一个包含固定资本投资(β_{it})、出口贸易结构(s_{it})、劳动力成本(w_{it})和技术进步(θ_{it})在内的隐含碳排放方程。假设各变量满足对数线性关系，则有：

$$\log E_t=\alpha_0+\alpha_1\log Capit_t+\alpha_2\log Struc_t+\alpha_3 Wage_t+\alpha_4\log RD_t+\mu_t \tag{4.15}$$

其中，RD 为技术进步指标，$wage$ 为劳动力成本指标，$struc$ 为出口贸易结构指标，$Capit$ 为固定资本投资指标。假设四者间满足对数线性关系，α_1、α_2、α_3、α_4 分别为固定资本投资、贸易结构、劳动力成本、技术进步对贸易隐含碳排放影响的变动弹性，μ_t 为误差项。

根据式(4.8)—(4.11)偏导数结果，$\partial E_{it}/\partial w_{it}<0$，$\partial E_{it}/\partial \theta_{it}<0$，对应到式(4.15)计量方程系数，可知应有 $\alpha_3<0$，$\alpha_4<0$。而$\partial E_{it}/\partial \beta_{it}$ 和$\partial E_{it}/\partial s_{it}$ 的方向并不确定，因此 α_1 和 α_2 的符号要根据具体数据加以分析。

由于本节的样本数据为时间序列数据，为了避免"伪回归"现象，我们利用 Johansen 协整检验方法对式(4.15)进行协整分析，以确定被解释变量与解释变量之间是否存在长期稳定的均衡关系。之后，再利用误差修正模型式(4.16)说明各解释变量的短期波动对被解释变量的影响及偏离长期均衡时的调整速度。

$$D(\log E_t)=\gamma_0+\gamma_1 ecm_{t-1}+\sum_{i=1}^{n}\gamma_{2i}D(\log Capit_{t-i})+\sum_{i=1}^{n}\gamma_{3i}D(\log Struc_{t-i})$$
$$+\sum_{i=1}^{n}\gamma_{4i}D(\log Wage_{t-i})+\sum_{i=1}^{n}\gamma_{5i}D(\log RD_{t-i})+\varepsilon_t \tag{4.16}$$

其中，$D(\log E_t)$、$D(\log Capit_{t-i})$、$D(\log Struc_{t-i})$、$D(\log wage_{t-i})$和$D(\log RD_{t-i})$分别是使原序列稳定的差分项；ecm_{t-1} 为误差修正项；γ_1 表示对偏离长期均衡的调整速度；γ_{2i}、γ_{3i}、γ_{4i}、γ_{5i} 分别表示固定资本投资指标、出口贸易结构指标、劳动力成本指标和技术进步指标的短期波动对隐含贸易碳排放的影响。

之后，我们再利用脉冲响应分析、方差分解以及 Granger 因果检验等，来检验技术进步、劳动力成本、固定资本投资、贸易结构是否成为导致我国出口贸易碳排放的主要原因，其变动分别对我国出口贸易碳排放的产生何种影响。

4.2.2 变量选取与数据说明

本部分涉及的变量有：千美元制造业出口的 CO_2 排放量——产出排放角度的碳排放指标，R&D 投资比例——技术进步指标，制造业人均工资——劳动力成本指标，工业制成品出口占比——出口贸易结构指标，制造业新增固定资本投资——固定资本投资指标。数据样本的时间跨度为1991—2011年，取自《中国统计年鉴》、联合国UNDIO数据库、世界银行WDI数据库，部分年份缺失数据通过一定方法估算而成。

(1)千美元制造业出口的CO_2排放量($E2$)

本节使用"千美元制造业出口的CO_2排放量"作为衡量产出排放角度的贸易隐含碳排放指标，主要反映制造业出口产品的废料处理技术和环境效率。一般来说，生产单位美元制造业出口所制造的副产品——CO_2排放量越多，其废料处理技术和环境效率越差；反之就越好。而环境效率又与单位排放成本负相关，因此"千美元制造业出口的CO_2排放量"越多，生产过程所隐含的环境碳排放越高。

计算"千美元制造业出口的CO_2排放量"的公式为：

$$E2_t = Em_t^{ex}/EX_t$$

其中，$E2_t$为千美元制造业出口的CO_2排放量；EX_t为t期制造业出口值；Em_t^{ex}为t期制造业出口商品排放的CO_2总量。

同指标$E1$的计算方式相似，我们仍用比例分配法估算"千美元制造业出口的CO_2排放量"。将t期制造业部门排放的CO_2总量按照制造业出口价值占制造业总产值的比例进行分配，从而得到千美元制造业出口所排放的CO_2量，即：$Em_t^{ex} = Em_t^{Total} \cdot (EX_t/GDP_t)$，这样，$E2_t = Em_t^{Total}/GDP_t$。制造业$CO_2$排放量数据来自世界银行WDI数据库，制造业GDP数据来源于中国国家统计局年度数据库，时间跨度为1990—2011年，单位为"千公吨/千美元"。

(2)R&D投资比例(RD)

本节采用"R&D经费支出占GDP总值比例"作为技术进步指标，该指标计算公式为：R&D经费支出÷GDP。其中，R&D经费支出和GDP数据均来源于国家统计局年度数据库，时间跨度为1990—2011年。

(3)制造业人均工资($wage$)

本节采用"制造业人均工资"作为劳动力成本指标，该变量1995－2011年数据来源于国家统计局年度数据库行业统计，1990－1994年数据缺失，根据1995年之后的工资平均增长率估算而得。

(4)制造业新增固定资本投资(*capit*)

该指标数据来源于国家统计局年度数据库行业统计，时间跨度为1990—2011年，单位“亿元”。

(5)工业制成品出口占比(*struc*)

本节采用“工业制成品出口占比”作为贸易结构指标，公式为：工业制成品出口额÷出口总额。其中，“工业制成品出口额”和“出口总额”数据均来源于国家统计局年度数据库行业统计，时间跨度为1990－2011年，单位“亿美元”。

表4.1是对模型统计量的简单描述，1990—2011年各个变量都有不同程度的变化：一方面，单位美元制造业出口的CO_2排放量呈现下降趋势，从1990年的0.000 056公吨/千美元，下降到2010年的0.000 000 84千公吨/千美元。1990年之后，我国通过技术自主创新或技术引进，加快了生产工艺、生产技术的升级和改进，大大提高了生产过程中能源使用的效率。同时，国内环境保护约束的加强以及可持续发展理念的逐步深入，使我国生产企业对生产废料的排放和处理技术有了较大的提高和改善。正是这两方面的双向促进，使我国的单位美元制造业出口所排放的CO_2量逐年下降。

表4.1　　　　变量描述性统计

变量名称	1990—2011年	
	均值	标准差
1 000美元制造业出口的CO_2排放(千公吨/千美元)	2.48E-05	1.49E-05
R&D经费支出占GDP总值比例(%)	1.013 185	0.440 762
制造业人均工资(元)	12 432.41	9 986.779
制造业新增固定资本投资(亿元)	12 417.55	18 932.47
工业制成品出口占比(%)	0.887 273	0.061 001

数据来源：根据作者实证结果整理而得。

另一方面，我国制造业的新增固定投资、R&D 投资比例、出口结构及制造业工人平均工资在 1990—2011 年都有不同程度的上升。其中，我国制造业新增固定资产投资上涨了 152.9 倍，从样本初期的 460.3 亿元上升至 70 849 亿元，这说明中国这期间的制造业规模在不断扩大(很大一部分原因可能在于外商对中国的劳动力成本偏好)，由此可能导致的能源投入及 CO_2 排放水平也会急剧上升。此外，我国 R&D 投资规模无论是在总量水平还是在 GDP 中所占比例在大多数年份呈现上升趋势(1994、1995 两年例外)，在样本考察期内所占 GDP 比例从 0.67%上升到 1.84%。这说明国家正在不断加大科技和研发的力度，这对于改善和促进能源环境效率是极其必要的，这能够带来能源效率和排放效率的双提高。在出口结构方面，1990—2011 年我国工业制成品出口在出口总额中的比重呈现上升趋势，从 1990 年的 74.4%上升到 1990 年的 94.7%。这一方面说明我国的出口贸易结构在不断改善，另一方面我国长期依赖工业品出口的贸易结构又会增加我国生产性 CO_2 排放的压力。

4.2.3　实证检验与结果说明

根据上述计量方法和模型，本节对 $\log E$、$\log Capit$、$\log Struc$、$\log Wage$、$\log RD$ 间的关系进行实证分析，以考察隐含碳排放各项分解因素的长期和短期影响效应。

4.2.3.1　序列相关性检验

为了检验回归方程的扰动项是否存在序列相关问题，本节首先利用 Q 统计量和 LM 检验的方法对模型(4.15)进行序列相关检验。对 OLS 方程的残差序列进行 Q 统计量的自相关检验，结果显示 3 阶自相关系数和偏自相关系数都超出虚线，3 阶滞后的 Q-统计量的 P 值很小，说明 OLS 回归方程的残差序列存在显著的序列相关。

同时，再利用 LM 检验方法对残差进行自相关检验。LM 统计量显示，在 5%的显著性水平拒绝原假设，回归方程的残差序列存在序列相关性。因此最小二乘法估计的回归方程结果不再有效，需对式(4.15)进行

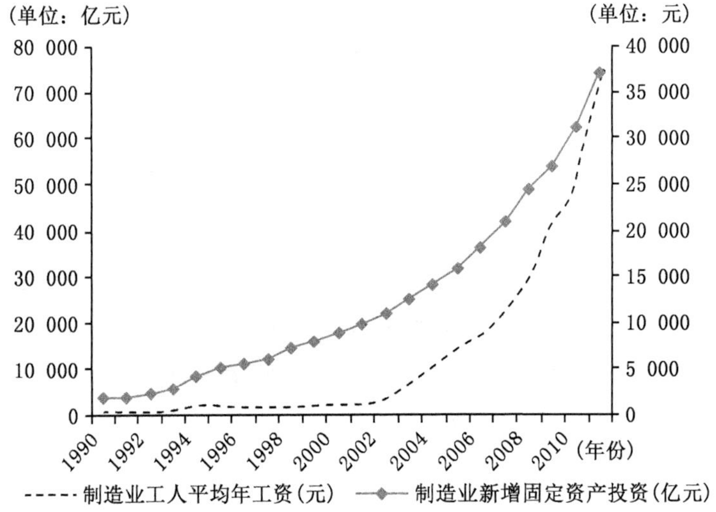

资料来源：根据《中国经济统计年鉴》数据整理绘制。

图 4.1　中国固定资产投资、劳动力成本

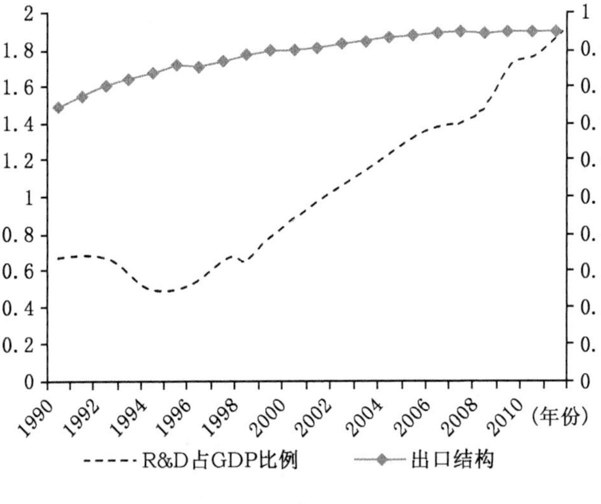

资料来源：根据《中国经济统计年鉴》数据整理绘制。

图 4.2　R&D 投资及出口结构趋势

协整分析。

表 4.2　　　　Breusch-Godfrey 序列相关的 LM 检验

F 统计量	0.352 18	P 值	0.708 8
R^2	0.986 73	P 值	0.610 6

4.2.3.2　单位根检验与协整分析

本节涉及时间序列问题，因此需要对回归方程进行协整分析。运用增广 Dickey-Fuller 法对模型涉及变量进行单位检验，结果(见表 4.4)显示，log*E*、log*Capit*、log*Struc*、log*Wage*、log*RD* 的原序列均为不平稳序列，经过 2 次差分后成为平稳序列，同属于二阶单整，记为 $\log E \sim I(2)$、$\log Capit \sim I(2)$、$\log Struc \sim I(2)$、$\log Wage \sim I(2)$、$\log RD \sim I(2)$所有变量均满足同阶单整关系，因此可以使用协整方法对模型进行检验和分析。

表 4.3　　　　ADF 单位根检验

变量	检验形式(C,T,P)	临界值	ADF	平稳性
Log*E*	(C,T,0)	−3.27***	−1.76	不平稳
D(log*E*,2)	(N,N,0)	−2.72*	−1.74	平稳
Log*Capit*	(C,N,1)	−3.27***	7.09	不平稳
D(log*Capit*,2)	(C,T,0)	−4.53*	−8.59	平稳
Log*Struc*	(C,T,0)	−3.26***	−2.75	不平稳
D(log*Struc*,2)	(C,T,2)	−3.71**	−4.15	平稳
Log*Wage*	(C,T,2)	−3.27***	5.15	不平稳
D(log*Wage*,2)	(C,T,3)	−3.31***	−3.67	平稳
Log*RD*	(C,T,0)	−3.26***	−2.32	不平稳
D(log*RD*,2)	(C,T,1)	−4.57*	−5.22	平稳

注：(1)D(·,2)表示二阶差分；检验形式中的 C 和 T 表示常数项和趋势项，P 表示所采用的滞后阶数(由 AIC 准则确定)，N 表示检验方程中此处对应项不存在。(2)*(**,***)分别表示 1%(5%,10%)显著性水平下的临界值。

本节采用 Johansen 特征根迹检验的方法对方程(4.15)进行协整检验,最优滞后期根据 AIC 准则确定,检验结果见表 4.4。

表 4.4　Johansen 检验结果

零假设	特征值	迹统计量	5%临界值	1%临界值
None*	0.870 248	102.410 6	69.818 89	77.818 84
At most 1*	0.815 829	61.567 92	47.856 13	54.681 5
At most 2	0.621 254	27.730 15	29.797 07	35.458 17
At most 3	0.306 451	8.312 384	15.494 71	19.937 11

注:*(**,***)分别表示 1%(5%,10%)显著性水平下的临界值。

迹检验和最大特征根检验都表明:在 1%显著性水平上,log$E$ 方程各变量之间存在长期稳定的均衡关系:

$$\log E_t = 2.84 + 0.24\log Capit_t + 3.53\log Struc_t - 1.05\log Wage_t - 0.49\log RD$$
$$t = (9.43) \qquad (4.29) \qquad (-10.55) \qquad (-8.97) \tag{4.17}$$

方程(4.17)反映了制造业新增固定资本投资、出口贸易结构、制造业工人年均工资、R&D 投资比例同我国单位美元制造业出口 CO_2 排放之间均呈现相似的协整关系。其中,制造业新增固定资本投资、出口贸易结构与单位美元制造业出口 CO_2 排放呈显著的正比例关系,制造业新增固定资本投资每增加 1%,我国每 1 000 美元制造业出口所排放的 CO_2 增加 0.24%。这说明随着制造业固定资本投资的不断增加,由大规模工业投资的副产品 CO_2 排放也随之大幅增加。虽然我国单位美元制造业出口 CO_2 排放 1990—2011 年逐渐下降,但是制造业内部的固定资本投资仍是阻碍其更为有效下降的重要原因,这与前文理论模型所推导的结论是一致的。此外,出口贸易结构(即工业制成品出口占出口总额的比例)这个指标也与单位美元制造业出口碳排放正相关:工业制成品比例每提高 1%,每 1 000 美元制造业出口的 CO_2 排放上升 3.53%。工业制成品出口比例的提高,一方面说明我国出口结构在逐年改善,另一方面也反映了目前出口结构的单一化,金融、服务等高级行业出口比例仍然不足,这种以工业制成品出口为主的贸易结构正是中国作为“世界工厂”的真实写照。

在方程(4.17)的协整关系中，制造业工人年均工资和 R&D 投资比例又与单位美元制造业出口碳排放成反比例关系。其中，制造业工人年均工资每增长 1%，每 1 000 美元制造业出口的 CO_2 排放量下降 1.05%。1990 年以来，中国在职员工人均收入呈现普遍上升趋势，尤其是 2000 年以后国家开始将普通职工的收入提高作为政府工作的一项重要规划纳入工资改革历程中，制造业工人年均工资在 2002 年开始超过 10 000 元，2011 年达到 36 665 元，这期间的平均增长率接近 15%。劳动力成本上涨趋势通过两个渠道对出口碳排放产生影响：

(1)劳动力成本上升对改变出口企业粗放式生产方式形成内部压力

首先，劳动力成本上升意味着在传统的生产方式下出口企业利润空间被进一步压缩。我国出口企业具有总体数量规模庞大但单个企业规模较小的特征，导致该特征的主要原因在于我国出口企业尤其是中小型企业的出口商品大多为劳动密集型或资本密集型中的低端加工和组装类产品，这类产品的出口并不具备很高的技术含量和附加值，十分依赖低廉的劳动力成本优势。近几年在劳动力成本不断上涨的市场环境下，出口企业依靠廉价劳动要素投入来获取微薄出口利润的生产方式已难以为继。在全球低碳经济的大背景下，很多发达国家设立了各种隐性的 TBT(如生态标签、环境税等)来抵制进口中国制造商品，这些壁垒在商品制造过程中的劳工福利、劳动环境、环保要求、产品含碳量要求等方面做出了严格的规定，这使本来利润就微薄的出口企业雪上加霜。因此，劳动力成本的上升对仍采用粗放式生产方式的企业产生了内部压力，迫使它们改变传统生产模式，逐渐摆脱对低廉劳动力成本优势的依赖，逐渐实现向技术密集型产业、高端制造业及高附加值产品出口的转型。

其次，劳动力成本上升意味着人均工资水平的提高。Grossman 和 Krueger 在 1991 年首次对环境质量与人均收入之间的关系进行实证研究。世界银行在 1992 年的《世界发展报告》中扩大了对该问题研究的影响。1993 年 Panayotou 将人均收入与收入不均等之间的倒 U 形库兹涅茨曲线应用于环境质量和人均收入关系的研究，提出了“环境库兹涅茨曲线(EKC)”的概念。2000年之后,很多学者开始关注中国的EKC问题,他们用不同方法对中国EKC曲线的存在性及拐点进行了预测,如蔡昉等(2008)、林伯强等(2009)的研究。大多数研究的结果表明,在中国尤其是东部地区EKC的确存在:随着人均收入的不断增加,中国的排放污染将出现先上升后下降的趋势。因此,劳动力成本上升意味着人均收入水平的提高,在到达EKC拐点所处的收入门槛之前,随着人均收入的增加,城乡消费总量不断提高,这增加了我国能源消费及碳排放水平;在EKC拐点之后,随着人均收入的继续上升,消费者开始从消费量的绝对扩大转向关注产品的品质、环保性等方面,这与目前国外消费者对中国产品含碳量的要求是一致的。在需求为导向的市场中,消费者环保意识的提高和对低碳排放商品的需求增加,都促使生产企业在提高产品品质和环保性方面寻求利润空间,从而摆脱单纯通过压榨劳动力成本或资本要素投入获取微薄利润的生产方式。因此,劳动力成本对于改变出口企业粗放式生产方式产生了强大的内部压力,一方面劳动力成本的上涨及国际市场上环境技术壁垒的日益扩大使出口企业原本依靠廉价劳动力获取的微薄利润空间不断受到挤压;另一方面,劳动力成本上涨的一个重要结果是国民人均收入的提高,消费者对环保性产品需求的增长也迫使出口企业不得不关注除了低廉劳动力成本以外的其他因素,在产品的低碳技术、环保标准上下功夫。

(2)劳动力成本上升对改善出口贸易内涵结构的推动作用

劳动力成本的上升在抑制能耗或污染密集型FDI流入以及促进出口企业改变传统粗放式生产方式的同时,还对改善出口贸易内涵结构起到了推动作用。本节认为,对于出口结构的判断应从两个层面上加以考察:一是外延层面的出口结构,二是内涵层面的出口结构。外延层面的出口结构改善通常指工业制成品出口占总出口比例的提高;而内涵层面的出口结构,除了考察工业制成品和初级品在总出口中所占比重外,更多关注工业制成品出口内部的产品类别差异。这种类别差异并不是基于产品用途差异,而是在技术密集度、附加值及含碳量等方面的内涵差异。1995

年以来，我国出口总量呈现加速增长趋势，出口贸易外延结构也日益改善。如图4.4所示，工业制成品出口占我国总出口比重从1995年的85.6%上升至2011年的96.7%，初级品出口从14.4%下降至5.3%。从出口贸易内涵结构角度看，随着制造业人均工资的不断上升，我国工业制成品中的高技术产品出口比重开始逐年增加，从1995年的6.8%上升至2011年的28.9%。这说明劳动力成本上升推动了出口内涵结构的改善。这种推动作用主要通过两条路径实现：

第一，劳动力成本的上升迫使出口企业改变以往的粗放式生产方式，在提高生产率、增强能源使用效率和减少污染排放等方面加大力度，这在一定程度减少了出口隐含的CO_2排放。

第二，根据国际产业和价值链分工的现状，一国单纯依靠低廉劳动力成本和资源投入创造的竞争力仅在一定历史阶段有效，从长远角度来看，国家间的出口竞争在于技术的竞争。因此，在劳动力成本上升趋势不可扭转的局面下，我国出口企业逐步改变以往依靠投入资源、人工为特征的粗放式发展模式，向着集约型、环保型、循环型和高附加值型的发展模式转变，即在先进的科学技术试验与应用、新产品研发、提高能源利用率和减排技术等领域加大科研投资力度，由原先劳动力密集型和资本密集型产业向高科技产业转移，高科技产品、能源环保类产品、高端制造业产品等的出口比例不断提高，这成为单位美元制造业出口CO_2排放下降的一个重要原因(见图4.4)。

除了劳动力成本上升因素外，科学技术进步也对减少单位能耗和排放起促进作用。根据协整检验结果，R&D投资占GDP比例每提高1%，每1 000美元制造业出口所消耗的标准石油当量和CO_2排放分别下降0.19%和0.49%，且t值显著。这说明技术进步从根本上提高我国工业贸易产品投入技术和产出效率、促进和改善生产模式和产业结构、提高经济利益的关键推动因素，它可以推动一国制造业从量变到质变的跨越。

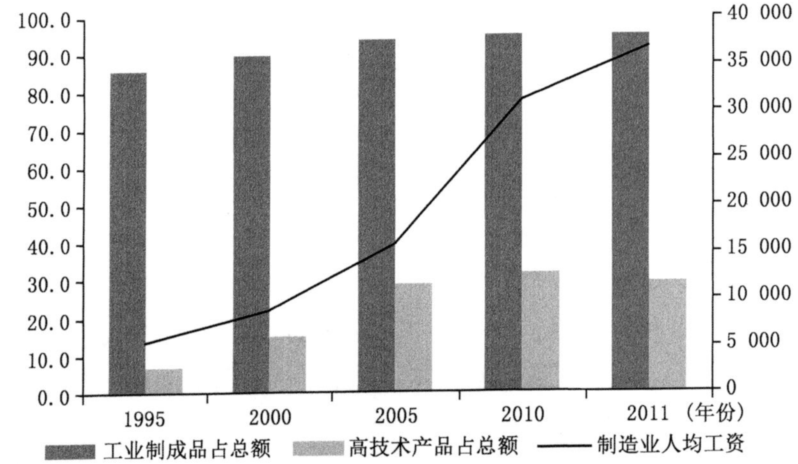

资料来源:作者根据相关数据绘制。

图 4.3　中国出口内涵结构与劳动力成本变化趋势

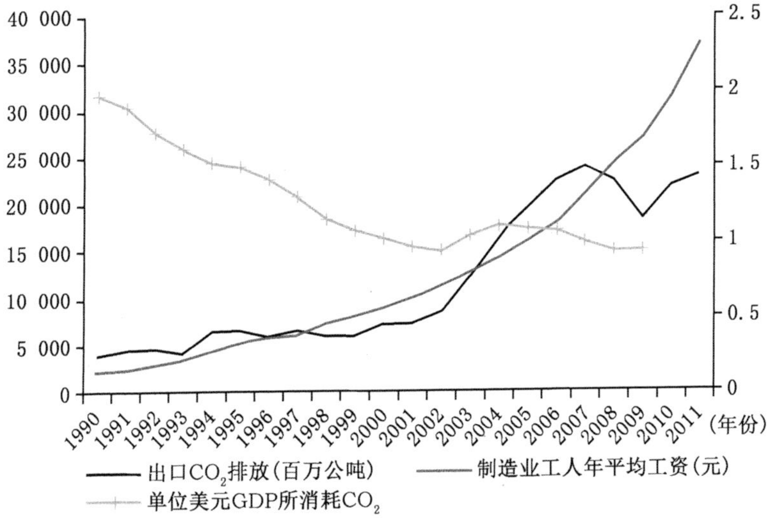

资料来源:作者根据相关数据绘制。

图 4.4　劳动力成本对出口贸易 CO_2 排放的影响

4.2.3.3 误差修正模型

为了考察变量之间偏离长期均衡状态时将其调整到均衡状态的速度，我们进一步建立 log$E$1（Log$E$2）、log$Capit$、log$Struc$、log$Wage$、logRD 之间的 ECM 模型。

表 4.5　　ECM 分析结果

	$D(\log E_t)$			$D(\log E_t)$	
ecm_{t-1}	−1.165	[−3.28]	$D(\log Wage_{t-1})$	0.438	[0.47]
$D(\log Capit_{t-1})$	0.102	[1.20]	$D(\log Wage_{t-2})$	0.321	[0.50]
$D(\log Capit_{t-2})$	0.132	[1.32]	$D(\log RD_{t-1})$	0.224	[0.37]
$D(\log Struc_{t-1})$	1.548	[0.51]	$D(\log RD_{t-2})$	0.365	[0.64]
$D(\log Struc_{t-2})$	−2.942	[−1.23]	C	−0.269	[−1.29]

表 4.5 中的差分项反映了短期波动的影响。我国单位美元制造业 CO_2 排放量的短期变动可以分为两部分：一部分是制造业新增固定资本投资、工业制成品出口比例、制造业人均工资和 R&D 投资比例的短期波动影响；另一部分是各变量偏离长期均衡的影响。从短期波动角度来讲，前两期制造业新增固定资本投资、工业制成品出口比例、制造业人均工资和 R&D 投资比例的变化均能引起当期我国单位美元制造业 CO_2 排放量的变化。具体而言，$t-1$ 期的 log$Capit$、log$Struc$、log$Wage$、logRD 在短期内每发生 1%的波动，当期的 log$E$ 分别波动 0.1%、1.55%、0.44%和 0.22%；$t-2$ 期的 log$Capit$、log$Struc$、log$Wage$、logRD 短期内每发生 1%的波动，当期的 log$E$ 分别波动 0.13%、−2.94%、0.32%和 0.37%。同时我们可以发现，$t-2$ 期大部分经济变量波动对当期经济带来的影响要显著大于 $t-1$ 期波动带来的影响。这可能是因为上一期的经济因素波动会对下一期的单位美元制造业 CO_2 排放量产生累积效应，而且制造业人均工资、R&D 投资比例等变量发挥作用需要较长时滞，因此 $t-2$ 期各变量的短期波动影响会积累到 $t-1$ 期，继而通过 $t-1$ 期的传导对当期经济产生累加性影响。误差修正项 ecm 系数的大小反映了对偏离长

期均衡的调整力度。从估计值来看，误差修正项的系数为负，符合反向修正机制，它表明当各变量的短期波动使 log*E* 偏离长期均衡时，系统将以 −1.17 的较大调整力度将经济从非均衡状态拉回到均衡状态。

ECM 模型反映了 log*E* 受 log*Capit*、log*Struc*、log*Wage*、log*RD* 影响的短期波动。从统计结果可知，制造业新增固定资本投资、工业制成品出口比例、制造业人均工资和 R&D 投资比例对单位美元制造业 CO_2 排放量的长期弹性分别为 2.4、3.53、−1.05、−0.49，短期弹性(滞后 2 期)分别为 0.13、−2.94、0.32、0.37。①

4.2.3.4 脉冲响应分析与方差分解

为了描述随机误差项冲击对 log*E* 当前值和未来值所产生的影响程度，本节继续对 log*E* 方程各变量进行脉冲响应分析。

表 4.6　　logE1 和 logE2 的脉冲响应表

周期	Log*E*1 的脉冲响应				周期	Log*E*2 的脉冲响应			
	log*Capit*	log*Struc*	log*Wage*	log*RD*		log*Capit*	log*Struc*	log*Wage*	log*RD*
1	0.000 00	0.000 00	0.000 00	0.000 000	1	0.000 000	0.000 000	0.000 000	0.000 000
2	0.013 42	−0.003 51	−0.006 44	−0.004 091	2	0.013 146	0.004 372	−0.006 821	−0.006 350
3	0.018 69	−0.004 88	−0.008 97	−0.005 697	3	0.017 456	0.005 805	−0.009 058	−0.008 431
4	0.020 75	−0.005 42	−0.009 96	−0.006 327	4	0.018 869	0.006 275	−0.009 791	−0.009 114
5	0.021 57	−0.005 63	−0.010 35	−0.006 575	5	0.019 332	0.006 429	−0.010 031	−0.009 337
6	0.021 88	−0.005 72	−0.010 50	−0.006 672	6	0.019 484	0.006 480	−0.010 110	−0.009 411
7	0.022 009	−0.005 750	−0.010 56	−0.006 710	7	0.019 534	0.006 496	−0.010 136	−0.009 435
8	0.022 058	−0.005 763	−0.010 584	−0.006 725	8	0.019 550	0.006 502	−0.010 144	−0.009 443
9	0.022 077	−0.005 768	−0.010 593	−0.006 731	9	0.019 555	0.006 504	−0.010 147	−0.009 445
10	0.022 085	−0.005 770	−0.010 597	−0.006 733	10	0.019 557	0.006 504	−0.010 148	−0.009 446
11	0.022 087	−0.005 771	−0.010 598	−0.006 734	11	0.019 558	0.006 504	−0.010 148	−0.009 446
12	0.022 089	−0.005 771	−0.010 599	−0.006 735	12	0.019 558	0.006 505	−0.010 148	−0.009 447

从表 4.6 和图 4.5 可看出，对于单位排放而言，log*E*2 在第二期就受到 log*Capit* 和 log*Struc* 的正向冲击，达到 0.013 和 0.004，并在 12 期之后长期稳定于 0.019 和 0.006 5。与出口贸易结构的影响相比，制造业新增固定资本投资对单位美元制造业出口的 CO_2 排放正向冲击更大，原因

① 括号里的数据代表对单位美元制造业出口 CO_2 排放量的弹性。

可能是行业内固定资本投资对单位排放的影响是单向的、绝对的，而出口贸易结构对单位排放的影响却是双向的。一方面，出口贸易结构改善提高了工业制成品的比例，这会增加碳排放量；另一方面，出口贸易结构的提高又在质上改善了工业制成品内部低碳、环保、高科技型产品的比重，这在一定程度上对单位 CO_2 排放起到抑制作用。而 log*Wage* 和 log*RD* 对 log*E*2 则产生负向冲击，在 10 期之后稳定于－0.01 和－0.009，这说明制造业人均工资和 R&D 投资的增加会对单位美元制造业 CO_2 排放产生抑制作用。综合 log*E*1 和 log*E*2 的冲击响应曲线，我们发现：制造业人均工资和 R&D 投资比例无论对于单位投入能耗还是单位排放而言，都起到负向冲击影响。从影响程度来看，1990—2011 年中国制造业工人工资对于减排和能源效率的提高相对于技术进步而言更为显著。其主要原因可能在于以下两点：

第一，R&D 投资一般用于基础研究、应用研究和实验开发三个方面，而技术进步的过程通常是缓慢的。从 R&D 投资到将技术发明应用于生产环节需要较长周期，特别是当 R&D 投资于基础研究和试验发展方面时尤为如此。本节有限的数据样本(22 年)可能无法精确和全面地描述技术进步对提高能源效率及减排效率的贡献度。

第二，R&D 投资数据覆盖国民生产所有领域和环节，专项用于提高能源效率和减排技术的投资只是其中一部分，这种宽口径的数据样本也对 log*RD* 对 log*E*1 和 log*E*2 之间的脉冲响应分析结果产生了一定的影响。

下面我们进一步用方差分解分析每个结构冲击对内生变量变化的重要性。图 4.6 展示了制造业新增固定资本投资、出口结构、制造业人均工资和 R&D 投资比例对单位美元制造业出口能耗和单位美元制造业出口 CO_2 排放的贡献率。上述四个因素对单位能耗和单位排放的贡献度从第一期开始逐年上升，其排序为：log*Capit*＞log*Wage*＞log*RD*＞log*Struc*。其中，来自制造业新增固定资本投资(log*Capit*)的冲击对于单位千美元制造业出口标准石油当量、单位千美元制造业出口的 CO_2 排放的影响最大，其贡献度从第二期的 6.99%、1.23%上升到第 22 期的 25.66%、

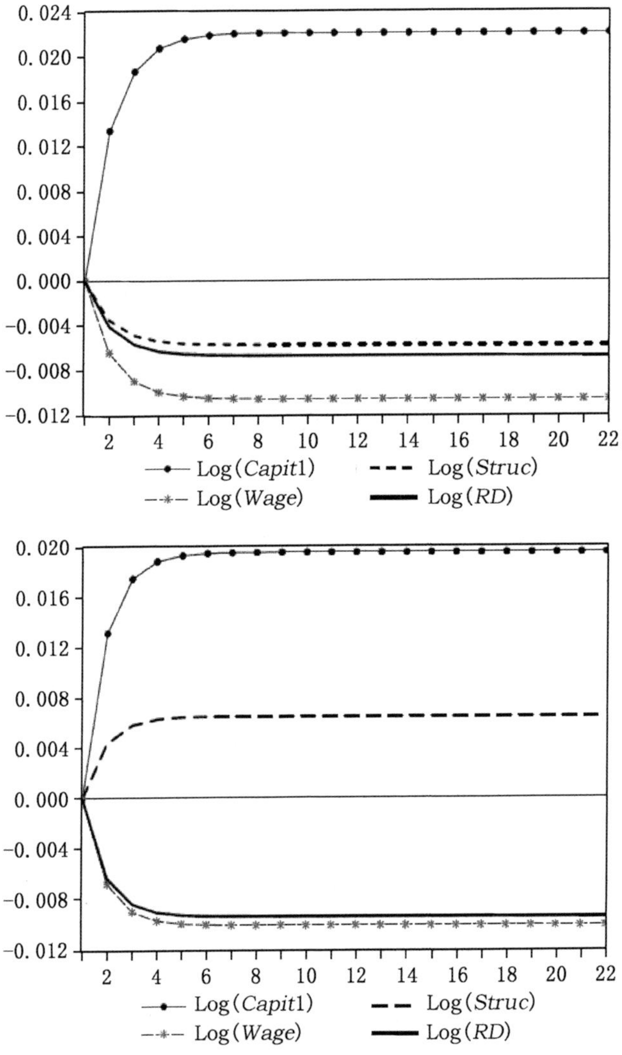

图 4.5　log$E$1(左)和 log$E$2(右)对各变量单位冲击的响应曲线

6.67%；制造业人均工资(log*Wage*)对单位千美元制造业出口标准石油当量和单位千美元制造业出口的 CO_2 排放的贡献度从第二期的 1.61%、0.33%开始逐步提高，并在第 22 期稳定在 5.91%、1.79%左右的水平上；R&D 投资比例(log*RD*)和出口结构(log*Struc*)对单位千美元制造业出口标准石油当量(单位千美元制造业出口的 CO_2 排放)的贡献度相对较低,在 22 期达到最大,分别为 2.39%和 1.75%(1.56%和 0.74%)。[①]

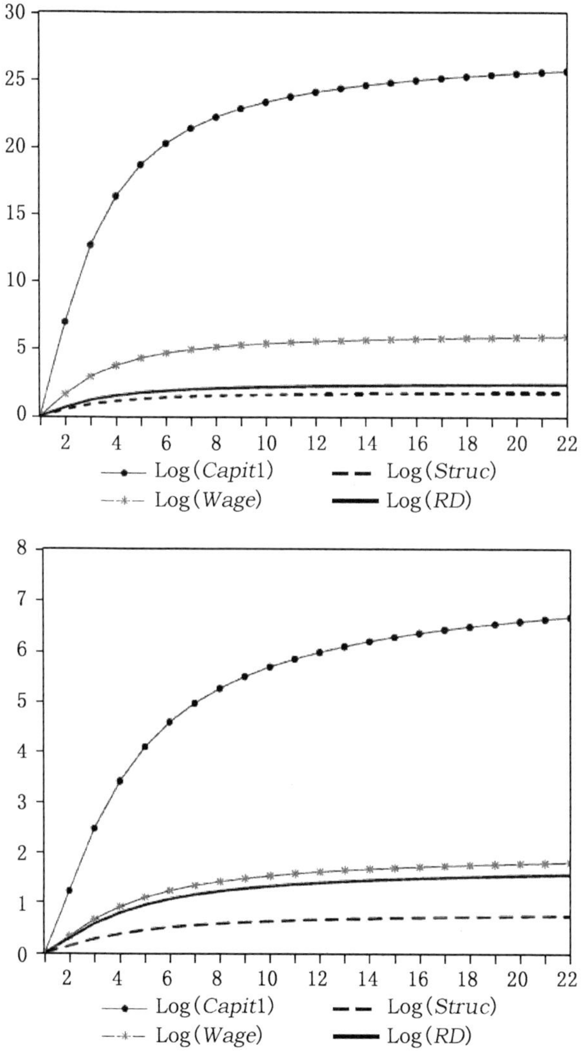

图 4.6　logE1(左)和 logE2(右)方差分解

① 括号里的数据代表对单位美元制造业 CO_2 排放量的弹性。

4.2.3.5 Granger 因果检验

为了检验单位美元制造业能耗和 CO_2 排放多大程度上能被过去的制造业新增固定资本投资、工业制成品出口比例、制造业工人年均工资及 R&D 投资比例所解释，本节对被解释变量和解释变量进行 Granger 因果检验，结果见表 4.7。

在 log*E*1 方程中，log*Capit*、log*Struc* 和 log*Wage* 能引起 log*E*1 变化的概率分别为 94.5%、92.37%和 93.15%。因此，制造业新增固定资本投资、工业制成品出口比例和制造业人均工资三个指标都在 10%的显著性水平下成为我国单位千美元制造业出口消耗标准石油当量的 Granger 原因。而 R&D 投资比例外生于 log*E*1 的概率有 28.55%，诱因性并不显著。在 log*E*2 方程中，制造业新增固定资本投资和制造业人均工资在 10%显著性水平下成为引起单位千美元制造业出口所排放的 CO_2 变化的 Granger 原因，概率分别为 91.74%和 90.91%。而工业制成品出口比例和 R&D 投资比例则以 64.29%和 39.69%的概率外生于单位千美元制造业出口 CO_2 排放。造成这种结果的原因一方面可能是因为本节的数据时间跨度只有 22 年，最多只能检验滞后 2 期的自变量与因变量的 Granger 因果关系，因此在有限的数据样本下，log*RD*、log*Struc* 与 log*E*2 之间的 Granger 因果关系并不显著。另一方面的原因可能同前文分析得那样，本节 R&D 投资数据口径为整体产业，并不特指专项用于提高能源效率和减排的 R&D 投资；另外，出口结构也呈现双向影响关系，因此对这两个变量做出 Granger 因果关系并不显著。

表 4.7　Granger 因果检验结果

零假设	观测值个数	F 统计量	P 值
Log*Capit* 不能 Granger 引起 log*E*1	20	7.49316	0.0055
Log*Capit* 不能 Granger 引起 log*E*2	19	2.99608	0.0826
Log*Struc* 不能 Granger 引起 log*E*1	20	3.07033	0.0763
Log*Struc* 不能 Granger 引起 log*E*2	19	0.45607	0.6429

续表

零假设	观测值个数	F统计量	P值
Log*Wage* 不能 Granger 引起 log*E*1	20	3.22172	0.0685
Log*Wage* 不能 Granger 引起 log*E*2	19	2.85923	0.0909
Log*RD* 不能 Granger 引起 log*E*1	20	1.36449	0.2855
Log*RD* 不能 *Granger* 引起 log*E*2	19	0.98774	0.3969

4.2.4 结论

通过以上理论论证与实证检验，我们可以得到以下结论：

第一，单位价值能源消耗和单位价值 CO_2 排放构成广义隐含碳排放的重要指标。固定资本投资、贸易结构、劳动力成本以及技术进步四个因素均构成影响出口贸易隐含碳排放的主要因素。在构建政治经济学模型过程中，我们发现生产过程中劳动力成本、技术进步与单位出口价值能耗及排放负相关，而固定资本量与出口贸易结构的影响关系并不明确。其中，固定资本投资量对于单位能耗和排放的影响关系主要取决于出口结构引致的生产投入乘数和劳动力成本变化速率的乘积同技术进步的相对比率（$f(s_{it})w_{it}/\theta_{it}$）；而出口贸易结构除了要满足符合 $f(s_{it})w_{it}/\theta_{it}$ 的不同边界值外，还需满足出口结构引致的生产投入乘数导数与能耗和排放乘数导数比值（$f'(s_{it})/g'(s_{it})$）的约束条件。

第二，中国制造业新增固定资本投资、工业制成品出口比例、制造业工人年均工资以及 R&D 投资比例四个因素均能显著影响我国单位千美元制造业出口所消耗的标准石油当量和排放的 CO_2 量。其中，新增固定资本投资、工业制成品出口比例的提高能在不同程度上增加单位能耗和单位排放。而制造业人均工资、R&D 投资比例的增加却能抑制单位能耗和单位排放。脉冲响应分析也证实了固定资本投资对于单位能耗有显著、正向的冲击作用，而出口贸易结构、制造业人均工资和 R&D 投资比例则对单位能耗产生负向冲击；对单位排放指标而言，固定资本投资和出口贸易结构具有正向冲击，制造业人均工资和R&D投资比例则具有负向冲击。方差分解结果表明，四个解释变量对于单位能耗和单位排放的贡献度排序依次为：固定资本投资＞制造业人均工资＞R&D投资比例＞出口贸易结构。R&D投资比例和出口贸易结构贡献度不高的原因主要基于样本数据有限、技术进步反映时滞较长、出口结构双向影响等方面。Granger因果检验证明了固定资本投资和制造业人均工资显著地成为影响我国单位能耗和单位排放的Granger原因，R&D投资比例和出口贸易结构对于单位能耗和排放的诱因性并不显著。

4.3 中国出口贸易隐含“三废”污染排放影响因素及实证分析

本节以除二氧化碳外的贸易污染排放为研究对象，以检验出口贸易结构（$struc$）、技术进步水平（$tech$）和产业承接国的工业排放效率（$effi$）对贸易隐含污染排放的影响。构建我国贸易碳排放影响因素对数方程如下：

$$\log waste_t = \eta_0 + \eta_1 \log(fdi_t) + \eta_2 \log(struc_t) + \eta_3 \log(tech_t) + \eta_4 \log(effi_t) + \mu_t \tag{4.17}$$

4.3.1 数据来源与说明

（1）贸易污染排放指标（$waste_t$）

本节的贸易污染排放主要指一国为出口需求而进行的生产过程中排放的各种废气、废水和废料的高度抽象和统称。我们选取出口工业废水排放量（$waste1_t$）、二氧化硫排放量（$waste2_t$）和工业固体废物排放量（$waste3_t$）三个变量代表贸易污染排放指标分别进行实证检验。由于现有的统计数据没有专门对出口企业排放的数据统计，我们需要对这三个变量进行估算。目前对贸易污染排放的分析主要有两种方法：I-O分析，计量回归检验。前一种方法根据国家发布的《投入产出表》计算出每个出口部门的碳排放数据，但是《投入产出表》的统计过程非常复杂，无法每年公布，目前发布的《中国投入产出表》仅有1990年、1992年、1995年、1997年、2000年、2002年、2005年和2007年几个年份。因此，利用I-O分析法对我国出口能耗和排放进行研究的大多基于某一发布年份数据，而无法形成长跨度的时间序列数据。后一种利用计量模型对贸易碳排放进行分析的方法需要连续的时间序列数据，这解决了投入产出分析法仅针对单个年份数据静态分析的局限，但问题是每年的贸易污染排放数据无法像I-O分析法那样精确，只能粗略估计。本节采用的计量回归检验法，着重考察各因素对贸易碳排放的影响。为了得到连续数据，我们采用比例分配法，将t期出口企业污染排放数据按照出口价值占GDP的比例进行分配，即：

$$waste(i)_t = waste(i)_t^{total}(EX_t/GDP_t), i=1,2,3$$

其中，$waste1_t^{total}$为工业废水排放量，$waste2_t^{total}$为二氧化硫排放量，$waste3_t^{total}$为工业固体废物排放量，$waste(i)_t^{total}$数据均源于中国统计局数据库，单位“万吨”。

(2)实际利用外资额(fdi_t)

本节用“实际利用外资额”代表国际产业转移指标，该指标数据来源及释义与fdi_t计量方程变量解释相同。

(3)工业制成品出口占比($struc_t$)

本节采用“工业制成品出口占比”作为贸易结构指标，计算公式为：工业制成品出口额/出口总额。其中，“工业制成品出口额”和“出口总额”数据均来源于国家统计局年度数据库行业统计，单位“亿美元”。一国的贸易污染排放和其贸易结构关系密切，当工业制成品内部结构以劳动密集型及传统资本密集型产品为主时，工业制成品占出口比例越高，贸易污染排放应该越多。

(4)R&D投资比例($tech_t$)

本节采用“R&D经费支出占GDP总值比例”作为科学技术指标。一国的R&D投资比例特别是用于低碳经济技术研发、应用方面的比例越高，该国在减排方面的能力或潜在能力也就越高，因此贸易污染排放应与

R&D 投资比例成反比。R&D 经费支出和 GDP 数据均来源于国家统计局年度数据库。

(5)工业“三废”综合利用产品产值($effi_t$)

该指标体现了我国工业“三废”排放的处理效率,该指标应与出口贸易污染排放负相关。该指标数据源自中经网统计数据库,单位“亿元”。

4.3.2 实证检验及结果说明

4.3.2.1 协整与 VEC 分析

由于本节模型数据涉及时间序列问题,可能存在序列相关问题。为此,我们先对模型进行 Q 统计量检验,以验证回归方程的扰动项是否存在序列相关问题。对计量模型进行最小二乘估计,得到 log(*waste*)方程见表 4.8。

表 4.8　　log(*waste*)方程 OLS 估计

log(*waste*)方程			
	log(*waste*1)	log(*waste*2)	log(*waste*3)
log(*fdi*)	0.756(0.749)[1.010]	1.183(0.977)[1.211]	0.856(0.628)[1.363]
log(*struc*)	9.452(6.714)[1.408]	13.654(8.758)[1.558]	4.803(5.632)[0.853]
log(*tech*)	−0.871(0.748)[−1.164]	−1.231(0.975)[−1.262]	−0.172(0.627)[−0.274]
log(*effi*)	0.148(0.215)[0.686]	0.114(0.281)[0.406]	0.465(0.181)[2.575]
c	8.596(3.828)[2.245]	−0.441(4.994)[−0.089]	2.62(3.211)[0.815]
	R-squared=0.71	*R-squared*=0.69	*R-squared*=0.95

注:OLS 估计结果中数字为估计系数,(·)为标准差,[·]为 *t* 值。

从 OLS 结果可以看出,主要系数的 *t* 值大都存在不显著的问题,而且系数的正负也与理论预期有所不同,这可能是存在序列相关问题引起的。本节先运用增广 Dickey-Fuller 法对模型涉及变量进行单位检验,结果显示 log(*waste*1)、log(*waste*2)、log(*waste*3)、log(*fdi*)、log(*struc*)、log(*tech*)、log(*effi*)的原序列均为不平稳序列,经过 1 次差分后成为平稳序列,同属于一阶单整,记为 log(*waste*1)$\sim I(1)$、log(*waste*2)$\sim I(1)$、 log(*waste*3)～I(1)、log(*fdi*)～I(1)、log(*struc*)～I(1)、log(*tech*)～I(1)、log(*effi*)～I(1)，所有变量均满足同阶单整关系，因此本节使用协整方法对模型重新进行检验和分析。

表 4.9　　　　主要变量的 ADF 单位根检验

变量	检验形式(C,T,P)	临界值	ADF	平稳性
log(*waste*1)	(C,T,0)	−3.31***	−1.97	N
D(log*waste*1,1)	(C,N,0)	−3.08**	−3.44	Y
log(*waste*2)	(C,T,3)	−3.36***	−2.29	N
D(log*waste*2,1)	(C,T,0)	−3.76**	−4.03	Y
log(*waste*3)	(C,N,0)	−1.61***	−0.93	N
D(log*waste*3,1)	(C,T,3)	−4.99*	−7.24	Y
log(*fdi*)	(C,T,1)	−3.32***	−2.47	N
D(log*fdi*,1)	(C,T,0)	−3.76**	−3.90	Y
log(*struc*)	(C,N,0)	−2.67***	−2.24	N
D(log*struc*,1)	(C,T,1)	−3.79**	−4.37	Y
log(*tech*)	(C,N,0)	−2.67***	−2.59	N
D(log*tech*,1)	(C,T,1)	−3.79**	−4.79	Y
log(*effi*)	(C,T,2)	−3.34***	−2.01	N
D(log*effil*,1)	(C,T,0)	−1.61***	−1.71	Y

注：(1)D(·,2)表示二阶差分；检验形式中的 C 和 T 表示常数项和趋势项，P 表示所采用的滞后阶数(由 AIC 准则确定)，N 表示检验方程中此处对应项不存在。(2)*(**,***)分别表示 1%(5%,10%)显著性水平下的临界值。(3)N 表示不平稳，Y 表示平稳。

本节采用 Johansen 特征根迹检验的方法对计量方程进行协整检验，最优滞后期根据 AIC 准则确定。迹检验和最大特征根检验都表明：在 1%显著性水平上，log(*waste*1)、log(*waste*2)和 log(*waste*3)方程各变量之间存在长期稳定的均衡关系。

表 4.10　　　　Johansen 检验结果

方程	零假设	特征值	迹统计量	5%临界值	1%临界值
log(*waste*1)	None*	0.845783	84.63696	69.81889	77.81884
	At most 1*	0.757907	54.72666	47.85613	54.68150
	At most 2**	0.619455	32.03173	29.79707	35.45817
log(*waste*2)	None*	0.844179	85.58877	69.81889	77.81884
	At most 1	0.740107	55.84404	47.85613	54.68150
	At most 2**	0.637789	34.28427	29.79707	35.45817
log(*waste*3)	None*	0.846480	82.50585	69.81889	77.81884
	At most 1**	0.718404	52.52306	47.85613	54.68150
	At most 2**	0.664666	32.24655	29.79707	35.45817

注：* 和 ** 分别为 1%和 5%显著性水平下的协整方程个数。

我们将这种长期稳定的均衡关系用 VEC 模型表示出来，以说明国际产业转移与贸易污染排放影响因素之间的关系。

在 log(*waste*)方程中，我们分别使用工业废水排放量(*waste*1)、二氧化硫排放量(*waste*2)和工业固体废物生成量(*waste*3)三个指标表示贸易污染排放。VEC 分析结果表明：在影响我国贸易污染排放的众多因素中，承接国际产业转移(FDI 流入)和工业制成品出口比例的提高都会不同程度地增加我国工业废水、二氧化硫的排放和工业固体废物的生成。其中，FDI 流入和工业制成品出口比例对工业废水排放的影响弹性最大，分别达到 5.97%和 43.89%。与 FDI 流入和工业制成品出口比例影响不同的是，我国 R&D 投资占 GDP 比例、工业“三废”综合利用产品产值与贸易污染排放负相关：当 R&D 投资占比每提高 1%时，我国出口工业废水、二氧化硫和固体废料排放量分别减少 6.38%、3.95%和 3.08%；当工业“三废”综合利用产品产值每增加 1%时，出口品生产所造成的“三废”排放分别减少 0.59%、1.03%和 0.18%。这个分析结果验证了两个问题：

第一，我国在承接国际产业转移过程中虽然得到了经济增长、解决就业等方面的好处，也带来了不可小觑的环境问题，“污染避难所”现象在我国是存在的；第二，我国 1995—2011 年 R&D 投资的不断加强以及对工业排放效率的不断提高的确在一定程度上减轻了出口驱动型增长带来的环境负效应，这种正面影响应该进一步强化，尤其在低碳环保技术领域的科技进步。

表 4.11　　VEC 分析结果

log(*waste*1)方程		log(*waste*2)方程		log(*waste*3)方程	
log(*fdi*)	5.97(0.925) [6.449]	log(*fdi*)	5.49(0.862) [6.367]	log(*fdi*)	4.07(0.624) [6.521]
log(*struc*)	43.89(9.087) [4.829]	log(*struc*)	31.24(8.467) [3.689]	log(*struc*)	22.29(6.131) [3.637]
log(*tech*)	−6.38(0.967) [−6.596]	log(*tech*)	−3.95(0.901) [−4.386]	log(*tech*)	−3.08(0.653) [−4.717]
log(*inv*)	−0.59(0.272) [−2.201]	log(*inv*)	−1.03(0.254) [−4.039]	log(*inv*)	−0.18(0.184) [−0.983]
c	−14.29	*c*	−17.109	*c*	−10.71

4.3.2.2　脉冲响应分析

图 4.7、图 4.9、图 4.11 分别显示了出口工业企业废水排放 log(*waste*1)、二氧化硫排放 log(*waste*2)和固体废料生成 log(*waste*3)对各变量的冲击响应和方差分解情况。

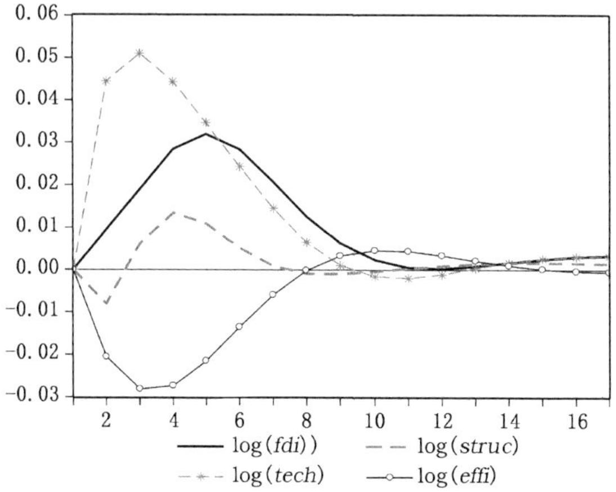

资料来源：作者根据实际结果整理而得。

图 4.7　log(*waste*1)对各变量单位冲击响应

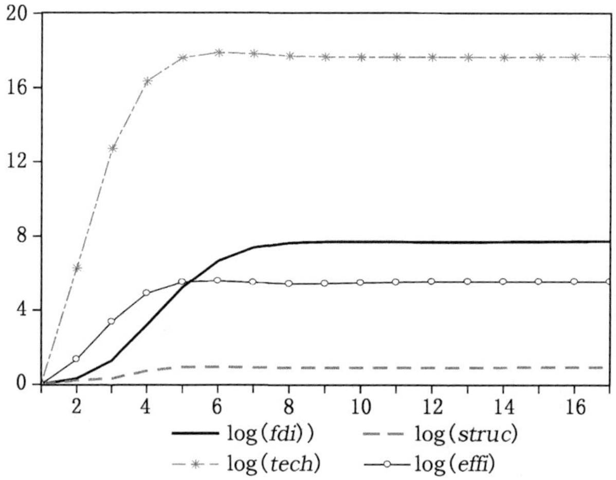

资料来源：作者根据实际结果整理而得。

图 4.8 log(*waste*1)方差分解

①我国出口工业企业废水排放、二氧化硫排放和固体废料排放对国际产业转移的冲击均呈现先下降后上升的波动趋势。在当期给予log(*fdi*)一个正向冲击后，log(*waste*1)、log(*waste*2)和 log(*waste*3)均迅速上升，分别于第 5 期、第 4 期和第 6 期在正向响应区间内达到最高点 0.032、0.054 和 0.039，此后转为下降。不同的是，log(*waste*1)和log(*waste*2)正向冲击的下降速度很快，在第 10 期和第 9 期达到接近 0 点位置，之后又有微弱反弹，最终稳定在 0.003 和 0.004 附近；而log(*fdi*)对 log(*waste*3)的正向冲击在 6 期后虽有所下降，但下降速度较慢，逐渐稳定在 0.015 左右。贸易污染排放对国际产业转移的冲击呈现这种波动响应，可能有以下几点原因：

第一阶段，在国际产业转移初期，大规模的外资流入会在极短时间内增加中国工业生产和出口贸易总值，并加重了国内产业结构的工业化特征，导致短期内贸易污染排放的迅速增加。

第二阶段，工业部门的外资流入会对国内企业带来一种拉动效应，国内生产企业在某种程度上会跟随外商投资企业进行类似的生产行为，从而形成规模效应。这使 FDI 排放在总排放中的比例与第一阶段相比转为下降，因此对于外资流入的冲击，贸易污染排放的正向相应也在不断减弱。此外，外商投资企业在生产投入技术和排放技术等方面一般优于国内同类企业，这种技术上的优势会随着时间迁移逐渐扩散到国内同类企业，成为三个污染排放指标对 log(*fdi*)冲击的正向响应趋于下降的一个因素。

第三阶段，外商投资企业逐渐受益于国内相对宽松的环境管制（包括监测指标和惩罚力度），这在某种程度上可以解释在考察期末三个污染排放指标对外资流入的冲击响应为何又出现反弹。事实上，一些外商投资企业在中国的生产过程的确表现出无视国内的环境管制与国民生态健康的情况。这与国内地方政府长期以来唯利税和增长为重的政绩观下对外商投资企业的容忍以及国内关于环境、生态、资源保护等方面的法律惩罚力度过轻等密不可分。这便导致一个结果：部分外商投资企业在环保方面做出的努力明显弱于在发达国家生产所做出的努力。

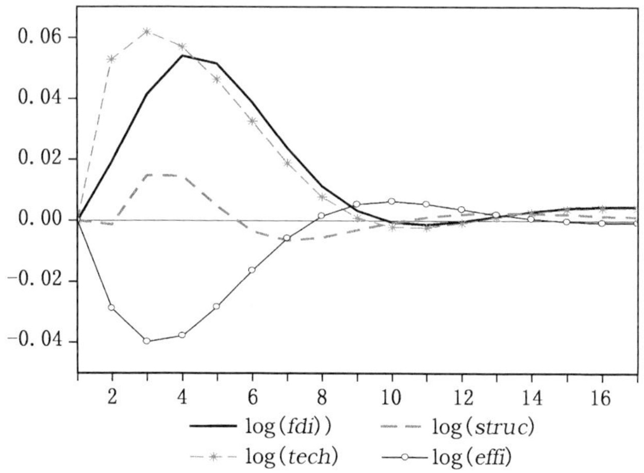

资料来源：作者根据实际结果整理而得。

图 4.9　log(*waste*2)对各变量单位冲击响应

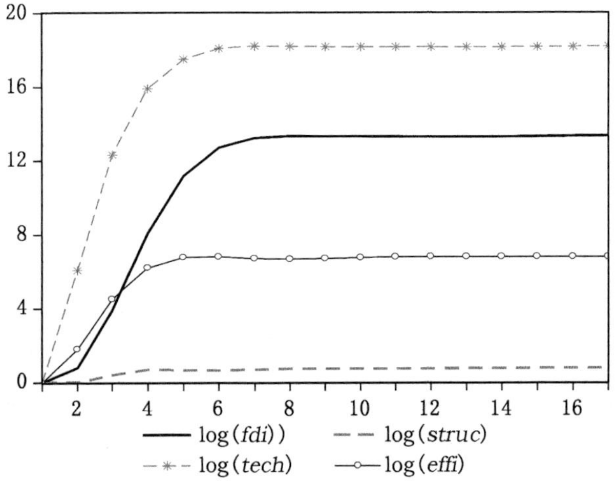

资料来源:作者根据实际结果整理而得。

图 4.10 log(*waste*2)方差分解

②与国际产业转移的影响相比,工业制成品出口比例对贸易污染排放三个指标的冲击更为复杂。log(*waste*1)、log(*waste*2)和 log(*waste*3)对当期给予 log(*struc*)的一个冲击迅速产生负向响应,在第 2 期下降到最低点 −0.008、−0.001 和 −0.025。此后,log(*waste*1) 和 log(*waste*2)在 3～4 期、log(*waste*3)在 3～6 期出现短暂回升,此后又转为下降。不同的是,在下降过程中 log(*waste*1)和 log(*waste*2)对 log(*struc*)的冲击分别出现过持续 3 期和 5 期的负向响应,最终稳定在 0.001 左右;而 log(*waste*3)对 log(*struc*)的冲击响应在从最高点下降过程中始终维持在正响应区间。出现这种波动响应趋势的原因可能与我国制成品出口内在结构的变迁相关。一方面,工业制成品比例的提高会增加污染排放量;另一方面,工业制成品出口比例的提高又有可能是因为内部低碳、环保、高科技型产品比重增加的结果,这在一定程度上对出口企业的"三废"排放起抑制作用。

③log(*waste*1)、log(*waste*2)和 log(*waste*3)对 log(*tech*)冲击的响应波动最大,且呈现先上升后下降的趋势。其中,我国出口工业企业废水排放、二氧化硫排放和固体废料生成均在 R&D 投资冲击后的第 3 期达到

正响应最大值 0.051、0.062 和 0.044。此后，“三废”指标对 R&D 投资的冲击响应转为下降，log(*waste*1)和 log(*waste*2)对 log(*tech*)冲击在 10～13 期出现短暂的负响应，最后分别稳定在 0.004 和 0.01 附近；而 log(*waste*3)对 log(*tech*)的冲击在下降过程中始终保持正向响应。理论上讲，一国的技术进步冲击应对贸易污染排放产生负向冲击，但本节的脉冲响应分析结果却发现了 log(*tech*)对 log(*waste*1)和 log(*waste*2)的短暂负冲击。造成这种结果的原因可能在于：

第一，本节的 R&D 投资数据包含基础研究、应用研究和实验开发三方面，但从 R&D 投资到技术研发创新，再将技术发明应用于生产环节，这个过程需要较长周期。特别是当用于基础研究和试验方面的 R&D 投资比例较大时，技术进步的溢出效应出现的平均时滞便会进一步延长。在有限的数据样本(17 年)情况下可能无法完全、精确地描述技术进步对减少出口企业贸易污染排放的贡献度。

第二，本节所使用的 R&D 投资数据覆盖国民生产所有领域和环节，专项用于提高能源效率和减排技术的投资只是其中一个部分，这种宽口径的数据样本也会对研究 log(*tech*)对 log(*waste*1)、log(*waste*2)和 log(*waste*3)间的脉冲响应分析结果产生一定的影响。

④考察 log(*waste*1)、log(*waste*2)和 log(*waste*3)对 log(*effi*)冲击的响应。当 $t=1$ 期给 log(*effi*)一个正向冲击后，我国出口工业企业的废水排放、二氧化硫排放和固体废料生成均呈现显著的负向响应，迅速下降到−0.028(第 3 期)、−0.037(第 4 期)和−0.008(第 2 期)。之后，这种负向冲击逐渐减弱，并于第 8 期、第 9 期和第 5 期转为正向冲击，并最终稳定在−0.000 5、−0.000 7 和 0.000 9 附近。这说明我国工业“三废”综合利用程度的确对出口贸易污染排放产生了负向冲击，只是这种负向冲击的短期效果要比长期效果显著。其原因可能是工业“三废”综合利用产值对下一期减排的促进能力正在逐渐减弱，要想持续增强“三废”利用对贸易污染排放的负向冲击作用，还需在生产力和技术转化上努力。

4.3.2.3 方差分解

图4.8、图4.10和图4.12的方差分解结果分别给出了FDI流入、工业制成品出口比例、R&D投资比例及国家对工业“三废”综合利用产值对出口企业“三废”排放的贡献度。四个解释变量对出口工业企业废水排放和二氧化硫排放的贡献度排序较为一致，均为log(*tech*)>log(*fdi*)>log(*effi*)>log(*struc*)；而对出口工业企业固体废料生成的方差分解中，log(*effi*)的贡献度最低。其中，来自log(*tech*)的新息对出口工业企业废水、二氧化硫排放的影响最大，其贡献度从第2期的6.25%和6.06%增加到第17期的17.65%和18.18%，log(*tech*)对工业废料生成的贡献度在前10期内是所有变量中最大的，并在17期达到最大值15.41%。log(*fdi*)对出口工业企业废水排放和二氧化硫排放的影响程度仅次于log(*tech*)，其贡献率从第2期的0.29%和0.80%开始迅速增加，并在8期后稳定在7.6%和13.3%左右，而log(*fdi*)对出口工业企业固体废料生成的贡献度在10期后超过log(*tech*)，最大值达到17.94%。log(*effi*)对log(*waste*1)和log(*waste*2)的贡献度从1.33%、1.81%上升到5.53%和6.81%，但对log(*waste*3)的贡献度最小，仅为0.15%～0.16%。log(*struc*)对出口工业固体废料生成的贡献度略高于log(*effi*)的贡献度，在第17期达到3.1%，但对工业出口企业废水、二氧化硫排放的影响极小，最大贡献度仅为0.9%和0.77%，这与脉冲响应分析中所提到的工业制成品内部结构变化相关。

4.3.2.4 Granger因果分析

根据log(*waste*)方程分解因素的Granger因果检验结果，我们发现：工业“三废”综合利用产值(log(*effi*))显著地成为我国出口工业企业废气排放和二氧化硫排放的Granger原因，但对固体废料生成的诱因并不显著。而以R&D投资比例(log(*tech*))为代表的技术进步成为出口工业企业废气排放和二氧化硫排放Granger原因的可能性仅为88.56%和81.81%，却显著地成为工业固体废料生成的Granger原因。工业部门的

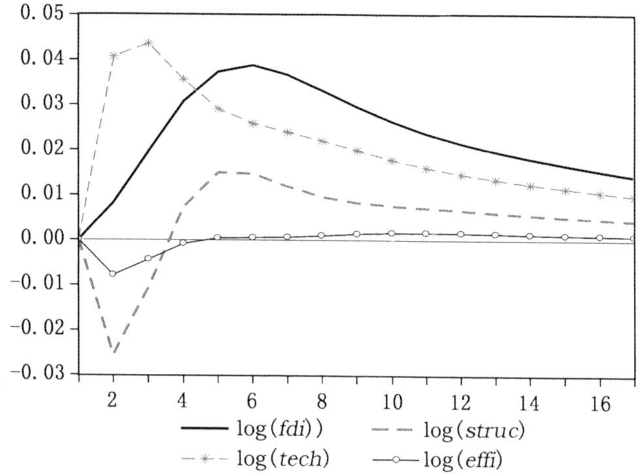

资料来源：作者根据实际结果整理而得。

图 4.11 log(*waste*3)对各变量单位冲击响应

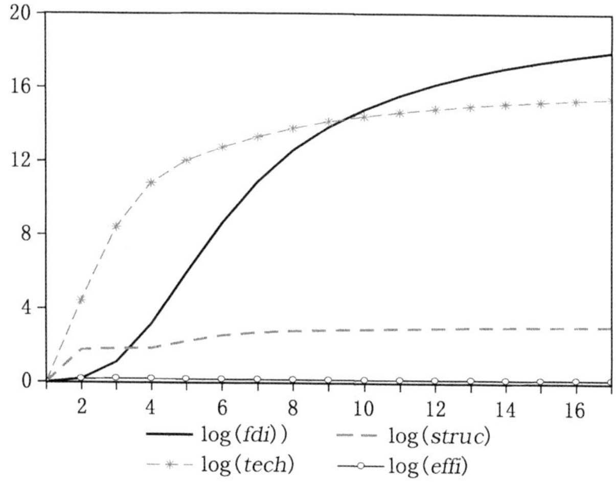

资料来源：作者根据实际结果整理而得。

图 4.12 log(*waste*3)方差分解

外资流入(log(*fdi*))、工业制成品出口比例(log(*struc*))对出口工业企业三废排放的诱因性均不显著。从联合检验结果看，FDI 流入量、工业制成品出口比例、R&D 投资比例和工业“三废”综合利用产值能同时 Granger

引起我国出口工业企业废气排放、二氧化硫排放和固体废料生成，这表明这四个因素能在很大程度上解释贸易污染排放的诱因机制。

表 4.12　　log(*waste*)方程的 Granger 因果检验结果

零假设	*Chi-sq*	自由度	*P* 值
log(*fdi*)不能 Granger 引起 log(*waste*1)	0.164 645	1	0.684 9
log(*struc*)不能 Granger 引起 log(*waste*1)	0.048 378	1	0.825 9
log(*tech*)不能 Granger 引起 log(*waste*1)	2.492 263	1	0.114 4
log(*effi*)不能 Granger 引起 log(*waste*1)	3.974 599	1	0.046 2
联合检验	14.035 58	4	0.007 2
log(*fdi*)不能 Granger 引起 log(*waste*2)	0.017 978	1	0.893 3
log(*struc*)不能 Granger 引起 log(*waste*2)	0.410 747	1	0.521 6
log(*tech*)不能 Granger 引起 log(*waste*2)	1.781 844	1	0.181 9
log(*effi*)不能 Granger 引起 log(*waste*2)	5.011 459	1	0.025 2
联合检验	17.674 59	4	0.001 4
log(*fdi*)不能 Granger 引起 log(*waste*3)	0.171 916	1	0.678 4
log(*struc*)不能 Granger 引起 log(*waste*3)	0.021 867	1	0.882 4
log(*tech*)不能 Granger 引起 log(*waste*3)	3.439 110	1	0.063 7
log(*effi*)不能 Granger 引起 log(*waste*3)	0.427 610	1	0.513 2
联合检验	10.710 16	4	0.03

资料来源：作者根据实际结果整理而得。

4.3.3　小结

FDI 的流入、工业制成品出口比例、R&D 投资比例和工业“三废”综合利用产值成为影响贸易污染排放的重要因素。出口工业企业废水排放、二氧化硫排放和固体废料生成与 FDI 流入和工业制成品出口比例正相关，与 R&D 投资比例和工业“三废”综合利用产值负相关。log(*waste*1)、log(*waste*2)、log(*waste*3)对 log(*fdi*)和 log(*tech*)的冲击响应均呈现先上升后下降趋势，而 log(*struc*)和 log(*effi*)对工业“三废”

排放的冲击响应则呈现先下降后上升的波动性，并由最初显著的负冲击逐步减弱或转为微弱正冲击。四个解释变量对出口工业企业废水排放和二氧化硫排放的贡献度排序较为一致，均为 $\log(tech) > \log(fdi) > \log(effi) > \log(struc)$，而对出口工业企业固体废料生成的方差分解中，$\log(effi)$的贡献度最低。Granger 检验结果表明，FDI 流入量、工业制成品出口比例、R&D 投资比例和工业“三废”综合利用产值能联合用于解释我国贸易污染排放的诱因机制。

第五章　中国出口隐含二氧化碳排放与进口碳福利研究

本章将通过国际贸易避免的国内二氧化碳排放定义为一国的"隐含碳福利"。在非竞争投入产出模型框架下，通过构建进出口隐含二氧化碳排放模型和改进的结构性分解模型，测算中国出口贸易隐含二氧化碳排放，并计算中国真实进口隐含碳福利，以探讨进口结构改革对中国贸易减排的作用机制。

5.1　贸易隐含二氧化碳排放测度理论

通过前文的文献整理我们发现，关于贸易隐含碳排放的成果比较集中，这为我们研究的深入拓展奠定了良好的理论基础。但现有研究还存在几个值得完善的方面：

第一，大多数学者将研究视角聚焦于出口或者净出口，强调通过技术进步、降低出口产品碳排放强度、调整出口结构等方法来实现贸易减排目标。这可能出于两个原因：一是出口是经济增长主要动力之一，直接关系到经济增长、国民收入、企业生存及居民收入，是一个显性指标；二是近年来在国际气候谈判中，发达国家常以中国经济的高速发展和资源浪费为由让中国政府承担更多的减排责任。从这点来说，学者以出口为研究视角佐证中国高碳排放源于世界工厂的地位，更加平等地参与国际气候谈判是一种基于政治立场的需要。然而，作为减排的另外一条线索——进口的抵减作用经常被忽视。

第二，在模型设置上，多数关于进口隐含碳的核算并没有考察进口品的用途问题，没有区分进口品中"用于国内使用部分"和"用于出口品生产的中间投入部分"对进口减排影响的差异。事实上，进口品占出口中间投入的比重越大，进口真实减排量被抵减的部分也就越大。若忽视此问题，将会大大高估进口节碳量。

鉴于此，本节模型由两部分组成：第一部分使用贸易真实隐含碳排放模型核算进出口贸易中隐含的二氧化碳排放；第二部分使用结构性分解模型分析影响贸易隐含二氧化碳排放变动的影响因素。

5.1.1　真实贸易隐含 CO_2 排放模型

真实贸易隐含 CO_2 排放模型是由出口隐含碳排放模型和进口真实环境福利模型两部分构成①，而进口真实环境福利模型则由进口隐含污染排放扣除用于出口生产的进口中间投入所隐含的污染排放所得。

出口隐含二氧化碳排放模型根据竞争型投入产出模型满足向量平衡：

$$A^D EX + F = EX$$

其中，A^D 为从直接消耗系数矩阵中分离出的国内中间投入系数矩阵，EX 为出口列向量，F 为最终需求。

该等式可变形为：

$$EX = (I - A^D)^{-1} F$$

其中 $(I-A^D)^{-1}$ 为国内中间投入逆矩阵。

基于此模型，中国出口隐含碳的排放为：

$$E^{ex} = \hat{E}(I - A^D)^{-1} EX \tag{5.1}$$

其中，EX 表示出口列向量，$\hat{E}$ 是中国各行业的二氧化碳直接排放系数对角阵，又称为二氧化碳排放强度对角阵，其对角线元素由各行业的二氧化碳排放量除以本行业总产出求得。

---

① 本研究所提到的"进口真实碳福利"是指真正用于本国最终消费以及作为中间投入品用于本国国内产品生产的进口品所节约的隐含碳排放。

在进口部分，我们采用非竞争型投入产出模型来衡量进口真实环境福利。目前大部分进口隐含碳及减排问题的研究普遍使用竞争型的投入—产出模型。根据“进口替代假说”①，将进口品隐含碳表示为：

$$E^{im1}=\hat{E}(I-A)^{-1}M \tag{5.2}$$

其中，M 是进口列向量，$\hat{E}$ 是中国各行业的二氧化碳直接排放系数对角阵。

该分析模型的一个严重缺陷就是无法精确分离出进口品中用于本国最终消费的部分和用于出口品生产的中间投入部分，也就无法确定一国进口真实碳福利。具体而言，进口品中的一部分流向了国内最终消费领域，而另一部分流向了本国的生产领域，成为各行业生产过程的中间投入品。其中，流向国内最终消费领域的部分直接增加了本国居民福利水平，这部分进口品中的隐含碳是本国通过进口而避免的二氧化碳排放；而流向本国生产领域的进口品包括生产国内最终消费品的中间投入和生产出口品的中间投入两部分。严格来说，用于出口品生产的进口品中间投入最终将流向国外，被国外居民和企业所使用，因而不能视为本国节约的二氧化碳排放。本节将这部分二氧化碳称为“出口品的进口中间投入隐含碳”，在考虑一国进口真实碳福利时需将其剔除在外。为此，本节运用非竞争型投入—产出模型，构建一个进口真实碳福利模型。

非竞争型投入—产出模型将中间投入分为国内中间投入和进口品中间投入，行方向上满足两组均衡方程式：

$$A^{D}X+F^{D}=X,A^{M}X+F^{M}=M \tag{5.3}$$

中国国家统计局的 I-O 表是基于竞争型投入—产出模型编制的，中间投入项中并没有区分国内投入和进口品投入。为了构建非竞争型投入—产出模型，采用“按比例进口假设”方法②，从直接消耗系数矩阵(A)中

① 进口避免了国内的生产，所以进口品的隐含碳以进口国的生产技术结构和碳排放强度来衡量。

② “按比例进口假设”是基于进口品采用与国内同样的技术条件进行生产，即：(1) 国民经济所有行业使用的第 i 个行业中间投入品中进口投入品的比例是一样的；(2)某行业中间产品中进口与国内生产的比例等于最终产品中进口与国内生产的比例。这是一个强假设，但考虑到数据基础问题，该计算方式仅作为一种近似估计。

分离出国内中间投入系数矩阵 A^D 和进口品中间投入系数矩阵 A^M。

令：$\theta_i = m_i/(x_i + m_i - ex_i)$，且 $\hat{\theta} = diag(\theta_i)$。

其中，x_i 是第 i 行业的总产量，m_i 是第 i 行业的进口总量，ex_i 是第 i 行业的出口总量，θ_i 表示第 i 行业单位国内总使用中对进口品的使用。

本节得到 $A^M = \hat{\theta}A = (a_{ij}^M)$，$A^D = A - A^M$，$a_{ij}^M$ 表示第 j 行业单位产品生产过程中直接消耗的第 i 行业进口品的数值。基于上述非竞争型投入—产出模型，本节综合考虑出口品生产过程中对进口品的直接消耗和间接消耗。直接消耗是出口品生产过程中直接消耗的进口原料、能源等；间接消耗是出口品生产中用作原料的国内产品生产中所消耗的进口产品。综合考虑直接消耗和间接消耗两部分，出口品对进口品的完全消耗为 $A^M(I-A^D)^{-1}EX$，则用于出口品生产的进口品隐含碳为：

$$E^{im2} = \hat{E}(I-A^D)^{-1}A^M(I-A^D)^{-1}EX \tag{5.4}$$

其中，EX 为出口列向量。根据前文进口品隐含碳公式 $E^{im1} = \hat{E}(I-A)^{-1}M$，中国通过进口而真正避免的国内二氧化碳排放即进口真实碳福利为：

$$E^{im} = E^{im1} - E^{im2} = \hat{E}(I-A^D)^{-1}[M - A^M(I-A^D)^{-1}EX] \tag{5.5}$$

5.1.2 结构性分解模型

本节采用极分解平均法对进出口隐含二氧化碳排放、出口品的进口中间投入隐含二氧化碳排放及进口真实隐含二氧化碳排放进行结构性分解。

(1)出口隐含二氧化碳排放结构性分解模型

对于出口隐含二氧化碳排放，基期(t_0)至考察期(t_1)的真实变动额为：

$\Delta E^{ex} = E_{t1}^{ex} - E_{t0}^{ex}$

令 $ex_i^S = ex_i / \sum_{i=1}^{n} ex_i$，$x_i$ 为第 i 行业出口额，则 $EX^S = [ex_1^S, ex_2^S, \cdots, ex_n^S]'$ 为出口结构列向量，$EX^T = \sum_{i=1}^{n} ex_i$ 为出口规模。出

口隐含污染物的变动额可以表示为：

$$\Delta E^{ex}=\hat{E}_{t1}(I-A^{D}{}_{t1})^{-1}EX_{t1}^{S}EX_{t1}^{T}-\hat{E}_{t0}(I-A^{D}{}_{t0})^{-1}EX_{t0}^{S}EX_{t0}^{T} \quad (5.6)$$

这样，出口隐含污染物变动的影响因素可以分解为二氧化碳排放强度效应 $f(\Delta\hat{E})^{ex}$、技术结构效应 $f(\Delta(I-A^{D})^{-1})^{ex}$、出口结构效应 $f(\Delta EX^{S})^{ex}$ 和出口规模效应 $f(\Delta EX^{T})^{ex}$，即：

$$\Delta E^{im1}=f(\Delta\hat{E})^{ex}+f(\Delta(I-A^{D})^{-1})^{ex}+f(\Delta EX^{S})^{ex}+f(\Delta EX^{T})^{ex}$$

表 5.1　　出口隐含二氧化碳排放的结构性分解

分解模型	$\Delta E^{im1}=f(\Delta\hat{E})^{ex}+f(\Delta(I-A^{D})^{-1})^{ex}+f(\Delta EX^{S})^{ex}+f(\Delta EX^{T})^{ex}$
二氧化碳排放强度效应 $f(\Delta\hat{E})^{ex}$	$f(\Delta\hat{E})^{ex}=1/2\Delta\hat{E}[(I-A^{D}{}_{t0})^{-1}EX_{t0}^{S}EX_{t0}^{T}+(I-A^{D}{}_{t1})^{-1}EX_{t1}^{S}EX_{t1}^{T}]$
技术结构总效应 $f(\Delta(I-A^{D})^{-1})^{ex}$	$f(\Delta(I-A^{D})^{-1})^{ex}=1/2\Delta(I-A^{D})^{-1}(\hat{E}_{t_1}EX_{t_0}^{S}EX_{t_0}^{T}+\hat{E}_{t_0}EX_{t_1}^{S}EX_{t_1}^{T})$
出口结构效应 $f(\Delta EX^{S})^{ex}$	$f(\Delta EX^{S})=1/2\Delta EX^{S}[\hat{E}_{t_1}(I-A_{t_1}^{D})^{-1}EX_{t_0}^{T}+\hat{E}_{t_0}(I-A_{t_0}^{D})^{-1}EX_{t_1}^{T}]$
出口规模总效应 $f(\Delta EX^{T})^{ex}$	$f(\Delta EX^{T})=1/2\Delta EX^{T}[\hat{E}_{t_1}(I-A_{t_1}^{D})^{-1}EX_{t_1}^{S}+\hat{E}_{t_0}(I-A_{t_0}^{D})^{-1}EX_{t_0}^{S}]$

(2)进口真实碳福利的结构性分解模型

基期(t_0)至考察期(t_1)的中国进口真实碳福利变动额为：

$$\Delta E^{im}=(E_{t_1}^{im1}-E_{t_1}^{im2})-(E_{t_0}^{im1}-E_{t_0}^{im2}) \quad (5.7)$$

为了进一步分析基期至考察期影响进口真实碳福利变动的因素，本节将其变动额拆分为进口隐含碳的变动(ΔE^{im1})和出口品的进口中间投入隐含碳变动(ΔE^{im2})，并且分别对 ΔE^{im1} 和 ΔE^{im2} 进行结构性分解：

$$\Delta E^{im}=(E_{t_1}^{im1}-E_{t_0}^{im1})-(E_{t_1}^{im2}-E_{t_0}^{im2})=\Delta E^{im1}-\Delta E^{im2} \quad (5.8)$$

首先，对进口隐含碳的变动进行基于极分解平均法的结构性分解①。

令 $m_i^S=m_i/\sum m_i$，m_i 为第 i 行业进口额，则 $M^S=[m_1^S,m_2^S,\cdots,m_n^S]'$ 为进口结构列向量，$M^T=\sum_{i=1}^{n}m_i$ 为进口规模。进口隐含碳的变动额

① 目前结构性分解主要有四类方法，其中“极分解平均法”从数学形式上看不仅符合直觉，而且不同因素间的权重具有可比性，避免了其他分解法可能导致的结构分解结果不唯一、交叉项难以理解等问题，因此为目前国际研究隐含碳分解问题的主流方法。

可以表示为：

$$\Delta E^{im1}=\hat{E}_{t_1}(I-A_{t_1}^D)^{-1}M_{t_1}^S M_{t_1}^T-\hat{E}_{t_0}(I-A_{t_0}^D)^{-1}M_{t_0}^S M_{t_0}^T \quad (5.9)$$

这样，进口隐含碳变动的影响因素可以分解为二氧化碳排放强度效应 $f(\Delta\hat{E})^{im1}$、技术结构效应 $f(\Delta(I-A^D)^{-1})^{im1}$、进口结构效应 $f(\Delta M^S)^{im1}$ 和进口规模效应 $f(\Delta M^T)^{im1}$，即 $\Delta E^{im1}=f(\Delta\hat{E})^{im1}+f(\Delta(I-A^D)^{-1})^{im1}+f(\Delta M^S)^{im1}+f(\Delta M^T)^{im1}$。这四种效应用矩阵表达为表 5.2。

表 5.2　　进口隐含二氧化碳的影响因素分解

分解模型	$\Delta E^{im1}=f(\Delta\hat{E})^{im1}+f(\Delta(I-A^D)^{-1})^{im1}+f(\Delta M^S)^{im1}+f(\Delta M^T)^{im1}$
二氧化碳排放强度效应 $f(\Delta\hat{E})^{im1}$	$f(\Delta\hat{E})^{im1}=\frac{1}{2}\Delta\hat{E}\,[(I-A_{t_0}^D)^{-1}M_{t_0}^S M_{t_0}^T+(I-A_{t_1}^D)^{-1}M_{t_1}^S M_{t_1}^T]$
技术结构效应 $f(\Delta(I-A^D)^{-1})^{im1}$	$f(\Delta(I-A^D)^{-1})^{im1}=\frac{1}{2}\Delta(I-A^D)^{-1}(\hat{E}_{t_1}M_{t_0}^S M_{t_0}^T+\hat{E}_{t_0}M_{t_1}^S M_{t_1}^T)$
进口结构效应 $f(\Delta M^S)^{im1}$	$f(\Delta M^S)^{im1}=\frac{1}{2}\Delta M^S\,[\hat{E}_{t_1}(I-A_{t_1}^D)^{-1}M_{t_0}^T+\hat{E}_{t_0}(I-A_{t_0}^D)^{-1}M_{t_1}^T]$
进口规模效应 $f(\Delta M^T)^{im1}$	$f(\Delta M^T)^{im1}=\frac{1}{2}\Delta M^T\,[\hat{E}_{t_1}(I-A_{t_1}^D)^{-1}M_{t_1}^S+\hat{E}_{t_0}(I-A_{t_0}^D)^{-1}M_{t_0}^S]$

其次，对出口品的进口中间投入隐含二氧化碳变动进行结构性分解。

令 $ex_i^S=ex_i/\sum ex_i$，ex_i 为第 i 行业出口额，$EX^S=[ex_1^S, ex_2^S, \cdots, ex_n^S]'$ 为出口结构列向量，$EX^T=\sum_{i=1}^{n}ex_i$ 为出口规模。这样，出口品的进口中间投入隐含二氧化碳变动额为：

$$\begin{aligned}\Delta E^{im2}=&\hat{E}_{t_1}(I-A_{t_1}^D)^{-1}A_{t_1}^M(I-A_{t_1}^D)^{-1}EX_{t_1}^S EX_{t_1}^T\\&-\hat{E}_{t_0}(I-A_{t_0}^D)^{-1}A_{t_0}^M(I-A_{t_0}^D)^{-1}EX_{t_0}^S EX_{t_0}^T\end{aligned} \quad (5.10)$$

影响上述变动额的因素可以分解为二氧化碳排放强度效应 $f(\Delta\hat{E})^{im2}$、技术结构效应 $f(\Delta(I-A^D)^{-1})^{im2}$、进口品中间投入效应 $f(\Delta A^M)$、出口结构效应 $f(\Delta EX^S)^{im2}$ 和出口规模效应 $f(\Delta EX^T)^{im2}$，即：

$$\begin{aligned}\Delta E^{im2}=&f(\Delta\hat{E})^{im2}+f(\Delta(I-A^D)^{-1})^{im2}+f(\Delta A^M)^{im2}\\&+f(\Delta EX^S)^{im2}+f(\Delta EX^T)^{im2}\end{aligned}$$

表 5.3　　出口品中用于中间投入的进口品的隐含碳影响因素分解

分解模型	$\Delta E^{im2}=f(\Delta\hat{E})^{im2}+f(\Delta(I-A^{D})^{-1})^{im2}+f(\Delta A^{M})^{im2}+f(\Delta EX^{S})^{im2}+f(\Delta EX^{T})^{im2}$
二氧化碳排放强度效应 $f(\Delta\hat{E})^{im2}$	$f(\Delta\hat{E})^{im2}=\frac{1}{2}\Delta\hat{E}\begin{bmatrix}({}_{I}^{-}A_{t_0}^{M}({}_{I}^{-}EX_{t_0}^{S}EX_{t_0}^{T}\\+({}_{I}^{-}A_{t_1}^{M}({}_{I}^{-}EX_{t_1}^{S}EX_{t_1}^{T}\end{bmatrix}$
技术结构效应 $f(\Delta(I-A^{D})^{-1})^{im2}$	$f(\Delta(I-A^{D})^{-1})^{im2}=f(\Delta(I-A^{D})^{-1})_{1}^{im2}+f(\Delta(I-A^{D})^{-1})_{2}^{im2}$
	$f(\Delta(I-A^{D})^{-1})_{1}^{im2}=\frac{1}{2}\Delta(I-A^{D})^{-1}\begin{bmatrix}\hat{E}_{t_1}A_{t_0}^{M}({}_{I}^{-}EX_{t_0}^{S}EX_{t_0}^{T}\\+\hat{E}_{t_0}A_{t_1}^{M}({}_{I}^{-}EX_{t_1}^{S}EX_{t_1}^{T}\end{bmatrix}$
	$f(\Delta(I-A^{D})^{-1})_{2}^{im2}=\frac{1}{2}\Delta(I-A^{D})^{-1}\begin{bmatrix}\hat{E}_{t_1}({}_{I}^{-}A_{t_1}^{M}EX_{t_0}^{S}EX_{t_0}^{T}\\+\hat{E}_{t_0}({}_{I}^{-}A_{t_0}^{M}EX_{t_1}^{S}EX_{t_1}^{T}\end{bmatrix}$
进口中间投入效应 $f(\Delta A^{M})$	$f(\Delta A^{M})=\frac{1}{2}\Delta A^{M}\begin{bmatrix}\hat{E}_{t_1}({}_{I}^{-}({}_{I}^{-}EX_{t_0}^{S}EX_{t_0}^{T}\\+\hat{E}_{t_0}({}_{I}^{-}({}_{I}^{-}EX_{t_1}^{S}EX_{t_1}^{T}\end{bmatrix}$
出口结构效应 $f(\Delta EX^{S})^{im2}$	$f(\Delta EX^{S})^{im2}=\frac{1}{2}\Delta EX^{S}\begin{bmatrix}\hat{E}_{t_1}({}_{I}^{-}A_{t_1}^{M}({}_{I}^{-}EX_{t_0}^{T}\\+\hat{E}_{t_0}({}_{I}^{-}A_{t_0}^{D}({}_{I}^{-}EX_{t_1}^{T}\end{bmatrix}$
出口规模效应 $f(\Delta EX^{T})^{im2}$	$f(\Delta EX^{T})^{im2}=\frac{1}{2}\Delta EX^{T}\begin{bmatrix}\hat{E}_{t_1}({}_{I}^{-}A_{t_1}^{M}({}_{I}^{-}EX_{t_1}^{S}\\+\hat{E}_{t_0}({}_{I}^{-}A_{t_0}^{D}({}_{I}^{-}EX_{t_0}^{S}\end{bmatrix}$

在分别考虑进口隐含碳变动和出口品的进口中间投入隐含碳变动的影响因素后，本节进一步分析进口真实碳福利的影响因素。具体步骤为：

①将进口隐含碳和出口品的进口中间投入隐含碳的二氧化碳排放强度效应相减，合并为二氧化碳排放强度总效应；

②将进口隐含碳和出口品的进口中间投入隐含碳的技术结构效应相减，合并为技术结构总效应；

③考虑到出口品的进口中间投入隐含碳是进口减排效应的抵减项，故保留进口品中间投入效应同时改变符号，重新命名为进口品中间投入总效应；

④将进口隐含碳的进口结构效应和出口品中进口隐含碳的出口结构效应相减，得到贸易结构总效应；

⑤将进口隐含碳的进口规模效应和出口品的进口中间投入隐含碳的出口规模效应相减，得到贸易规模总效应。

最终，进口真实碳福利分解为：

$$
\begin{aligned}
\Delta E^{im} &= \Delta E^{im1} - \Delta E^{im2} \\
&= [f(\Delta\hat{E})_1 - f(\Delta\hat{E})_2] \\
&\quad + [f(\Delta(I-A^D)^{-1})_1 - f(\Delta(I-A^D)^{-1})_2] \\
&\quad + [-f(\Delta A^M)_2] + [f(\Delta M^S)_1 - f(\Delta EX^S)_2] \\
&\quad + [f(\Delta M^T)_1 - f(\Delta EX^T)_2]
\end{aligned}
\tag{5.11}
$$

其中，二氧化碳排放强度总效应为 $[f(\Delta\hat{E})_1 - f(\Delta\hat{E})_2]$，技术结构总效应为 $[f(\Delta(I-A^D)^{-1})_1 - f(\Delta(I-A^D)^{-1})_2]$，进口品中间投入总效应为 $[-f(\Delta A^M)_2]$，贸易结构总效应为 $[f(\Delta M^S)_1 - f(\Delta EX^S)_2]$，贸易规模总效应为 $[f(\Delta M^T)_1 - f(\Delta EX^T)_2]$。

5.2 中国出口隐含二氧化碳排放及结构性分解

5.2.1 数据处理及统计性描述

本节所需要的数据主要来自中国投入—产出表、《中国能源统计年鉴》以及 IPCC 提供的各种能源净发热值和二氧化碳排放因子。

中国的列昂惕夫逆矩阵及进口中间投入系数矩阵是根据中国国家统计局提供的 I—O 表行业数据间接计算得到的。中国 I—O 表将行业分为 42 个，而能源消耗表将行业分为 44 个，且两张表的行业分类并不一致，因此在计算中国进口真实碳福利之前需将行业合并以做统一。本节将中国各行业合并为 27 个行业，分别为：农业、石油和天然气开采业、煤炭开采和洗选业、金属矿采选业、非金属矿采选业、食品及烟草制造、纺织业、服装及皮革羽绒制造、木材及家具制造业、造纸印刷与文教体育用品、石油炼焦及核燃料加工业、化学工业、非金属矿物制品业、金属冶炼及压延加工业、金属制品业、交通运输设备制造业、电气机械及器材制造业、通信设备计算机及其他电子设备制造业、其他制造业、废弃资源和废旧材料回收加工业、电力热力的生产和供应业、燃气生产和供应业、水的生产和供应业、建筑业、交通运输仓储和邮政业、批发零售业和住宿餐饮业、其他行业。

《中国能源统计年鉴》提供了分行业的原油、汽油、煤油、柴油、燃料油、煤炭、焦炭和天然气 8 种分类能源的消耗量。各种能源的二氧化碳排放系数参考了 IPCC 推荐的净发热值、二氧化碳排放因子,并经过计算得到。设定第 K 种能源的二氧化碳排放系数为 β_k,则有:

$$\beta_k = NCV_k \times CC_k \times COF_k \times (44/12), k=1,2,3,\cdots$$

其中,NCV_k 是净发热值(平均低位发热量),单位为 TJ/Gg;CC_k 是二氧化碳排放因子,单位为 Kg/TJ;44 和 12 分别为二氧化碳和碳的分子量;二氧化碳排放因子由碳排放因子 $CC_k \times 44/12$ 得到;COF_k 是碳氧化因子,IPCC 取缺省值 1。中国 8 种能源的 CO_2 排放系数见表 5.4。在表 5.4 中,汽油(车用汽油、航空汽油)、煤油(喷气机煤油、其他煤油)、煤炭(无烟煤、炼焦煤、其他沥青煤、褐煤、棕色煤压块)分别采用小类平均值法确定数值。根据 IPCC 提供的净发热值、二氧化碳排放因子计算的天然气 CO_2 排放系数为 2.69,而中国的能源数据给出的天然气单位为体积量。因此,我们用 0℃及 101 325kPa(1 个大气压)条件下的天然气密度 0.717 4Kg/m^3,将天然气的使用体积量转化为质量单位。

表 5.4　IPCC 分类能源净发热值、CO_2 排放因子及 CO_2 排放系数

能源种类	净发热值(TJ/Gg)	CO_2 排放因子(Kg/TJ)	CO_2 排放系数
原油 Crude Oil	42.3	73300	3.10
汽油 Gasoline	44.3	70000	3.10
煤油 Kerosene	43.95	71700	3.15
柴油 Diesel Oil	43	74100	3.19
燃料油 Residual Fuel Oil	40.4	77400	3.13
煤炭 Coal	21.28	97200	2.07

续表

能源种类	净发热值(TJ/Gg)	CO_2 排放因子(Kg/TJ)	CO_2 排放系数
焦炭 Coke	28.2	107000	3.02
天然气 Natural Gas	48	56100	2.69

注：净发热值×CO_2 排放因子×10^{-6}＝CO_2 排放系数。

资料来源：根据《中国能源统计年鉴》、IPCC《2006 年温室气体清单指南目录》计算而得。

根据 IPCC 推荐的净发热值、二氧化碳排放因子，可以计算得出各种能源的二氧化碳排放系数。经计算，排放总量最高的行业为石油加工、炼焦及核燃料加工业、电热生产供应业、非金属矿物制品业、金属冶炼及压延加工业；其次是化学工业、非金属矿采选业、金属矿采选业、交通运输仓储业、煤炭开采和洗选业；排放总量较低的行业包括通信计算机及其他电子设备制造业、电气机械及器材制造业；排放总量最低的则为废弃资源和废旧材料回收加工业、水的生产和供应业。与排放总量相比，27 个行业的排放强度与排放总量排序大致相同，仅个别行业差异较大，如燃气生产和供应业，该行业的排放总量处于中等排放水平，其排放密度却在所有行业中处于第四位。

就表 5.5 来看，2005—2010 年大多数行业的二氧化碳排放量呈上升趋势，而排放强度呈下降趋势，这与中国在此期间实施的产业结构调整和环境保护政策密切相关。但个别行业的变化情况与总体趋势有出入：

首先，非金属矿采选业在此期间的排放强度下降速度极为显著，二氧化碳排放总量先上升后下降，2010 年的排放总量与 2005 年相比基本持平，排放效率的提高直接抑制了行业总排放。与非金属矿采选业相比，纺织业、服装及皮革羽绒制造、燃气生产和供应业也存在类似的情况。

表 5.5　　　　中国 27 个行业 CO_2 排放总量和 CO_2 排放强度

行业	CO_2 排放量(千亿吨)			CO_2 排放强度(吨/万元)		
	2005 年	2007 年	2010 年	2005 年	2007 年	2010 年
农业	0.792 3	0.774 2	0.806 6	0.200 8	0.158 3	0.116 4

续表

行业	CO_2 排放量(千亿吨)			CO_2 排放强度(吨/万元)		
	2005 年	2007 年	2010 年	2005 年	2007 年	2010 年
石油和天然气开采业	0.737 0	0.700 3	0.766 7	1.011 5	0.726 0	0.656 8
煤炭开采和洗选业	3.061 2	3.707 6	4.854 8	5.351 2	3.888 4	2.407 4
金属矿采选业	0.100 8	0.113 4	9.709 6	0.311 7	0.184 4	0.123 6
非金属矿采选业	0.163 3	0.171 0	0.161 6	0.717 9	0.444 0	0.299 8
食品及烟草制造	0.753 6	0.809 3	0.863 0	0.287 5	0.193 7	0.128 0
纺织业	0.563 2	0.627 9	0.576 0	0.356 0	0.249 2	0.176 6
服装及皮革羽绒制造	0.095 8	0.104 0	0.092 9	0.078 4	0.057 6	0.038 5
木材及家具制造业	0.108 1	0.113 3	0.115 0	0.180 8	0.103 0	0.076 4
造纸印刷文教体育用品	0.759 3	0.840 6	0.938 9	0.699 7	0.562 9	0.451 5
石油炼焦及核燃料加工业	12.353 8	14.781 2	18.586 0	9.948 4	7.013 8	6.164 8
化学工业	4.935 1	5.465 8	5.634 6	1.223 4	0.881 6	0.604 2
非金属矿物制品业	4.502 1	4.619 3	5.277 2	2.829 0	2.025 6	1.317 2
金属冶炼及压延加工业	11.661 9	13.055 6	16.239 3	3.710 2	2.136 9	1.978 4
金属制品业	0.122 9	0.130 3	0.130 9	0.116 6	0.073 6	0.053 4
交通运输设备制造业	0.256 5	0.273 4	0.310 3	0.145 2	0.082 9	0.052 9
电气机械及器材制造业	0.069 9	0.073 2	0.106 3	0.042 4	0.027 0	0.023 2
通信计算机及其他电子设备制造业	0.069 0	0.073 0	0.084 7	0.024 5	0.017 7	0.015 0
其他制造业	0.548 7	0.593 8	0.671 8	0.168 7	0.117 5	0.077 2
废弃资源和废旧材料回收加工业	0.002 9	0.003 0	0.008 0	0.009 3	0.004 6	0.018 6
电力、热力的生产和供应业	22.514 5	28.067 1	31.712 8	11.092 2	8.914 2	7.248 9
燃气生产和供应业	0.312 8	0.350 8	0.307 0	4.324 8	3.164 9	1.369 8
水的生产和供应业	0.009 8	0.010 1	0.017 1	0.101 3	0.085 9	0.098 1
建筑业	0.314 3	0.339 9	0.406 5	0.078 7	0.054 2	0.039 7
交通运输、仓储和邮政业	3.605 7	4.299 6	5.014 9	1.435 8	1.325 8	1.017 9
批发、零售业和住宿、餐饮业	0.473 4	0.533 7	0.590 1	0.154 9	0.122 3	0.091 2
其他行业	0.985 3	1.141 8	1.254 3	0.112 6	0.100 0	0.066 7

其次，与其他行业的排放强度逐年下降趋势不同，废弃资源和废旧材料回收加工业的二氧化碳排放强度逐年上升，2010 年的二氧化碳排放强度是 2005 年的两倍。这说明了两个问题：一是随着中国经济规模和收入水平的不断提高，生产性废料和生活性废料的数量日益上升。根据 2001 年、2007 年发布的国家环境保护“十五”“十一五”规划，市场化机制开始

进入工业"三废"、城市污水及垃圾处理等多个领域，废弃源和废旧材料回收加工业的规模不断扩大。"十一五"期间完成了 31 个省级危险废物集中处置中心、300 个设区市的医疗废物集中处置中心建设任务①。在国家政策支持下不断扩大的行业规模直接增加了该行业二氧化碳排放量。二是与逐年增长的行业规模相比，废弃资源和废旧材料回收加工业的技术进步率还不足以弥补增长的规模效应。这两个因素同时导致了环境修复部门二氧化碳排放强度上升，从侧面反映了虽然国家产业政策向环境友好型倾斜，但也提醒我们关注环境修复部门在未来成为中国主要耗能产业之一的可能。

5.2.2　中国出口二氧化碳排放测算

(1)总量分析

中国 2005—2010 年的行业二氧化碳排放总量由 69 873.27 亿吨上升至 95 668.13 亿吨，且一直处于上升趋势。出口隐含碳虽然从 2005 年的 24.26 亿吨增长到 2010 年的 26.01 亿吨，但整体趋势呈现为先上升后下降，这与我国 2007 年前后各行业的关联度及国内生产技术的改进有关。2005—2010 年行业二氧化碳排放总量增幅为 36.92%，而出口隐含碳的增幅仅为 7.24%，表明中国外贸部门生产技术的提高和贸易节能减排等相关政策有效抑制了出口隐含碳的增长。

表 5.6　出口隐含碳估算的行业合计　单位：亿吨

总量指标	2005 年	2007 年	2010 年
出口隐含碳	24.2570	27.5609	26.0130
行业二氧化碳排放总量	69873.2689	81773.2200	95668.1264

资料来源：根据 MATLAB 计算而得。

(2)行业分析

2005—2010 年出口隐含二氧化碳排放最多的七个行业与全国二氧

① http://www.gov.cn/zwgk/2007-11/26/content_815498.htm.

化碳排放总量的前七位行业完全一致，分别是：电力、热力的生产和供应业、金属冶炼及压延加工业、石油加工、炼焦及核燃料加工业、化学工业、煤炭开采和洗选业、交通运输及仓储邮政业和非金属矿物制品业。而出口隐含碳占该行业二氧化碳排放总量比重最多的七个行业除了化学工业属于高耗能行业，其他多集中在纺织业、服装皮革及羽绒制造业、木材加工及家具制造业、金属制品业、电气、机械制造业和通信设备及其他电子设备制造业。这与我国这段时间的出口贸易比例有关，2005—2010 年我国出口贸易多以劳动密集型和新型加工品制造业为主，以上六个出口隐含二氧化碳排放占比最高的行业 2010 年的出口贸易额占总出口额的 48.57%(见表 5.7)。

表 5.7　　中国各行业出口二氧化碳排放效应　　单位：亿吨

行业	2005 年		2007 年		2010 年	
	出口隐含碳总量	全国二氧化碳排放总量	出口隐含碳总量	全国二氧化碳排放总量	出口隐含碳总量	全国二氧化碳排放总量
农业	0.141 0	792.337 4	0.151 0	774.167 3	0.142 7	806.589 1
石油和天然气开采业	0.208 5	737.044 3	0.250 8	700.272 1	0.226 7	766.664 6
煤炭开采和洗选业	1.572 8	3 061.152 7	1.300 2	3 707.570 8	1.339 7	4 854.788 0
金属矿采选业	0.034 8	100.766 5	0.044 9	113.376 9	0.042 0	140.969 6
非金属矿采选业	0.056 3	163.298 9	0.045 2	171.011 6	0.036 9	161.606 8
食品制造及烟草加工业	0.120 9	753.615 3	0.131 1	809.280 3	0.115 0	863.007 5
纺织业	0.370 5	563.239 4	0.449 7	627.877 3	0.349 8	576.029 8
服装皮革羽绒及其制品业	0.045 8	95.758 1	0.045 9	104.012 4	0.032 4	92.901 7
木材加工及家具制造业	0.049 4	108.143 3	0.047 3	113.290 7	0.040 5	114.971 6
造纸印刷及文教用品制造	0.320 2	759.347 9	0.345 1	840.609 4	0.304 8	938.871 7
石油、炼焦及核燃料加工	4.101 9	12 353.765	5.133 8	14 781.191	5.197 2	18 585.961
化学工业	2.167 3	4 935.144 0	2.379 4	5 465.775 2	2.068 6	5 634.640 8
非金属矿物制品业	0.950 5	4 502.127 6	0.857 0	4 619.312 3	0.807 4	5 277.206 4
金属冶炼及压延加工业	4.763 8	11 661.925	5.156 2	13 055.643	4.854 8	16 239.289
金属制品业	0.063 6	122.873 3	0.058 7	130.295 6	0.047 5	130.891 4
交通运输设备制造业	0.060 6	256.475 4	0.062 8	273.440 0	0.056 2	310.296 8

续表

行业	2005年		2007年		2010年	
	出口隐含碳总量	全国二氧化碳排放总量	出口隐含碳总量	全国二氧化碳排放总量	出口隐含碳总量	全国二氧化碳排放总量
电气、机械及器材制造业	0.032 3	69.871 4	0.030 7	73.239 0	0.035 7	106.347 2
通信设备计算机及电子设备制造	0.051 6	69.042 1	0.056 2	73.041 3	0.056 2	84.651 1
其他制造业(合并)	0.203 3	548.710 5	0.215 5	593.822 1	0.197 5	671.802 7
废弃资源和废旧材料回收加工业	0.000 7	2.911 6	0.000 9	3.018 8	0.000 4	8.042 3
电力、热力的生产和供应业	7.403 7	22 514.463	9.050 9	28 067.114	8.448 8	31 712.766
燃气生产和供应业	0.046 5	312.791 0	0.079 0	350.760 6	0.046 7	306.979 7
水的生产和供应业	0.002 4	9.772 8	0.002 4	10.121 3	0.002 1	17.084 9
建筑业	0.005 2	314.275 4	0.003 8	339.883 3	0.005 5	406.453 5
交通运输及仓储、邮政	1.192 9	3 605.735 8	1.358 0	4 299.602 7	1.262 5	5 014.860 0
批发零售住宿餐饮	0.152 2	473.369 7	0.137 3	533.732 3	0.145 1	590.126 2
其他行业(合并)	0.138 1	985.312 4	0.167 2	1 141.758 6	0.150 5	1 254.326 9

资料来源:根据MATLAB计算而得。

分析行业占总出口隐含二氧化碳排放的贡献率,可以发现以下事实:

第一,出口隐含二氧化碳排放贡献率高的行业也是行业二氧化碳排放总量较高的行业,而与出口贸易额没有明显的相关关系。这说明二氧化碳的排放强度在各行业间的差异对出口隐含二氧化碳排放的影响程度明显大于出口贸易额对隐含二氧化碳排放的影响。

第二,出口隐含二氧化碳排放贡献率最高的五个行业占比显著,全都是高耗能的行业。具体来说,2005—2010年出口隐含二氧化碳排放贡献率最高的五个行业为:煤炭开采及洗选业,石油加工、炼焦及核燃料加工业,化学工业,金属冶炼及压延加工业,电力、热力生产供应业。这五个行业的隐含二氧化碳排放贡献率由2005年的82.49%增长至2010年的84.22%,说明这些高耗能的行业在加工技术上仍有很大的提升空间,我国的能源结构有待进一步的调整(见图5.1)。

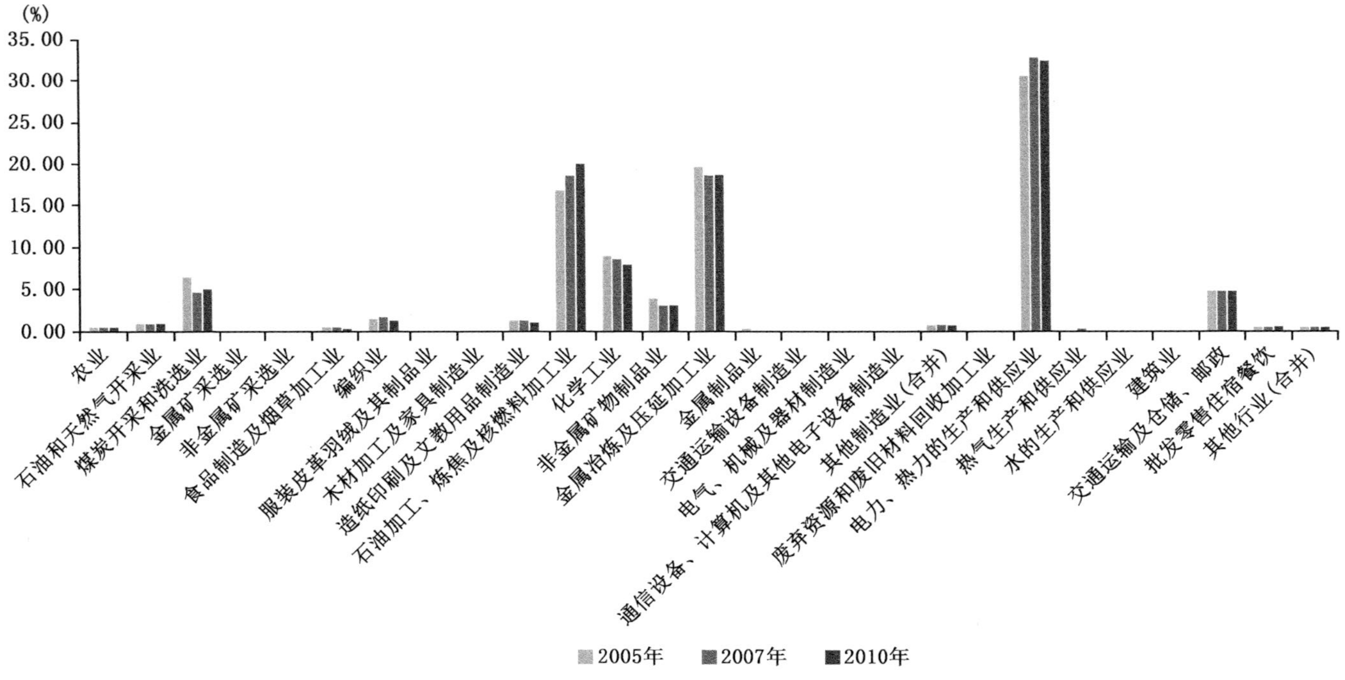

图5.1 中国出口二氧化碳排放的行业贡献率(%)

5.2.3　中国出口二氧化碳排放结构性分解

(1)结构性分解结果描述

通过对中国出口隐含二氧化碳排放结构性进行分解，发现：2005—2010 年出口隐含碳排放的二氧化碳排放强度效应都为负值，直接使中国出口隐含二氧化碳排放下降 14.56 亿吨。这反映出中国的节能减排和结构调整政策产生了积极成效，国内全行业的二氧化碳排放强度在普遍下降。与此相反，更加紧密的行业间生产技术联系、逐步增加的各行业完全需要、不断优化的贸易结构和继续扩大的出口规模导致了技术结构效应、出口结构效应和出口规模效应为正，分别增加 3.51 亿吨、0.08 亿吨和 12.73 亿吨二氧化碳排放。其中，贸易规模效应对中国出口隐含二氧化碳排放的推动作用最大，占三个正效应的 78%，出口结构效应对隐含二氧化碳排放的影响效应最弱(见表 5.8)。

表 5.8　　中国出口隐含二氧化碳排放结构性分解　　单位：亿吨

年限	2005—2007	2007—2010	2005—2010
CO_2 排放强度效应	−8.782 8	−5.795 6	−14.562 5
技术结构效应	2.315 2	0.917 2	3.505 6
出口结构效应	1.081 5	−0.933 2	0.079 5
出口规模效应	8.690 0	4.263 7	12.733 5
合计	3.303 9	−1.547 9	1.756 0

(2)变化趋势分析

通过观察 2005—2007 年和 2007—2010 年两个时间段，发现中国出口隐含二氧化碳在 2005—2007 年增加排放 3.3 亿吨，但是之后至 2010 年反向降低−1.55 亿吨。导致这种“倒 U 型”排放特点的主要原因在于技术结构效应、出口结构效应和出口规模效应在增加二氧化碳排放方面的作用不断削弱。其中，技术结构效应在增加出口隐含二氧化碳排放方面下降 60%，出口规模效应下降 51%，而出口结构效应的正向推动力迅速降低，从增加 1.08 亿吨的二氧化碳排放转为减少 0.93 亿吨的二氧化碳排放。这说明 2007 年之后中国出口结构调整的优势在逐步显现。通过积极调整出口结构，减少了高能耗行业的出口比重，与不断下降的二氧化碳排放强度效应一起，共同成为控制中国出口隐含二氧化碳排放的重要因素。在二氧化碳排放强度效应方面，2007—2010 年二氧化碳排放强度效应减少的出口隐含二氧化碳排放与 2005—2007 年相比下降 2.98 亿吨，这反映出随着能源结构调整、生产工艺改进以及产业结构加速升级带来的碳排放强度下降趋势已形成，下降速度却逐渐放缓。

(3)行业结构分析

第一，各行业的二氧化碳排放效应、技术结构效应和贸易规模效应与相应总效应的变动方向保持一致，只有贸易结构效应在 2005—2010 年出现(－52%)的行业贡献率，化学工业、金属冶炼和压延加工业及电力、热力的生产供应业直接决定了行业总体的贸易结构效应变动方向。

第二，对比 2005—2007 年、2007—2010 年两个时间段，有 17 个行业的二氧化碳排放强度效应行业贡献率呈上升趋势，增幅最大的为交通运输及仓储邮政业、燃气的生产供应业和其他行业(合并)。二氧化碳排放强度效应的行业贡献率上升的原因主要源于两个方面：一是该行业的二氧化碳排放强度下降速度快、幅度大，并高于行业平均水平；二是全行业进口品对该行业的完全需要不断上升。这一定程度上意味着中国能源结构调整政策开始从重点、基础行业向全行业全面深入。与此相反，石油炼焦及核燃料加工业、金属冶炼及压延加工业、石油和天然气开采业等行业的二氧化碳排放强度效应贡献率有较大幅度的下降，分别降低 39.7%、79.9%和 53.9%。

第三，技术结构效应贡献率的行业差异性更为显著，全行业中仅有 7 个行业的技术结构效应贡献率上升，其余 20 个行业均下降。上升幅度最大的是煤炭开采和洗选业，这主要是因为其他行业的单位产出对该行业的完全需要增加；下降幅度最大的为批发零售住宿餐饮业和废品废料回收加工业，与这段时间我国这两个行业的行业规范和技术进步有关。

第四，贸易结构效应和贸易规模效应的行业贡献率变化幅度较小，仅有 3 个行业的贸易结构效应贡献率和 7 个行业的贸易规模效应贡献率出现小幅上升。

5.3 中国进口真实碳福利及减排空间

5.3.1 中国进口真实碳福利测算

(1)总量分析

前文我们将通过国际贸易而避免的国内污染排放看作一国的“隐含碳福利”，本部分将对中国 2005 年、2007 年和 2010 年三个年份的进口隐含碳、出口品的进口中间投入隐含碳、进口真实碳福利进行测算。结果显示，中国进口隐含碳规模小幅波动后基本持平于 27.1 亿吨，出口品的进口中间投入隐含碳则从 8.09 亿吨下降至 6.81 亿吨，由此导致中国进口真实碳福利规模上升 6.5%。本节采用“进口真实节碳比重”(即以进口真实碳福利占进口名义隐含碳的比重)描述进口碳福利模型未被修正前被高估的情况。结果表明，三个年份的进口真实碳福利占进口隐含碳比重分别为 70.19%、68.17%和 74.87%。可见，若不考虑出口品中进口中间投入隐含碳，会高估 30%左右的进口碳福利。

表 5.9　　进口隐含碳估算的行业合计　　单位：亿吨

总量指标	2005 年	2007 年	2010 年
进口隐含碳	27.140 5	22.947 4	27.100 4
出口品的进口中间投入隐含碳	8.091 6	7.304 2	6.809 0
进口真实碳福利	19.048 9	15.643 1	20.291 3

(2)行业分析

多数行业的进口减排量被普遍高估20%～30%(见表5.10)。其中，食品及烟草制造、建筑业、交通运输设备制造业、服装及皮革羽绒制造、其他制造业是进口真实碳福利占进口隐含碳的比重最高的五个行业。而通信计算机及电子设备制造、纺织业的进口减排高估率最高，可能是期间加工贸易比例较高造成的。①

表5.10　　中国各行业进口真实减排效应

行业	进口真实累积减排量(亿吨)	进口真实碳福利占进口名义隐含碳比重(%)			进口真实碳福利占出口隐含碳比重(%)		
		2005	2007	2010	2005	2007	2010
农业	0.273 6	76.187 9	75.980 9	80.187 8	60.473 1	54.622 3	74.183 2
石油和天然气开采业	1.311 6	69.340 4	65.900 0	72.314 6	146.441 8	168.133 1	257.892 6
煤炭开采和洗选业	3.038 5	69.804 8	68.070 9	74.464 1	67.894 4	55.608 7	93.127 7
金属矿采选业	7.084 7	68.451 8	63.747 4	72.386 8	204.486 8	161.617 5	240.047 2
非金属矿采选业	0.103 9	70.930 4	70.511 8	75.761 7	79.809 3	67.606 0	76.848 7
食品及烟草制造	0.206 6	80.520 7	77.999 1	82.088 4	49.863 6	52.696 4	67.167 2
纺织业	0.159 4	60.028 6	59.547 5	69.105 9	18.411 9	9.694 2	13.596 6
服装及皮革羽绒制造	0.019 6	78.818 1	75.238 6	80.482 5	14.790 9	14.078 1	19.536 4
木材及家具制造业	0.032 9	72.978 1	72.198 3	77.784 5	23.671 4	20.121 5	28.778 1
造纸印刷文教体育用品	0.414 0	70.778 1	69.097 2	75.585 6	45.802 0	35.921 6	47.053 2
石油、炼焦及核燃料加工	12.819 7	71.089 8	68.095 6	74.675 3	125.993 1	62.947 2	85.045 9
化学工业	4.404 5	66.746 0	65.365 1	72.378 1	72.610 6	58.008 7	70.122 1
非金属矿物制品业	1.225 5	68.249 4	70.444 1	76.881 7	50.158 4	39.794 0	50.494 5
金属冶炼及压延加工业	10.171 0	70.452 2	69.871 6	76.518 0	76.134 1	54.566 8	76.841 8
金属制品业	0.066 8	69.712 0	67.839 3	75.099 4	40.516 4	32.725 5	46.061 3
交通运输设备制造业	0.140 8	79.375 2	80.413 5	86.121 7	75.462 2	68.016 2	93.368 9
电气机械及器材制造业	0.050 4	70.213 7	73.046 6	79.297 8	58.686 8	44.920 8	49.465 8

① 2006年加工贸易出口占出口总值的比重为52.7%。

续表

行业	进口真实累积减排量(亿吨)	进口真实碳福利占进口名义隐含碳比重(%)			进口真实碳福利占出口隐含碳比重(%)		
		2005	2007	2010	2005	2007	2010
通信计算机及电子设备制造	0.071 7	56.187 0	49.398 5	60.246 5	49.092 9	37.750 2	44.793 8
其他制造业	0.560 1	81.349 2	76.727 5	79.944 6	96.218 2	76.899 5	100.656 5
废弃资源废旧材料回收加工	0.002 3	73.507 0	70.658 7	75.778 6	148.216 6	107.018 4	66.392 8
电力、热力的生产和供应业	17.162 4	69.700 1	67.443 4	74.354 0	69.441 3	58.734 8	79.361 5
燃气生产和供应业	0.114 1	70.522 4	67.237 1	74.193 7	66.816 6	59.330 8	77.541 9
水的生产和供应业	0.004 1	70.383 6	68.080 8	74.728 6	63.683 9	50.346 2	64.879 1
建筑业	0.007 7	80.130 4	85.952 7	88.952 5	62.539 2	54.211 6	42.927 1
交通运输、仓储和邮政业	1.934 0	72.474 3	70.775 1	76.609 7	58.421 0	38.430 5	56.649 6
批发、零售业和住宿餐饮业	0.157 7	73.069 1	69.654 7	76.088 8	37.863 1	32.709 2	38.040 1
其他行业	0.285 9	75.295 8	74.816 7	79.069 6	66.014 0	58.092 1	64.837 5

资料来源：根据 MATLAB 计算而得。

从各行业占总进口真实碳福利的贡献率看，测算结果显示以下事实：

第一，进口真实碳福利贡献率高的行业也是进口隐含碳贡献率和出口品中进口中间投入隐含碳贡献率较高的行业。这反映出各行业的二氧化碳排放强度和在国民经济中所处的地位差异(投入产出关系)对进口真实碳福利贡献率影响显著，而进口真实碳福利贡献率对行业进口份额与行业出口份额之间的差距并不敏感。

第二，行业间贡献率差异较大，呈现三个梯度：电力热力生产和供应业、石油加工、炼焦及核燃料加工业、金属冶炼及压延加工业是进口真实碳福利贡献率最高的三个行业，贡献率基本在 20%以上；化学工业、煤炭开采和洗选业、交通运输及仓储邮政业、非金属矿物制品业、石油和天然气开采业的进口真实碳福利贡献率集中分布在 1%～10%；剩余行业的行业贡献率未达到 1%(见图 5.2)。

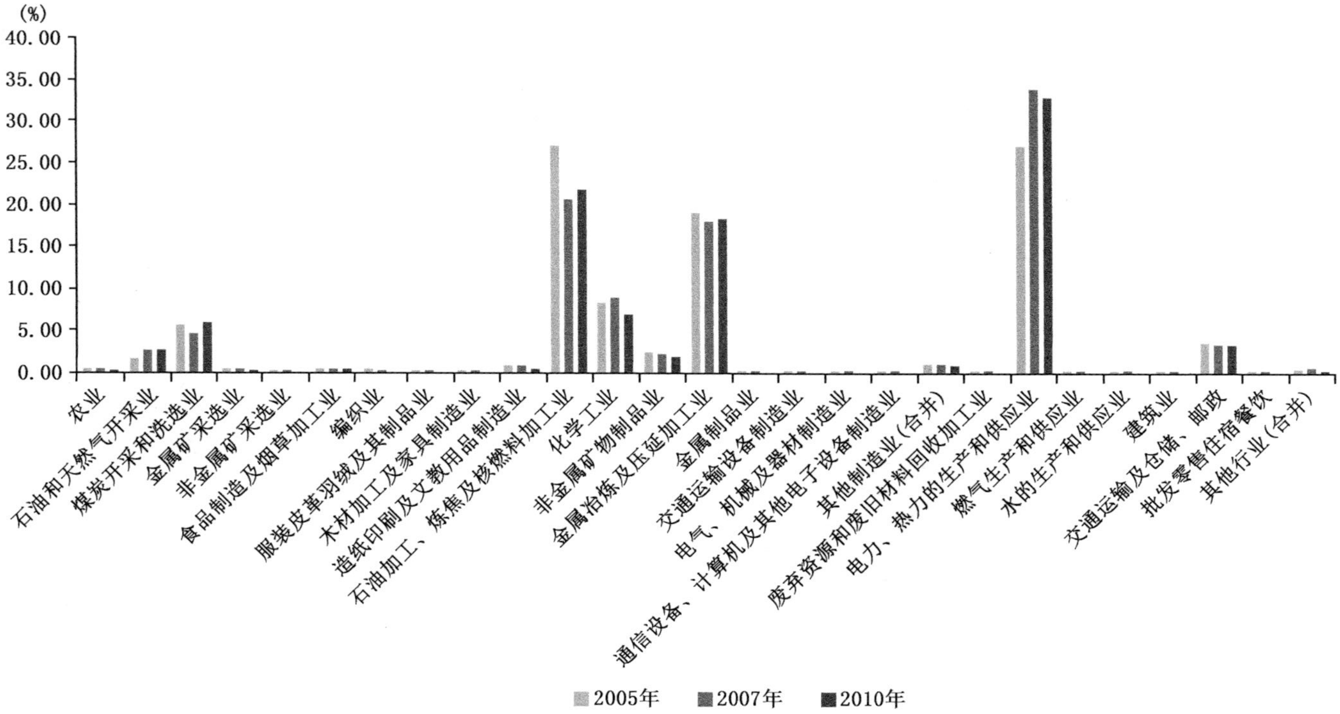

图5.2 中国进口真实碳福利的行业贡献率

可见，进口真实碳福利贡献率较高的行业皆为单位产出能耗水平高、二氧化碳排放强度高的“双高”行业。其中，电力热力的生产和供应业、石油加工、炼焦及核燃料加工业、金属冶炼及压延加工业（包括黑色金属、有色金属）、非金属矿物制品业和化学工业是中国能源局公布的 6 大高耗能行业。“双高”原因可从能源结构、工艺技术及行业特征三个方面来理解。随着国家淘汰落后产能进程加快，部分双高行业在工艺技术方面缩小了与发达国家的差距，个别行业达到了国际先进水平，如电力生产和供应业。在这样的前提下，仍然居高不下的排放强度需更关注以下能源结构及行业特征：

其一，煤炭是所有化石能源中含碳量最高的，在中国能源结构中煤炭所占比例长期处于 70％左右，直接或间接使用所产生的二氧化碳排放量占全国排放总量的 85％以上，这与发达国家以天然气、石油、核能为主的能源结构极为不同。

其二，部分高排放行业，如金属冶炼及压延业，其工艺特征决定了需要极高的能耗才能完成产品制造。

总之，这些“双高”行业大多为国民经济基础行业，其他行业对它们的拉动效应很大，因此通过进口其他行业产品所节约的基础行业二氧化碳排放量就极为可观。

（3）进口减排空间分析

为了度量各行业的进口减排空间，本节以进口真实碳福利与出口隐含碳的比例作为衡量指标。经测算，绝大多数行业的进口减排空间分布处于 60％～80％，这表明中国在向世界各国输送产品并且承受环境压力的同时，也从规模逐年增长的进口贸易中获益，各行业的进口减排空间巨大。在总量上，中国 2005 年、2007 年和 2010 年进口减排总量空间分别为 78.53％、56.76％和 78％。在行业分布上，金属矿采选、石油和天然气开采业，石油炼焦及核燃料加工、废弃资源废旧材料回收加工和其他制造业是进口减排空间最大的五个行业；而纺织、服装及皮革羽绒制造、木材及家具制造业和批发、零售业和住宿餐饮业由于行业本身的出口规模较大、进口规模较小，因而进口减排空间较小。此外，各行业三年累积进口真实减排量情况差异较大，电力热力生产和供应业，石油炼焦及核燃料加工和金属冶炼及压延加工业的进口累积减排空间最大，分别达到 17.2 亿吨、12.8 亿吨、10.2 亿吨；而废弃资源废旧材料回收加工业、水生产和供应业、建筑业由于进口规模不大，累积进口减排量远小于前述能源密集型行业，分别为 23 万吨、40.7 万吨、76.7 万吨。

(4)各行业进口减排趋势分析

考虑到行业贡献率的变化趋势，2005 年、2007 年、2010 年各行业的进口真实碳福利贡献率呈现波动态势。其中，石油加工、炼焦及核燃料加工业的贡献率变动幅度最大，从 2005 年的 27.13%下降至 2010 年的 21.78%(见图 5.3)。从进口减排空间的变化来看，除个别行业呈现单一变化趋势外(废弃资源废旧材料回收加工、建筑业的进口减排比重持续下降，而石油和天然气开采业则持续上升)，其他行业的进口真实碳福利占出口隐含碳比重都出现先下降后上升的趋势(见表 5.10)，导致这种现象的原因可能在于 2007 年前后中国对外贸易结构调整拐点出现。2005—2007 年，贸易规模迅速扩大主要表现在各行业的出口规模急速膨胀，反映在本书数据中就是出口品的进口中间投入比重增加。2007 年以后，在各行业进口规模上升的同时，进口结构上也朝着有利于国内环境改善的方向转变，增加了对钢铁、化学工业等高能耗高排放行业产品的进口规模。

5.3.2 中国进口真实碳福利的结构性分解

(1)结构性分解结果描述

本节分别从进口隐含碳、出口品的进口中间投入隐含碳和进口真实碳福利三个层次对各行业进行结构性分解，各行业合计结果见表 5.11。2005—2010 年二氧化碳排放强度(总)效应和贸易结构总效应皆为负，分别使进口真实碳福利下降 11.3 亿吨和 2.42 亿吨[1]。这反映出中国的节

---

[1] 该数据是将 2005 年和 2010 年的进口真实碳福利的变动差额进行结构性分解得到，并不等同于 2005—2007 年和 2007—2010 年两次结构性分解的二氧化碳排放强度效应和贸易结构效应的算数加总。

能减排和结构调整政策产生了积极的效果，国内全行业的二氧化碳排放强度和进口隐含二氧化碳排放量都在普遍下降。与此相反，普遍扩大的各行业进口规模、更加紧密的行业间生产技术联系、逐步增加的各行业完全需要，导致了正的技术结构(总)效应、进口中间投入效应和贸易规模总效应。此外，前文的结构性分解模型决定了进口隐含碳变动额、出口中进口中间投入隐含碳变动额与进口真实碳福利变动额的分解结果具有一致的对应关系。

表 5.11　　结构性分解的各效应行业合计①　　单位：亿吨

各行业	进口隐含碳变化		出口品的进口中间投入隐含碳变化		进口真实碳福利变化	
	2005—2007	2007—2010	2005—2007	2007—2010	2005—2007	2007—2010
CO_2 排放强度(总)效应	−8.364 9	−5.340 4	−2.572 3	−1.489 6	−5.792 6	−3.850 8
技术结构(总)效应	1.920 8	0.682 3	1.238 7	0.555 2	0.682 0	0.127 1
进口中间投入(总)效应			−2.321 2	−0.581 1	2.321 2	0.581 1
贸易结构总效应					−2.934 4	0.982 7
进口结构效应	−2.698 3	0.879 2				
出口结构效应			0.236 1	−0.103 5		
贸易规模总效应					2.318 0	6.808 1
进口规模效应	4.949 3	7.931 8				
出口规模效应			2.631 3	1.123 8		
合计	−4.193 1	4.153 0	−0.787 3	−0.495 2	−3.405 8	4.648 2

资料来源：根据 MATLAB 计算而得。

通过对结构性分解效应的行业贡献率分析发现：绝大多数行业在二氧化碳排放强度总效应、技术结构总效应、进口中间投入总效应、贸易结构总效应和贸易规模总效应方面的贡献率都为正向，即某一行业与整个行业在结构性分解效应方面变化方向一致。而石油加工、炼焦及核燃料加工业、金属冶炼及压延加工业、电力热力的生产与供应业三个行业所有分解效应的贡献率极为显著，直接决定了全行业各效应的方向。这三

① 如前文模型部分所示，进口隐含碳变动分解为 4 个效应，出口中进口中间投入隐含碳变动分解为 5 个效应，进口真实碳福利的结构性分解是通过合并进口隐含碳和出口中进口中间投入隐含碳的分解效应得到。

个行业具有鲜明的共同特点，即虽然都是能耗密集型和国民经济基础行业，但并不是贸易重点行业，在进口的行业贡献率方面远不及通信计算机及其他电子设备制造业、其他制造业等①。可见，在投入产出模型的框架下讨论进口真实碳福利问题，进出口的行业贡献率并不是影响行业之间隐含碳差异的主要因素，相比之下行业本身的二氧化碳排放强度及该行业的投入产出关系显得更为重要。另外，电力热力的生产和供应业（－17.29％）、煤炭开采和洗选业（－15.41％）和石油和天然气开采业（－14.81％）的贸易结构效应贡献率为显著负向，与整体行业趋势相反。

（2）结构性分解效应的趋势变化

从表5.11进口真实碳福利总量的结构性分解效应趋势看，2007—2010年的二氧化碳排放强度效应与2005—2007年相比减少了1.94亿吨进口真实碳福利。这反映随着能源结构调整、生产工艺改进以及产业结构升级加速带来的二氧化碳排放强度下降趋势已形成，但下降速度却逐渐放缓。同样，技术结构效应和进口中间投入效应分别减少0.555亿吨和1.74亿吨的进口真实碳福利。相比之下，贸易结构效应和贸易规模效应对进口真实碳福利的增加作用在强化，分别多增加了3.92亿吨和4.49亿吨的进口真实碳福利。

对比2005—2007年、2007—2010年两个时间段的行业结构性分解效应发现：

第一，有16个行业的二氧化碳排放强度效应行业贡献率呈上升趋势，电力热力生产和供应业、煤炭开采和洗选业、化学工业三个行业的上升幅度最大，分别达到65.1％、178％和69.8％②。二氧化碳排放强度效应的行业贡献率上升有两个原因：一是该行业的二氧化碳排放强度下降

① 石油加工、炼焦及核燃料加工业、金属冶炼及压延加工业、电力热力的生产与供应业在2005年（2007年、2010年）的进口行业贡献率分别为6.34％（1.96％、2.05％）、5.39％（5.84％、5.05％）、0.04％（0.02％、0.02％）。

② 电力热力的生产和供应业、煤炭开采和洗选业、化学工业在2005—2007年（2007—2010年）的贡献率分别是19.93％（32.90％）、4.87％（13.54％）和8.41％（14.28％）。

速度快、幅度大，并高于行业平均水平；二是全行业进口品对该行业的完全需要不断上升。这一定程度上意味着中国能源结构调整政策已经开始从重点、基础行业向全行业全面深入。与 16 个行业不同的是，石油炼焦及核燃料加工业、金属冶炼及压延加工业、石油和天然气开采业的行业贡献率则有较大幅度的下降，分别下降 47.7%、78.9%和 39.2%[①]。

第二，技术结构效应贡献率的行业差异性更为显著，全行业中有 12 个行业的技术结构效应贡献率上升，15 个行业的贡献率下降。上升幅度最大的是煤炭开采和洗选业、交通运输及仓储邮政，这主要是因为其他行业的单位产出对这两个行业的完全需要增加；而下降幅度最大的行业仍然是石油炼焦及核燃料加工业、金属冶炼及压延加工、电力热力的生产和供应业。作为反映行业间投入产出关系的指标，进口中间投入效应与技术结构效应的变化趋势有一定的相似性，但波动幅度略小。

第三，贸易结构效应和贸易规模效应的行业贡献率变化幅度较微弱，只有 9 个行业贸易结构效应贡献率和 4 个行业的贸易规模效应贡献率出现小幅上升。

通过研究，本部分得出以下几个结论：

①在理论模型构建方面，本章运用非竞争型投入—产出模型分离出进口品中用于出口生产的中间投入部分，并将这一部分剔除，以衡量一国进口的真实碳福利。在此基础上，先分别对进口隐含碳、出口中进口中间投入隐含碳进行结构性分解，再将两次结构性分解的因素“同类合并”，以考察影响进口真实碳福利变动的因素。三次结构性分解的因素中，二氧化碳排放强度效应、技术结构效应、进口结构效应和进口规模效应是以往研究中重点分析和讨论的对象，而出口结构效应和出口规模效应及与之相联系的进口中间投入效应则是本章新纳入的因素。

②估算结果表明中国存在较大进口减排空间，2005 年和 2007 年进

---

①　石油炼焦及核燃料加工业、金属冶炼及压延加工业、石油和天然气开采业在 2005—2007 年（2007—2010 年）的贡献率分别是 24.83%（12.98%）、31.16%（6.59%）、2.17%（1.32%）。

口真实碳福利分别为19亿吨和15.6亿吨。就行业而言，二氧化碳排放强度较大的基础性行业是主要的进口减排行业，如电力热力的生产和供应业、石油加工炼焦及核燃料加工业、金属冶炼及压延加工业、化学工业等。

③在投入产出法的估算框架下，进口隐含碳、出口品中进口中间投入隐含碳和进口真实碳福利结构性分解的行业分布与各行业二氧化碳排放强度、各行业在国民经济中的地位以及行业之间的生产联系密切相关。一些行业关联性密切且二氧化碳排放强度大的基础性行业很大程度上决定了各分解效应的整体方向。例如，石油加工炼焦及核燃料加工业、金属冶炼及压延加工业、电力热力的生产与供应业这三个行业，二氧化碳排放强度大，是国民经济中的基础行业，与其他行业关系紧密，在三个层次的结构性分解中均显示了重要的地位，很大程度上决定了各个分解效应的方向。

④进口的行业分布与进口隐含碳的行业分布间并不存在直接的必然联系，进口规模较大的行业并不必然意味着其进口隐含碳量较大。例如，通信设备计算机及其他电子设备制造业的进口规模占总进口规模比重最大，达到22.02%，但与较大的进口比重相比，该行业的进口隐含碳量在2005年仅为0.1%，2007年下降至0.09%。本章的实证数据结果显示，在对出口中进口中间投入隐含碳进行结构性分解时，其进口中间投入效应为负。这表明2005—2007年出口品生产过程中对进口中间投入品的直接消耗比重有所下降，这是因为出口品对进口中间投入的需求更加倾向于间接需求，即消耗国内产品引起的进口品的消耗。

⑤大部分行业的减排空间和结构性分解效应在样本时间段中具有相似的趋势性，2007年前后存在拐点效应。

5.3.3 中国贸易真实二氧化碳排放核算

表5.12给出了2005年、2007年和2010年三年的中国贸易隐含二氧化碳排放的行业合计情况。

表 5.12 中国贸易隐含二氧化碳排放行业合计表 单位:亿吨

年份	出口隐含二氧化碳排放	进口隐含二氧化碳排放	出口品的进口中间投入隐含二氧化碳	进口真实碳福利	真实贸易隐含二氧化碳排放
2005	24.257	27.140 5	8.091 6	19.048 9	5.208 1
2007	27.560 9	22.947 4	7.304 2	15.643 1	11.917 8
2010	26.013	27.100 4	6.809	20.291 3	5.721 7

①中国贸易真实二氧化碳排放核算需要从出口隐含二氧化碳排放中减去进口隐含二氧化碳排放(进口真实碳福利),而进口真实可抵减的二氧化碳排放必须考虑进口中间投入部分的高估,即在进口隐含二氧化碳排放中扣除出口品的进口中间投入隐含二氧化碳排放部分。

根据之前模型核算的数据,出口隐含二氧化碳排放在 2005 年、2007 年和 2010 年分别为 24.26 亿吨、27.56 亿吨和 26.01 亿吨。进口真实碳福利在 2005 年、2007 年和 2010 年分别为 19.05 亿吨、15.64 亿吨和 20.29 亿吨。进口真实碳福利分别占出口隐含二氧化碳排放的 78.53%、56.76%和 78.00%。如果不考虑出口品的进口中间投入隐含二氧化碳排放,根据 2005 年、2007 年和 2010 年进口隐含二氧化碳排放和出口品的进口中间投入隐含二氧化碳排放,进口真实碳福利高估 29.81%、31.83%和 25.13%。

②出口隐含二氧化碳排放在 2005—2010 年的总体变化趋势与进口真实碳福利的变化趋势相反,且贸易真实二氧化碳排放的变化趋势与出口隐含二氧化碳排放的总体趋势相同,呈现“倒 U 形”特点。贸易真实二氧化碳排放也由 2005 年的 5.21 亿吨增长到 2007 年的 11.92 亿吨,增长幅度达 128.79%。2007—2010 年,贸易真实二氧化碳排放下降 51.99%,进口真实碳福利占出口隐含二氧化碳排放的比重下降了 21.11 个百分点(见图 5.3)。

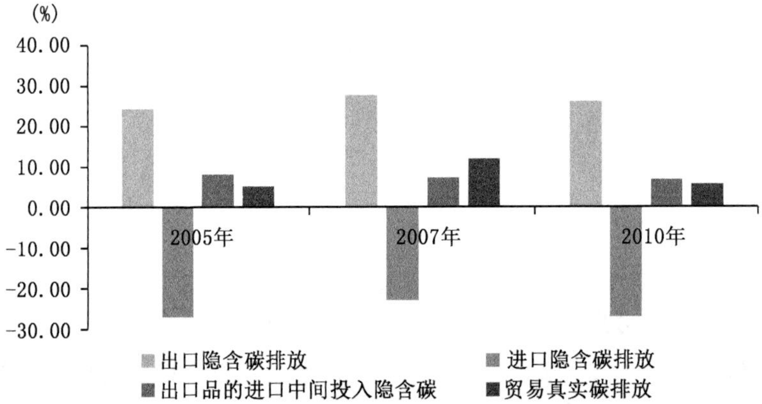

图 5.3 中国贸易真实排放获益比率走势图

第六章　中国出口贸易碳成本及真实贸易利益分析

本部分将构建基于环境成本下的真实贸易利益模型。模型由三部分组成:第一部分使用基于增加值法的贸易隐含真实污染排放模型计算进出口贸易中隐含的污染排放;第二部分构建贸易隐含污染排放的结构性分解模型,对贸易隐含污染排放的动态变化影响因素进行分解;第三部分通过引入 ExternE 模型和 Logistic 模型计算贸易隐含污染排放的经济损失及真实利益。

6.1　现有研究基础

在国际贸易的商品流动框架下,贸易品生产、消费和生产过程中的污染物排放相互分离,贸易自由化的深入和全球分工网络的强化加速使贸易隐含污染流动现象更加明显,很多贸易品集中生产的国家成为“污染避难所”①,而这部分隐含污染物造成的环境成本应该被纳入真实贸易利益核算中。

国内外学者对于国际贸易中隐含污染排放问题的研究大多仅对贸易隐含污染排放(以二氧化碳排放研究为最多),很少涉及对贸易隐含污染成本及损失的进一步研究。目前在污染物的经济损失研究领域,整体的经济损失很难估算,因此目前的研究成果多见于针对个别污染源导致损

① Walter 与 Ugelow(1979)认为,发达国家的 FDI 主要是为了规避本国越来越严格的环境管制,并且 FDI 的总流动趋势为污染产业由环境管制严格的发达国家向环境标准较为宽松的发展中国家流动。

失的专门研究。例如，在大气污染问题中，Carbonell(2007)对电厂造成的硫化物等废气对人体健康造成的经济损失进行估算。Mirasgedis(2008)等运用 IPA 方法估算某地区各类大中型工业活动排放的 PM10、SOx、NOx 等工业废气对人体健康、农作物、建筑物造成的经济损失。

中国学者关于大气污染的研究主要集中在人体健康和农作物减产方面。对于废气对人体健康影响的研究主要是以剂量反应关系为基础，结合人力资本法进行测算(曹洁，2004；桑燕鸿，2010)；对于农作物减产，则是通过建立酸雨 PH 值和 SO_2 浓度对农作物产量的单一影响模型及复合影响模型进行减产测算(张林波，1997)。在废水导致的经济损失方面，20 世纪 60 年代日本、美国、荷兰、德国等先后计算了水体污染对人体、农业、物资、居民区舒适等方面的损害，结论是污染损失大约相当于同期国民生产总值的 3%～5%，并预测在社会经济迅速发展的情况下，如果控制环境污染的措施滞后，国民生产总值每增加 1 倍，污染就会增长 20 倍(20 世纪 60 年代的日本)或 30 倍(20 世纪 60 年代的美国)。我国的水污染经济损失研究起步较晚但发展迅速，20 世纪 80 年代初部分学者开始对中国局部范围内的水污染损失进行计算，此后水污染损失的研究工作进入系统分析阶段，研究范围包括：污染物流失的资源价值、水产损失、农业损失、人体健康费用、河道疏竣费用、抽水损耗等方面，采用分项计算的方法，最后将分项结果进行合计，得到某区域环境污染所造成的经济损失。

MRIO 模型是目前研究贸易隐含排放的主流模型，其主要问题在于 MRIO 模型大多采用传统进口或出口总值作为贸易列向量。考虑到贸易隐含碳排放是由于出口活动所引发的国内生产排放，并不是所有的出口总值都是国内生产的价值量，只有属于本国出口增加值的出口活动才会引发碳排放。如果仍将出口总值作为核算贸易隐含碳排放的载体价值，会造成由于中间品贸易多次跨越国界引起的重复计算，且无法确定一个经济体生产和需求在贸易中真正发挥的作用(王直等，2015)，导致研究结果与实际排放产生明显偏差。鉴于此，近年来将贸易增加值核算法应用于 MRIO 模型的贸易隐含排放研究逐渐兴起，并形成一系列有代表性的成果(张文城、盛斌,2017;Duan 和 Liang,2017;闫云凤、常荣平,2017;Meng 等,2018;潘安,2018),为推动贸易与环境领域研究做出了重要贡献。

虽然贸易增加值角度在部分程度上修正了“中国顺差”的统计幻象,但一国的真实贸易利益不能仅看作贸易价值带来的“收入”,更需要从中扣除因为贸易活动带来的一国环境损失“成本”,即一国的真实贸易利益需要从可持续发展的贸易综合账户“净利益”视角予以重新评估。在现有相关研究基础上,本书将贸易增加值法纳入 MRIO 模型,构建贸易增加值隐含污染排放模型,并结合出口增加值环境成本模型综合核算一国的真实贸易利益。本书的主要结论不仅对客观评估一国进口环境福利、出口环境成本和真实贸易利益提供测算依据,也为在中美贸易摩擦形势下回应美方所谓的“不公平贸易说”,探索新型贸易减排政策,以及积极参与全球碳排放责任认定规则重建提供一个新的解读方向。

本部分研究的边际贡献主要体现为以下几个方面:

①现有关于贸易利益的大部分研究基本采用一国出口增加值作为主要指标,本章在此基础上进一步将净出口隐含环境成本从贸易净增加值上剔除来考察一国的真实贸易利益。

②目前大部分研究将贸易隐含二氧化碳排放视作贸易隐含环境成本,并未对隐含排放带来环境成本和污染损失予以量化。本章尝试将贸易隐含排放研究进一步拓展为贸易隐含排放的环境成本及真实贸易利益问题研究,研究对象也从单一二氧化碳排放转为一般污染物排放。

③现有的贸易增加值核算法下的隐含排放研究大多聚焦于贸易排放规模、碳贸易条件与传统 MRIO 模型的对比方面。本章在测算中国出口隐含环境成本、变化趋势及行业异质性基础上,继续对增加值贸易隐含污染物排放的跨期变动进行结构性分解,以期找到其背后的影响机制,这相较于当前研究而言又推进了一步。

④本章研究的数据周期为 2004—2014 年,覆盖了以 2008 年美国次债危机为“逆全球化”导火线的重要节点,进而对危机前后不同的国际经

贸关系格局下的中国增加值贸易隐含污染成本及真实贸易利益进行更客观、深入的分析，具有积极的现实意义和理论价值。

6.2 基于环境成本分析下的真实贸易利益模型

本部分将构建基于环境成本下的真实贸易利益模型。模型由三部分组成：第一部分使用基于增加值法的贸易隐含真实污染排放模型，计算进出口贸易中隐含的污染排放；第二部分构建贸易隐含污染排放的结构性分解模型，对贸易隐含污染排放的动态变化影响因素进行分解；第三部分通过引入 ExternE 模型和 Logistic 模型，计算贸易隐含污染排放的经济损失及真实利益。

6.2.1 贸易隐含污染排放模型

(1)基于增加值法的贸易隐含污染排放测算模型

首先，拓展 Koopman 等(2014)提出的总出口分解方法并测算分行业出口国内增加值。Koopman 等(2014)提出的总出口分解方法对一般性 G 国 N 部门的总出口分解式如下：

$$
\begin{aligned}
uE_{s*} = & \underbrace{V_s \sum_{r \neq s}^{G} B_{ss} Y_{sr}}_{(1)} + \underbrace{V_s \sum_{r \neq s}^{G} B_{sr} Y_{rr}}_{(2)} + \underbrace{V_s \sum_{r \neq s}^{G} \sum_{t \neq s,r}^{G} B_{sr} Y_{rt}}_{(3)} + \underbrace{V_s \sum_{r \neq s}^{G} B_{sr} Y_{rs}}_{(4)} \\
& + \underbrace{V_s \sum_{r \neq s}^{G} B_{sr} A_{rs} (I - A_{ss})^{-1} Y_{ss}}_{(5)} + \underbrace{V_s \sum_{r \neq s}^{G} B_{sr} A_{rs} (I - A_{ss})^{-1} E_{s*}}_{(6)} \\
& + \underbrace{\sum_{t \neq s}^{G} \sum_{r \neq s}^{G} V_t B_{ts} Y_{sr}}_{(7)} + \underbrace{\sum_{t \neq s}^{G} \sum_{r \neq s}^{G} V_t B_{ts} Y_{sr} (I - A_{rr})^{-1} Y_{rr}}_{(8)} \\
& + \underbrace{\sum_{t \neq s}^{G} V_t B_{ts} A_{sr} \sum_{r \neq s}^{G} (I - A_{rr})^{-1} E_{r*}}_{(9)}
\end{aligned}
\tag{6—1}
$$

其中，s 为出口国，r 为进口国，t 为第三国；u 为 $1\times N$ 的元素全为 1 的行向量；E_{s*} 为 s 国出口总量；V 为国内直接增加值系数矩阵；B 为里昂惕夫逆矩阵；A 为直接消耗系数矩阵；Y 为最终需要矩阵；字母的下标顺序为贸易品的流向。式(6.1)的右边可以分为 9 个部分，每部分含义见表 6.1。

表 6.1　　　　增加值法核算体系下的出口总量分解框架

分解内容	组成部分	对应等式	具体含义
VT	增加值出口	(1)	最终产品出口中包含的本国增加值
		(2)	被直接进口国吸收的中间产品中的本国附加值
		(3)	出口到进口国加工后又出口到第三国的中间品中的本国增加值
VS1*	被进口回本国的中间品出口中的本国部分	(4)	出口到国外加工后以最终产品又进口的中间品本国增加值
		(5)	出口到国外加工后又以中间品进口的本国增加值
		(6)	本国生产的中间品出口过程中产生的重复计算项
VS	国外部分	(7)	最终产品出口中的国外增加值
		(8)	中间品出口中的国外增加值
		(9)	包含国外成分的中间品出口过程中产生的重复计算项

注：根据 Koopman 等(2014)相关内容整理形成。

根据出口总量的分解框架可以得出，一国出口总量中的国内增加值即式(6.1)中前 6 项之和。本节参考赵玉焕等(2019)的做法暂不考虑第 6 项出口过程中的重复计算项，将式(6.1)前 5 项之和作为一国出口总量中的国内增加值，即：

$$uE_{s*}^{D} = \underbrace{V_s \sum_{r\neq s}^{G} B_{ss} Y_{sr}}_{(1)} + \underbrace{V_s \sum_{r\neq s}^{G} B_{sr} Y_{rr}}_{(2)} + \underbrace{V_s \sum_{r\neq s}^{G} \sum_{t\neq s,r}^{G} B_{sr} Y_{rt}}_{(3)} \tag{6.2}$$

$$+ \underbrace{V_s \sum_{r\neq s}^{G} B_{sr} Y_{rs}}_{(4)} + \underbrace{V_s \sum_{r\neq s}^{G} B_{sr} A_{rs} (I - A_{ss})^{-1} Y_{ss}}_{(5)}$$

Koopman 等(2014)的出口分解框架仅对一国出口总量进行分解,本节借鉴王直等(2015)在 Koopman 的基础上拓展出分行业出口分解框架,对式(6.2)进行拓展,最终得出 s 国出口分行业增加值分解等式(其中#为点乘):

$$E_s^D = \underbrace{(V_s B_{ss})' \# \sum_{r \neq s}^{G} Y_{sr}}_{(1)} + \underbrace{V_s' \# \sum_{r \neq s}^{G} B_{sr} Y_{rr}}_{(2)} + \underbrace{V'_s \# \sum_{r \neq s}^{G} \sum_{t \neq s,r}^{G} B_{sr} Y_{rt}}_{(3)}$$
$$+ \underbrace{V_s' \# \sum_{r \neq s}^{G} B_{sr} Y_{rs}}_{(4)} + \underbrace{V_s' \# \sum_{r \neq s}^{G} B_{sr} A_{rs} (I - A_{ss})^{-1} Y_{ss}}_{(5)} \tag{6.3}$$

其次,测算分行业进口纯国外增加值。对进口总量的分析同出口总量相似,都包含进口国国内增加值、被进口国增加值和第三国增加值。在考虑一国实际进口增加值(即进口纯国外增加值)时,应在进口总量的基础上减去进口中包含的本国出口国外又进口回国内的本国国内增加值。结合表 6.1 和式(6.3),可以发现需要减去的部分即式(6.3)的第 4 项和第 5 项①。因此,得出的 s 国进口分行业的纯国外增加值分解等式如式(6.4)所示,其中 M_s 为 $N \times 1$ 的 s 国的分行业进口列向量:

$$M_s^F = M_s - \left[V_s' \# \sum_{r \neq s}^{G} B_{sr} Y_{rs} + V_s' \# \sum_{r \neq s}^{G} B_{sr} A_{rs} (I - A_{ss})^{-1} Y_{ss} \right] \tag{6.4}$$

最后,考虑污染物排放系数,测算贸易隐含真实污染排放。贸易隐含真实污染排放即本国出口产生的隐含污染物排放减去通过进口避免的隐含污染物排放的差值。本部分参照潘安(2018)的方法,定义 $\hat{e}_s$ 和 $\hat{e}_r$ 分别为出口国 s 和进口国 r 的单位直接增加值污染排放系数对角矩阵,结合式(6.3)和式(6.4)得出中国分行业真实出口污染物排放为:

---

① 为使后文结构性分解可行,此处与出口增加值计算时相同未考虑式(6.1)中第 6 项的重复计算,虽造成进口增加值被高估,但不影响最终结果的变化趋势。

$$
\begin{aligned}
E_{s-\text{cost}} &= \hat{e}_s E_s^D - \hat{e}_r M_s^F \\
&= \hat{e}_s [(V_s B_{ss})' \# \sum_{r\neq s}^{G} Y_{sr} + V_s{}' \# \sum_{r\neq s}^{G} B_{sr} Y_{rr} + V'_s \# \sum_{r\neq s}^{G} \sum_{t\neq s,r}^{G} B_{sr} Y_{rt} \\
&\quad + V_s{}' \# \sum_{r\neq s}^{G} B_{sr} Y_{rs} + V_s{}' \# \sum_{r\neq s}^{G} B_{sr} A_{rs} (I - A_{ss})^{-1} Y_{ss}] \\
&\quad - \hat{e}_r \{M_s - [V_s{}' \# \sum_{r\neq s}^{G} B_{sr} Y_{rs} + V_s{}' \# \sum_{r\neq s}^{G} B_{sr} A_{rs} (I - A_{ss})^{-1} Y_{ss}]\}
\end{aligned}
\tag{6.5}
$$

(2)贸易隐含污染排放变动的结构性分解模型

单边或多边的技术变革、产业结构或贸易政策调整都会通过部门之间的生产性关联和技术性关联对全球产业链和价值链产生深刻影响，进而影响一国进出口隐含环境成本及贸易环境利益。本部分在式(6.5)的基础上对贸易隐含污染排放结构性分解，以理清影响贸易隐含污染排放的构成机制。

首先，在式(6.5)的一国分行业真实出口污染物排放模型的基础上拓展出一国双边贸易的真实出口污染物排放模型：

$$
\begin{aligned}
E_{sr-\text{cost}} &= \hat{e}_s E_{sr}^D - \hat{e}_r M_{sr}^F \\
&= \hat{e}_s [(V_s B_{ss})' \# Y_{sr} + V_s{}' \# B_{sr} Y_{rr} + V'_s \# \sum_{t\neq s,r}^{G} B_{sr} Y_{rt} \\
&\quad + V_s{}' \# B_{sr} Y_{rs} + V_s{}' \# B_{sr} A_{rs} (^I - A_{ss}) - 1 Y_{ss}] \\
&\quad - \hat{e}_r \{M_{sr} - [V_s{}' \# B_{sr} Y_{rs} \\
&\quad + V_s{}' \# B_{sr} A_{rs} (I - A_{ss})^{-1} Y_{ss}]\}
\end{aligned}
\tag{6.6}
$$

接下来，采用常用的极平均分解方法对式(6.6)进行如下的结构性分解：

$$
\begin{aligned}
\Delta E_{sr-\text{cost}} &= E_{sr-\text{cost}1} - E_{sr-\text{cost}0} \\
&= [f(\Delta e_s) + f(\Delta e_r)] + f(\Delta V'_s) + \{[f(\Delta B'_{ss}) \\
&\quad + f(\Delta B'_{ss})] + [f(\Delta B_{sr}) + f(\Delta A_{rs})]\} \\
&\quad + \{[f(\Delta Y_r) + f(\Delta Y_{ss})] \\
&\quad + [f(\Delta Y_{sr}) + f(\Delta Y_{rs})]\} + f(\Delta M_{sr})
\end{aligned}
\tag{6.7}
$$

污染排放强度效应反映了双边贸易国各类污染物排放强度变化对各国贸易隐含排放变动的影响。区别于以往文献，本节从该效应中分离出出口国和进口国污染排放强度效应；直接增加值效应反映了一国单位产出所含劳动和资本增加值变化对贸易隐含污染排放的影响；技术结构效应反映两国间消耗系数即产业关联情况变化对贸易隐含污染排放的影响，分为行业间技术结构与国家间技术结构两个方面；最终需求效应反映双边贸易中进口国对出口国最终需求变化对其隐含污染排放的影响，这与彭水军等(2015)测算消费侧碳排放类似，但本部分不仅将其区分为最终品和中间品最终需求变动，还将该效应分解到各个行业，这也是本部分创新之处。进口规模效应是最基础的要素，体现了一国进口品总值变动对该国贸易隐含污染排放的影响。

表 6.2　　　　贸易隐含污染排放福利的分解效应说明

主要影响	具体细分类别影响	对应分解效应
污染排放强度效应	出口国排放强度	$f(\Delta e_s)$
	进口国排放强度	$f(\Delta e_r)$
直接增加值效应	直接增加值系数	$f(\Delta V'_s)$
技术结构效应	出口国国内行业间技术结构	$f(\Delta B'_{ss})+f(\Delta L_{ss})$
	国家间技术结构	$f(\Delta B_{sr})+f(\Delta A_{rs})$
最终需求效应	中间品最终需求	$f(\Delta Y_r)+f(\Delta Y_{ss})$
	最终品最终需求	$f(\Delta Y_{sr})+f(\Delta Y_{rs})$
进口规模效应	进口规模	$f(\Delta M_s)$

6.2.2 贸易环境成本核算模型

本节的重点是量化研究污染排放引起的贸易真实利益受损问题，因此不仅需要测算贸易真实污染排放量，还需核算贸易隐含污染物的经济损失，即贸易真实环境成本。该成本由两部分构成：出口隐含污染导致的经济损失，进口隐含污染（即贸易隐含损失的抵减项）。本节采用 ExternE 模型和 Logistic 模型，核算贸易隐含排放的废气和废水的经济损失，从而得出贸易环境成本，以此为基础对真实贸易利益进行评估[①]。

（1）基于 ExternE 模型的贸易隐含废气经济损失测算

国内外学者在研究大气污染造成的经济损失时多采用 ExternE 模型。此模型运用能够量化计算的剂量反应关系，从不同损失的类别分别估算。由于农作物减产和人体健康损失是废气污染引起的两项重要的环境成本，因此本节分别从这两方面构建贸易隐含废气经济损失模型。下述的生产力变动法、高斯扩散模型及人力资本法均是源自 ExternE 模型的具体应用。

①农作物减产损失模型

在计算大气污染造成的农作物损失时多采用生产率变动法[②]。该方法通过计算农作物减产的收入来计算大气污染造成的农作物经济损失。计算公式为：

$$L = \sum_{i=1}^{n} P_i S_i Q_i a_i$$

其中，L 为大气污染造成的经济损失；P 为该农作物的市场价格；S 为农作物受污染的面积；Q 为污染前该农作物的单位产量；a 为农作物的减产系数。

利用投入产出模型测算出的是 SO_2 排放量，需要用大气扩散模型折算为浓度，目前采用的大气扩散模型一般为高斯扩散模型及其变形。高斯扩散模型适用于平原地区，风速大于 1m/s，污染源为点源且污染物为气态或准气态。其地面浓度表达式最终简化为：

$$C_{max} = Q_{SO_2} / \pi e \bar{u} H^2$$

C 为地面最大浓度；e 是自然数；$\bar{u}$ 表示排放口处的平均风速；H 为

① 在工业“三废”中，废水和废气造成的经济损失更为直接，且相对显性并易量化，而废渣对土壤的破坏是一个漫长、复杂的过程，因此本研究重点考察废水和废气的环境成本。

② 这种方法利用生产率变动来评价环境状况变化影响。该方法将环境当作一种生产要素，环境质量的变化会引起农作物生产率以及生产成本的变化，从而引起产量和价格的变化。这种变化的价值可以用市场价格衡量。

烟囱有效高度;Q 是二氧化硫排放量。

②人体健康损失模型

本节在测算贸易隐含废气导致的人体健康损失时采用修正的人力资本法[①]。人力资本法是以一般物质资本的标准来度量生命和健康损失的评价方法,估算环境污染导致的过早死亡造成的经济损失。这种方法认为污染导致过早死亡而损失了期望寿命,也丧失了劳动力这种生产要素在期望寿命年内获取人力资本投资回报的机会,因此该方法将丧失的预期收入现值作为过早死亡造成的经济损失。与传统的人力资本法以个体收入考察人的价值不同,修正的人力资本法则是从社会角度考虑人力生产要素在一个统计生命年内对社会经济增长的贡献。在具体应用时,往往采用人均 GDP 考察一个统计生命年对社会的贡献。对整个社会而言,损失一个统计生命就是损失了一个人均 GDP。在人力资本法下,大气污染引起的人体健康经济损失计算公式为:

$$C_{ed} = P_{ed} \times \sum_{i=1}^{t} \frac{GDP_{pco} \times 1 + g^{i}}{1 + r^{i}} \tag{6.8}$$

其中,C_{ed} 为污染引起早死的经济损失;P_{ed} 为污染引起的早死人数;t 为污染引起早死人平均损失寿命年数;r 为社会贴现率;g 为人均 GDP 年增长率; GDP_{pco} 为基准年人均 GDP。

(2)废水经济损失测算模型

本节在测算废水经济损失时采用的是 Logistic 函数模型[②]。它反映了事物发生、发展、成熟并趋于饱和(极限)的过程,计算公式为:

---

① 在评估大气污染对人体健康危害造成的经济损失时,不同国家在方法上存在明显差异。发达国家普遍倾向于使用支付意愿法(WTP),而发展中国家通常采用疾病成本法和修正的人力资本法。

② 它也称为生长曲线函数,由美国生物学家和人口统计学家 R. Pearl 和 J. Reed(1920)在生物繁殖研究中首次发现,后被广泛应用于描述生物生长过程和产业成长过程。研究发现:污染物对水体造成的经济损失与污染浓度并不呈线性关系。污染物浓度低时,对水体的损害不明显;但随着污染物浓度的增加,对水体的损害程度则急剧增加;当污染物的浓度达到一定程度后,对水体的损害程度则减慢,直至达到损失的极限,该趋势常表现为"S"形非线性。

$$Sc_j = \frac{K}{1 + a_j \exp(-\beta_j c_j)} \quad (6.9)$$

其中，Sc_j 为水中污染物为 c_j 时造成的经济损失；c_j 为水中污染物 j 的质量浓度（单位为 mg/L）；K 为水的经济价值；a_j 为废水污染物毒性；β_j 为水环境经济价值的相对损失率。

如果水中某一污染物占比显著，我们可以从式(6.9)演化出单因子经济损失模型：

$$R_j = \frac{1}{1 + a_j \exp(-\beta_j c_j)} \quad (6.10)$$

该公式满足 $S = KR_j$，R_j 为单因子经济价值损失率，$0 < R_j < 1$，且 $\lim\limits_{c_j \to \infty} S = K$，$\lim\limits_{c_j \to \infty} R_j = 1$

(3)贸易环境成本核算模型体系

$$\begin{cases} C_{ed} = P_{ed} \times \sum\limits_{i=1}^{t} \dfrac{GDP_{pco} \times 1 + a^i}{1 + r^i} \\ L = \sum\limits_{i=1}^{n} P_i S_i Q_i a_i \\ C_{max} = \dfrac{Q}{\pi e \bar{u} H^2} \\ S = \sum R_j \times K4 \\ R_j = \dfrac{1}{1 + a_j \exp(-\beta_j c_j)} \end{cases}$$

贸易环境成本核算模型体系分别由人力资本法下的大气污染污染引起的人体健康经济损失模型、农作物减产经济损失模型、高斯扩散模型(污染物排放量折算为浓度)、工业废水经济损失模型以及废水单因子经济损失模型组成。

6.3 中国进出口隐含污染物排放测算

本节将根据前述模型，利用中国对外贸易及污染排放的行业数据，对中国进出口增加值隐含污染物排放进行测算，并对重点分布行业、变动趋势以及影响因素进行分析研究。

6.3.1 数据来源及说明

(1)进出口污染排放模型数据来源和说明

本节的行业数据涉及投入—产出、贸易、污染排放等多维数据，这些数据在不同的统计表里的分类存在一定差异，因此需要对行业进行统一，最终合并为 15 个行业[①]。基于增加值法核算贸易隐含污染排放所使用的数据来自世界投入产出数据库(WIOD)2016 年发布的 2000—2014 年世界投入产出表(WIOTs)、《中国环境统计年鉴》和国家统计局。由于《中国环境统计年鉴》从 2004 年开始编制，因此本书基于贸易数据和环境数据的匹配，将研究区间定位于 2004—2014 年。在理论模型中，我们分别使用出口国污染物排放系数和进口国污染排放系数构建基于增加值法的贸易隐含真实污染排放模型。由于难以获得与中国对标的所有进口国关于烟粉尘、SO_2 和废水排放数据，本部分实际测算过程中采用中国污染物排放系数对进口国污染排放系数进行替代。从机会成本角度看，采用中国污染物排放系数替代可以理解为“如果选择不进口而采用本国排放技术生产将会带来多大的污染排放问题”，即通过国外生产从而避免本国生产产生的污染物排放。为了保证采用“中国排放系数替代”与采用“实际进口各国排放系数”之间测算结果具有趋势一致性，本节以美国作为进口国代表对模型结果进行稳健性检验。

(2)农产品经济损失数据来源和说明

根据农作物减产模型 $L=\sum_{i=1}^{n}P_iS_iQ_ia_i$ 衡量贸易隐含污染排放对农产品带来的经济损失，涉及的指标包括农产品价格、受污染的农产品面

---

① 15 个行业分别是：采矿业；食品制造及烟草业；纺织及服装制品业；木材加工及家具制造；造纸印刷及文教用品制造；石油加工业；化学及制药业；非金属矿物制品业；金属冶炼压延及制品业；交通运输设备制造业；电气机械及器材制造业；通信设备、计算机及其他电子设备制造业；其他制造业(合并)；电、热、燃气、水；其他行业。

积、农产品产量以及减产系数，数据来自《中国农产品价格调查年鉴》和《中国农村统计年鉴》。由于引起中国农作物减产的污染源主要是酸雨（SO_2 氧化产物），因此本节借鉴沈利生和唐志（2008）的做法将农作物减产损失的大气污染源设定为 $SO_2$①。

（3）人体健康经济损失数据来源和说明

本节通过人力资本法计算引起呼吸道疾病的废气污染源。其中，基年人均 GDP 由《中国统计年鉴》获得，平均人均 GDP 增长率 g 由 2004—2014 年人均 GDP 数据间接计算，平均贴现率 r 由 2004—2014 年的年基准利率的平均值代替，死亡年限 t 由正常寿命减去呼吸道疾病死亡病患主要集中的年龄得来，数据来自全国人口普查统计及《中国卫生和计划生育统计年鉴》②。

（4）废水经济损失数据来源和说明

在废水经济损失模型 $S=K\times\sum R_j$ 中，查《中国环境统计年鉴》可获得中国工业废水中 COD（化学需氧量）因子的占比达到 90%以上，因此污染因子损失率 $\sum R_j$ 可由简化的单因子损失率模型 $R_j=1/[1+\alpha_j\exp(-\beta_j c_j)]$ 替代。其中，α_j 和 β_j 根据不同用途的水体进行加权平均处理；c_j 表示污染物因子 COD 的浓度，由“贸易隐含污染排放量 * COD 比例/中国水资源总量”计算得来。而损失模型中的 K 为水资源经济价值总量，公式为“用水资源总量×单位水资源价值”，水资源价格由于并非每年都有统计且年变化幅度不大，因此取 2012 年 36 个大中城市非居民用水终端水价 4.06 元/吨。

---

① 受 SO_2 污染面积数据无法从数据库中直接查到，本研究根据 SO_2 污染具有区域性的特点采用“酸雨控制区域占国土总面积比例”近似代替农业种植受污染比率。环境保护部 2014 年指出，根据新的《环境空气质量指标》（GB 3095-2012），中国酸雨分布区域主要集中在长江沿线及中下游以南，酸雨区面积约占国土面积的 10.6%。

② 由于在《中国卫生和计划生育统计年鉴》中没有全部人口的死亡率调查数据，而工业污染物的排放主要在城市地区，污染物的主要影响对象是城市居民，因此以某疾病的城市居民死亡率代替该疾病的全国死亡率。

6.3.2 中国增加值贸易隐含污染总体排放情况

(1)测算结果

本节首先基于增加值法对中国进出口贸易隐含污染排放进行核算。结果显示,2004年中国贸易环境福利为9.65亿吨,其中,进口活动可节约国内废气和废水合计排放约75.41亿吨,而出口活动增加了65.76亿吨的污染排放。此后,中国贸易环境利益出现上下波动[①],截至2014年中国出口贸易隐含污染物合计排放量为60.84亿吨,进口贸易隐含污染物合计排放量为54.77亿吨,贸易环境利益逆差为6.07亿吨,其中净出口隐含废气[烟(粉)尘和SO_2]排放为68.18万吨,净出口隐含废水排放为6.06亿吨。

综合2004—2014年整体情况看,中国贸易环境利益存在时期分异的特征:2006年之前,中国进口增加值隐含污染排放明显大于出口隐含排放,贸易环境利益顺差2004—2005年累计约12.1亿吨污染排放;2006年之后贸易环境利益开始出现逆差,工业部门出口的高速增长直接带来大量的废气和废水排放,工业部门贸易环境逆差逐年上升,至2008年达到峰值(−13.3亿吨),此后受美国金融危机影响逆差逐渐收窄。2009年后随着全球经济复苏和贸易回暖,净出口贸易隐含污染排放再次增加。国家"十二五"规划对节能减排、环境保护提出了更高的要求[②],党的十八大正式提出"生态文明建设"战略目标。国内环境政策的收紧直接导致2011年之后的出口隐含排放大幅下降,贸易环境从逆差转为顺差,但这种顺差没能持续太久,2014年重新变为逆差−6.07亿吨。可见,2004—2014年中国进出口隐含污染排放波动频繁,很大程度上受国内环保政策

---

① 本文的"贸易环境利益"是指一国通过进出口国际贸易所导致的国内污染物净排放。如果一国从他国进口产品所避免的国内污染排放量小于该国向他国出口中隐含的污染排放量,贸易环境利益逆差;反之,贸易环境利益则为顺差。

② 2012年后出台了多部环保政策对废气和废水的排放进行了严格限制,比如2011年9月开始颁布的《"十二五"节能减排综合性工作方案》《环保"十二五"规划》《国家"十二五"水专项实施计划》《火电厂大气污染物排放标准》和2012年8月颁布的《节能减排"十二五"规划》。

及对外开放政策影响。

从污染物分类结构看，虽然2004—2014年中国出口增加值和进口增加值呈现不断增长的态势，但是2014年进出口隐含的废气和废水排放较2004年有所降低。其中，出口隐含烟（粉）尘排放降幅最大（达到26.40%），其次为SO_2和废水分别下降14.02%和7.47%；2014年进口隐含的烟（粉）尘、SO_2、废水也较2004年分别下降20.24%、13.17%和27.38%，见表6.3。

表6.3　　中国进出口贸易真实隐含污染物排放行业合计表

年份	出口隐含排放			进口隐含排放			贸易环境利益
	烟（粉）尘（万吨）	SO_2（万吨）	废水（亿吨）	烟（粉）尘（万吨）	SO_2（万吨）	废水（亿吨）	进口隐含排放－出口隐含排放（亿吨）
2004	353.33	365.56	65.69	321.21	287.90	75.35	9.65
2005	382.13	428.08	75.18	318.52	306.28	77.70	2.50
2006	352.85	461.71	82.21	271.89	289.16	77.68	－4.56
2007	302.52	440.21	87.18	225.34	275.30	77.51	－9.70
2008	253.15	393.58	81.31	180.14	234.47	68.04	－13.30
2009	179.08	286.04	65.81	145.65	205.50	58.59	－7.24
2010	194.44	323.29	73.07	176.95	245.56	69.12	－3.96
2011	211.75	368.40	72.39	217.61	308.10	74.05	1.65
2012	189.75	340.86	65.90	197.47	293.97	67.85	1.95
2013	196.52	325.14	62.40	217.53	315.50	62.94	0.53
2014	260.06	314.30	60.78	256.21	249.97	54.72	－6.07

（2）稳健性检验

由于无法找到与中国匹配的进口国的烟（粉）尘、SO_2和废水的排放系数，前文采用中国污染物排放系数替代进口国污染物排放系数进行贸易隐含环境成本及真实贸易利益的测算，计算出来的是进口可避免本国生产的隐含环境成本和贸易利益，是一种机会成本的概念。为保证采用“中国排放系数替代”与采用“实际进口各国排放系数”之间测算结果的趋势一致性，我们借鉴早期使用“进口替代假设”的隐含排放研究中以某个或某几个进口国作为代表近似地替代进口整体的排放系数的做法，对原测算结果进行稳健性检验。

从中国进口对象国的分布看，主要集中在日本、韩国、欧盟、美国等发达国家。考虑到这些主要进口国的排放系数普遍低于中国国内的排放系数，且各国关于污染物划分口径、统计要求均有很大差异，我们根据数据可得性和统一性原则，采用 WIOD 数据库中提供的进口国 2004—2009 年 SO_2 的分行业排放数据，以美国作为主要进口代表国对原模型进行稳健性检验。检验结果表明，采用美国的 SO_2 排放系数计算的中国净出口隐含 SO_2 排放和通过进口所避免的农作物减产经济损失，均与原先使用中国 SO_2 排放系数替代法的测算结果相比在变动趋势方面具有高度一致性，两者的变动相关系数分别达到 0.733 4 和 0.911 5。这说明由于数据限制而采用本国排放系数替代的做法虽然在绝对值结果上会形成一定偏差(这与中美两国 SO_2 排放强度差异密切相关)，但是不会实质性地影响中国净出口增加值贸易隐含污染排放及环境成本的变动趋势，原测算结果具有稳健性。

6.3.3 重点行业分布

中国出口隐含污染排放重点行业的分布一直较为稳定。

①非金属矿物制品业、金属冶炼压延及制品业、电热燃气水生产供应业由于在生产工艺、流程及加工原料方面的特殊性成为出口隐含烟(粉)尘排放最多的三个行业，历年排放总和占全行业出口隐含排放的 64%以上。自 2012 年开始这三个行业出口隐含烟(粉)尘累计占比逐渐转为上升趋势，2014 年达到 75.62%。主要行业的排序也出现交替情况：一方面，非金属矿物制品业是 2010 年之前最大的出口隐含烟(粉)尘部门，此后从 2010 年的峰值 56.48 万吨逐步下降到 2014 年的 42.80 万吨。这主

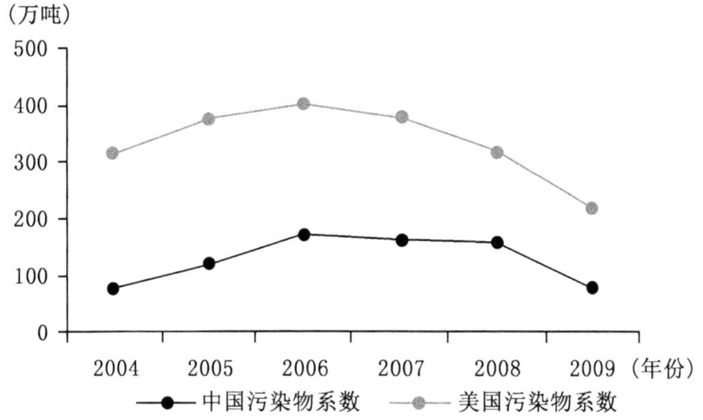

图 6.1 中国净出口隐含 SO_2 排放

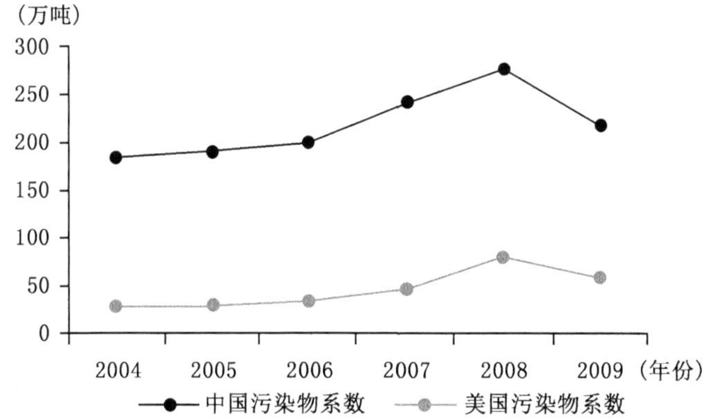

图 6.2 进口避免的农作物减产损失

要得益于环境规制政策的收紧:“十二五”期间,国家不仅在政策标准上对非金属矿物制品业的污染物排放提出更高的要求(如《水泥工业大气污染物排放标准(GB4915-2013)》),还将非金属矿物制品业作为过剩产能重点整治行业,并取得较好成果。根据 2015 年《中国环境状况公报》,2012—2015 年淘汰水泥 2.3 亿吨、平板玻璃 7 600 多万重量箱,这对非金属矿物制品业出口隐含烟(粉)尘排放起到重要的抑制作用。另一方面,金属冶炼压延及制品业的出口隐含烟(粉)尘排放自 2013 年开始迅速上升，取代非金属矿物制品业成为最大出口隐含烟（粉）尘污染行业，2014年的排放量达到117.73万吨（是2013年的2.05倍），直接导致2014年贸易环境利益顺差突然大幅下降并转为逆差。根据现有相关研究和政策梳理，这种趋势的形成主要源于国内的产业结构影响和末端治理的滞后（武娟妮等，2018）以及外向型经济布局调整。国家发改委国际合作中心的数据显示：2013年实施"一带一路"倡议后，机电类和核反应堆、锅炉、机器、机械器具类是中国对"一带一路"国家出口排名前两位的商品类别，这些商品均需要金属冶炼及压延加工业作为前向支撑。

②出口隐含 SO_2 排放主要集中在电热燃气水的生产及供应业、金属冶炼及压延加工业、化学及制药业、非金属矿物制品业、服装及纺织制品业，2004—2014年这五个行业出口隐含 SO_2 排放占到全行业排放的87%左右。其中，电热燃气水生产及供应业为代表的能源行业是出口隐含 SO_2 排放占比最大的行业，但比例从2004年的40.29%持续下降到2014年的26.23%；金属冶炼及延压业 SO_2 排放占比逐年上升，2014年的占比达到27.72%，超过能源行业成为出口隐含 SO_2 最多的部门。

③出口隐含废水排放方面，纺织及服装制品业、化学及制药业的历年排放最高，2009年合计占比达到58.08%，占比最低的2014年也达到52.81%。

表6.4　中国分行业进出口贸易隐含污染物排放量　单位：万吨（废水：亿吨）

出口	2004			2008			2014		
行业	烟尘	SO_2	废水	烟尘	SO_2	废水	烟尘	SO_2	废水
采矿业	11.01	7.17	2.41	8.55	9.37	3.18	9.13	3.63	3.66
食品制造及烟草业	9.20	8.34	3.82	4.93	7.84	5.32	4.35	7.33	3.91
纺织及服装制品业	17.56	38.48	21.58	17.77	35.11	32.56	9.91	26.29	22.29
木材加工及家具制造业	1.74	1.05	0.20	1.12	0.87	0.15	2.38	0.91	0.11
造纸印刷及文教用品制造	3.76	5.96	4.82	3.85	7.17	6.29	2.55	7.28	4.84
石油加工业	12.82	14.04	1.27	9.15	12.25	1.37	7.64	14.27	1.52
化学及制药业	24.98	40.76	13.36	22.79	42.16	13.36	20.52	42.57	9.81
非金属矿物制品业	142.63	35.10	0.96	82.12	30.42	0.65	42.80	33.76	0.46
金属冶炼压延及制品业	62.92	54.18	6.91	49.29	66.79	5.83	117.7	87.12	3.74
交通运输设备制造业	3.18	1.59	1.15	2.39	1.71	1.16	0.98	0.69	0.74
电气机械及器材制造业	1.03	1.04	0.64	0.69	1.13	0.79	0.48	0.79	0.74

续表

出口	2004			2008			2014		
行业	烟尘	SO_2	废水	烟尘	SO_2	废水	烟尘	SO_2	废水
通信设备、计算机电子	2.08	1.76	1.87	1.24	1.65	4.60	0.77	0.93	5.94
其他制造业(合并)	5.51	6.69	2.39	6.77	5.32	2.44	4.57	6.20	1.71
电热燃气水生产及供应业	52.89	147.3	3.95	40.88	171.4	3.41	36.12	82.43	1.28
其他行业	2.02	2.11	0.35	1.59	0.45	0.20	0.13	0.09	0.04
合计	353.33	365.56	65.69	253.15	393.58	81.31	260.06	314.30	60.78
进口	2004			2008			2014		
行业	烟尘	SO_2	废水	烟尘	SO_2	废水	烟尘	SO_2	废水
采矿业	25.63	16.70	5.61	25.69	28.15	9.54	29.22	11.62	11.70
食品制造及烟草业	5.90	5.34	2.45	3.85	6.12	4.15	3.62	6.09	3.25
纺织及服装制品业	4.50	9.85	5.53	2.03	4.01	3.72	1.20	3.20	2.71
木材加工及家具制造业	0.86	0.52	0.10	0.30	0.23	0.04	0.92	0.35	0.04
造纸印刷及文教用品制造	6.73	10.67	8.63	5.53	10.29	9.04	2.63	7.52	5.00
石油加工业	35.24	38.58	3.49	22.85	30.59	3.43	12.05	22.52	2.40
化学及制药业	54.86	89.53	29.34	38.47	71.16	22.56	31.12	64.55	14.87
非金属矿物制品业	77.05	18.96	0.562	24.64	9.13	0.19	12.42	9.79	0.13
金属冶炼压延及制品业	89.76	77.29	9.86	44.00	59.62	5.21	156.2	115.6	4.96
交通运输设备制造业	6.00	3.00	2.17	2.66	1.90	1.29	1.35	0.95	1.02
电气机械及器材制造业	1.21	1.22	0.75	0.47	0.76	0.53	0.23	0.37	0.34
通信设备、计算机电子	3.52	2.98	3.16	1.63	2.16	6.02	0.88	1.07	6.84
其他制造业(合并)	8.09	9.82	3.51	5.79	4.55	2.08	3.76	5.09	1.40
电热燃气水生产及供应业	0.84	2.33	0.06	1.32	5.55	0.11	0.52	1.19	0.02
其他行业	1.05	1.10	0.18	0.90	0.25	0.11	0.08	0.06	0.03
合计	321.21	287.9	75.35	180.1	234.5	68.04	256.2	245.0	54.72

通过出口隐含的废气和废水排放的行业分布情况看，污染排放最密集的行业分布非常集中，这些行业通常具备以下两个特点：

一是生产技术范式决定了产品制造需要密集性的能源及原材料投入，单位贸易增加排放强度很大；

二是这些行业均为国民经济的基础部门，从生产技术关联方面看，其他行业的出口活动对这些基础部门的直接消耗以及间接消耗巨大。

此外，通过世界投入产出表计算的出口贸易数据和基于增加值法核算的隐含污染排放数据的行业比较，本节还发现一个有趣的现象：中国出口贸易贡献度与污染排放贡献度之间并不完全“挂钩”，出口贸易重点行业不一定是出口隐含污染排放重点行业。例如，通信设备、计算机及其他电子设备制造业，电气机械及器材制造业和其他制造业[①]在2014年出口贸易中所占份额达到43.96%，而在所有出口隐含废气[烟(粉)尘和SO_2]和废水排放中占比仅为2.39%和13.79%。与此相比，能源、化学、冶炼等行业[②]出口占比仅为17.70%，而废气和废水占比则高达84.43%和27.65%。这说明，决定行业出口隐含污染排放的除贸易规模因素外，行业排放强度、产业关联度等因素也起到很重要作用，这对一国减排技术研发主攻方向、产业内涵式结构调整以及贸易政策转换具有积极意义。

6.3.4 贸易隐含污染排放的影响因素：以中美双边贸易为例分析

由于一国的总进口增加值和总出口增加值是由N个国家在内的贸易网络共同形成，这使增加值贸易隐含污染排放的结构性分解十分繁杂，为更直观地探讨中国贸易隐含污染排放在不同时期变化的影响因素，本节以中美双边贸易隐含污染排放变动为例进行结构性分解。选取中美贸易为例一方面因为美国是中国最重要的贸易伙伴之一，另一方面目前中美贸易摩擦不仅影响两国相关制造业贸易的发展，还引起全球生产分工及制造业格局大规模调整。如果能从中分析出影响双边贸易隐含污染排放变化的重要因素，对于明确未来国内产业结构调整、环境治理精益化及绿色贸易政策重点方向提供一定的依据，对于重新评估中美双边贸易真实利益分配、增强双边谈判话语权也具有重要意义。

中美贸易净出口隐含污染排放变化可分为3个阶段：2004—2008年的双边贸易净出口隐含污染排放高速下降阶段、2008—2013年的双边贸易净出口隐含污染排放减速下降阶段、2013—2014年的双边贸易净出口

---

① “其他制造业(合并)”以《各行业工业废气/水排放及处理情况》为行业参照，为通用设备制造业、专用设备制造业、仪器仪表及文化办公用机械制造业和工艺品及其他制造业的合并。

② 能源、化学、冶炼等行业在本文指石油加工工业、化学及制药业、非金属矿物制品业、金属冶炼压延及制品业和电热燃气水生产及供应业。

隐含污染排放转升阶段。根据式(6.7)，中国对美国贸易隐含污染排放净值变动可分解为污染物排放强度效应、直接增加值效应、技术结构效应、最终需求效应和进口规模效应五项因素。

(1)中国对美国净出口增加值隐含污染排放加速下降阶段

2004—2008 年尽管年均中美贸易净出口额增幅达到 23.71%，但中国对美国净出口增加值中隐含的烟(粉)尘和 SO_2 的减排量仍减少了 23.83 万吨和 3.58 万吨，仅净出口隐含工业废水有 1.41 亿吨的增加。通过结构性分解可知，排放强度效应、直接增加值效应和进口规模效应是促进中美贸易净出口增加值污染减排的三个重要因素。其中排放强度效应的影响最大，共减少了 98.30 万吨的废气排放和 5.72 亿吨的废水减排，这是 2003 年“科学发展观”提出后的一个直接影响。随着中美双边进出口贸易的快速发展，两国间的技术结构日益紧密并趋于复杂，强大的国外需求带动了贸易额的增加。与排放强度效应相反，技术结构效应和最终需求效应均反向增加了中国净出口隐含污染物的排放，其中中美两国间技术结构效应增加了 63.45 万吨的废气和 4.04 亿吨的废水，最终需求效应增加了 39.87 万吨的废气和 6.92 亿吨的废水。

(2)中国对美国净出口增加值隐含污染排放减速下降阶段

2008—2013 年中美贸易净出口隐含烟(粉)尘排放减少速度逐渐放缓，共减少 8.62 万吨隐含排放，仅为 2004—2013 年减排量的 36.17%。而净出口隐含的 SO_2 和工业废水减排量比 2004—2008 年分别增加 11.93 万吨和 2.75 亿吨。与上一阶段不同，本阶段促进三种污染物减少的主要因素除了排放强度负效应外，受 2008 年美国金融危机影响，技术结构正效应和最终需求正效应快速下降，大幅减少了因两国产业间技术关联及国外需求带来的中国贸易隐含污染排放。

(3)中国对美国净出口隐含污染排放增加阶段

2013—2014 年相较于前两个时间段最大的不同是，在中美贸易净出口隐含工业废水排放几乎没有减少的情况下，烟(粉)尘排放直接增加 9.70 万吨，虽然 SO_2 排放减少 0.44 万吨，但这无法改变整体污染排放反向增加的局面。根据2012—2014年《中国环境统计年报》的统计数据，重点工业企业全国平均烟(粉)尘去除率在2013年和2014年呈现下降趋势，这使排放强度效应由负转正，直接增加了6.58万吨的烟(粉)尘排放。

表6.5　中国对美国净出口隐含分类污染物排放结构性分解

分解效应		2004—2008年			2008—2013年			2013—2014年		
		烟(粉)尘	SO_2	废水	烟(粉)尘	SO_2	废水	烟(粉)尘	SO_2	废水
排放强度影响		−58.07	−40.23	−5.72	−18.94	−26.12	−5.84	6.58	−5.42	−0.85
直接增加值影响		−7.97	−9.47	−1.90	−3.88	−4.72	−0.99	0.01	−0.01	0.005
技术结构影响	行业间	2.46	2.84	1.28	1.35	1.86	0.93	0.33	0.43	0.13
	国家间	31.66	31.79	4.03	7.64	8.52	1.61	1.80	2.83	0.25
最终需求影响	中间品	5.82	7.38	0.85	3.29	5.57	0.64	1.01	1.41	0.16
	最终品	12.18	14.49	6.07	5.17	7.17	2.64	0.13	0.39	0.25
进口规模影响		−9.92	−10.37	−3.20	−3.25	−4.21	−1.74	−0.16	−0.06	0.03
合计		−23.83	−3.58	1.41	−8.62	−11.93	−2.75	9.70	−0.44	−0.01

注：烟(粉)尘、SO_2单位为“万吨”，废水单位为“亿吨”。

6.4 中国出口环境成本及真实贸易利益

本部分在中国贸易隐含污染排放基础上，根据污染排放的环境成本模型进一步核算中国进出口贸易增加值隐含排放污染的环境成本以及剔除环境损失之后的真实贸易利益。

6.4.1 不考虑环境成本情况下的中国贸易利益

在不考虑环境成本情况下，本节比较了贸易总值法核算和贸易增加值法核算下的中国真实贸易利益情况。从表6.6可以看出，在贸易总值法核算体系下中国净出口额2004—2014年始终为正，但经贸易增加值法调整后，中国进出口贸易的净出口增加值明显小于贸易顺差值，且在2004年、2005年和2011年呈现增加值逆差的局面，这在经济利益层面上矫正了总值核算法下的贸易利益“统计幻象”。从变化趋势来看，2004—2008年是中国贸易净增加值增长的主要阶段，中国受美国金融危机影响，贸易净增加值顺差开始减少，直到 2011 年达到逆差。此后，贸易净增加值虽然反弹，重新为正，但真正的新一轮明显增长趋势出现在 2014 年。2013 年中国国家主席习近平提出建设“新丝绸之路经济带”和“21 世纪海上丝绸之路”的倡议，直接推动了此后年份对“一带一路”国家出口的大幅增长。

表 6.6　　贸易总值法与贸易增加值法下的中国进出口贸易利益　单位:万亿元

年份	出口			进口			贸易顺差	贸易净增加值
	贸易增加值法	贸易总值法	增加值占比	贸易增加值法	贸易总值法	增加值占比		
2004	3.99	5.24	76.21%	4.41	4.49	98.25%	0.75	−0.43
2005	5.02	6.61	75.95%	5.13	5.22	98.33%	1.39	−0.11
2006	6.21	8.19	75.81%	5.99	6.10	98.19%	2.09	0.22
2007	7.51	9.92	75.69%	6.90	7.03	98.15%	2.89	0.61
2008	8.28	10.70	77.38%	7.49	7.64	98.04%	3.06	0.79
2009	7.17	8.84	81.15%	6.58	6.72	97.86%	2.11	0.59
2010	9.07	11.49	78.92%	8.98	9.19	97.66%	2.30	0.10
2011	10.42	13.16	79.17%	10.72	11.01	97.40%	2.16	−0.30
2012	10.94	13.61	80.38%	10.73	11.04	97.21%	2.57	0.22
2013	11.45	14.20	80.63%	11.20	11.54	97.05%	2.66	0.25
2014	12.29	14.90	82.49%	10.96	11.32	96.82%	3.58	1.33

数据来源:根据 WIOD 数据计算而得。

此外，两种核算方法下的贸易利益比较还揭示了 3 个重要信息:

一是中国出口增加值占出口总值的比例为 75%～83%，始终低于进口增加值与进口总值的比例(96%～99%)。这反映出中国出口活动真正留在本国的增加值远低于大部分进口国。

二是出口增加值占比呈现总体上升的态势，中国在全球价值链中的地位不断提高，但增速缓慢，2004—2014 年仅增长 4.21 个百分点，中国在全球价值链的深度嵌入某种程度抑制了中国的产业结构升级。

三是比较两种核算方式下计算的贸易经济价值可以看出，2004年、2005年和2011年贸易净增加值出现逆差，其余年份贸易净增加值虽然为顺差但远小于贸易顺差，增加值核算法下的顺差平均仅为总值法的20%左右。

6.4.2 考虑环境成本情况下的真实贸易利益

根据前文贸易环境成本核算模型计算的结果，2004—2014年，基于贸易增加值法核算的出口隐含废气和废水导致的经济损失由1 538.17亿元增至5 449.98亿元，而从进口贸易中获得的环境利益也从1 424.11亿元增至5 295.27亿元。贸易隐含环境净损失呈现先上升后下降的趋势，并在2011—2013年获得正的环境净利益。

真实出口贸易隐含的废气主要导致人体健康损失和农业减产损失。2014年造成4 934亿元的人体健康损失和471亿元的农业损失，比2004年分别增加301.04%和102.04%。出口隐含烟(粉)尘带来的呼吸道死亡率呈现上升趋势，2012年后一直维持在74/10万人以上的高位。在人均GDP快速提高情况下，运用修正人力资本法计算的出口隐含废气带来的人体健康损失不断上升。与废气损失变化趋势相反，2004—2014年出口隐含废水造成的经济损失总体呈现下降趋势，2014年中国出口隐含工业废水损失44.63亿元，与2004年相比减少近一半。这与国家关于工业废水排放的相关规制政策密切相关：自2008年起，我国进入污染物排放标准修订密集期，截至2015年包括造纸、化工、纺织、钢铁、医药、有色等主要排放行业共计46项水污染物排放标准得到修订或首次发布，部分标准还增设了水污染物特别排放限值①。同时，国家对治理工业废水项目的投入不断增加，2004—2014年完成投资额累积达到1599亿元②。

① https://www.chyxx.com/industry/201712/598503.html.

② 根据2004—2014年国家统计局治理废水项目完成投资相关数据整理得出。

表 6.7　　分类污染物经济损失　　单位:亿元

年份	出口隐含损失				进口隐含福利			
	人体健康损失	农业损失	废水损失	合计	人体健康福利	农业福利	废水福利	合计
2004	1 230.39	233.14	74.64	1 538.17	1 118.56	183.36	122.19	1 424.10
2005	1 479.29	256.52	71.91	1 807.71	1 233.05	190.47	80.34	1 503.86
2006	1 805.85	285.96	148.43	2 240.24	1 391.53	198.95	119.12	1 709.60
2007	2 501.60	343.96	192.07	3 037.63	1 863.40	241.06	119.96	2 224.42
2008	2 613.39	415.74	107.08	3 136.22	1 859.73	275.12	58.97	2 193.81
2009	2 017.79	286.94	80.20	2 384.92	1 461.10	217.92	55.48	1 914.51
2010	2 884.89	346.68	52.09	3 283.66	2 625.36	287.06	44.49	2 956.91
2011	3 324.37	495.29	132.88	3 952.54	3 416.23	406.45	145.07	3 967.75
2012	4 078.81	490.97	45.04	4 614.82	4 244.80	437.72	48.87	4 731.39
2013	4 415.59	470.65	45.44	4 931.68	4 887.62	466.72	46.52	5 400.86
2014	4 934.33	471.02	44.62	5 449.98	4 861.26	400.10	33.91	5 295.27

若考虑贸易隐含的环境成本,中国真实贸易利益在绝大多数年份明显低于贸易净增加值。环境污染所带来的贸易折损率在 2010 年之前一直在增加,从 2004 年的 2.68%上升到 2010 年的 33.97%,这意味着 2010 年超过 1/3 的贸易净增加值被损失掉了。中国对外贸易的巨大发展在某种程度上是以牺牲环境可持续性为代价的,如果不考虑贸易隐含污染排放问题,中国贸易利益被平均高估 8.93%左右。

表 6.8　　分类污染物经济损失合计表　　单位:亿元

年份	贸易净增加值	贸易隐含环境净损失	真实贸易利益	折损比率
	①	②	③=①-②	④=(②-①)/①
2004	-4 255.99	114.06	-4 370.05	2.68%
2005	-1 079.43	303.86	-1 383.29	28.15%
2006	2 238.56	530.64	1 707.92	23.70%
2007	6 075.52	813.21	5 262.32	13.38%
2008	7 914.08	942.40	6 971.68	11.91%

续表

年份	贸易净增加值	贸易隐含环境净损失	真实贸易利益	折损比率
	①	②	③=①-②	④=(②-①)/①
2009	5 894.21	470.42	5 423.79	7.98%
2010	961.97	326.74	635.05	33.97%
2011	-3 011.01	-15.21	-2 995.79	-0.51%
2012	2 164.85	-116.57	2 281.42	-5.38%
2013	2 489.03	-469.18	2 958.21	-18.85%
2014	13 298.43	154.71	13 143.72	1.16%

本章用贸易增加值分解法结合 MRIO 模型对 2004—2014 年中国贸易隐含污染排放、环境成本以及真实贸易利益展开深入分析，主要结论如下：

①中国贸易环境利益存在时期分异的特征，很大程度上受国内环保政策及对外开放政策影响。2006 年之后中国贸易环境利益从顺差转为逆差并在 2008 年达到最低，此后受美国金融危机影响逆差逐渐收窄，但 2013 年外向型经济布局调整使贸易环境利益逆差有所反弹。

②2004—2014 年中国进出口隐含的废气和废水排放均有所降低，污染排放重点行业稳定集中在具有高强度能源及原材料投入需要的工业基础部门。中国出口贸易贡献度与污染排放贡献度之间并不完全“正挂钩”，决定行业出口隐含污染排放的除了贸易规模因素外，行业排放强度、产业关联度也起重要作用。

③中国贸易净增加值隐含污染排放的变动主要由污染物排放强度效应、直接增加值效应、技术结构效应、最终需求效应和进口规模效应五项因素共同影响，但污染物排放强度、技术结构效应和最终需求效应对不同阶段隐含污染排放变动趋势起关键主导作用。

④中国长期的贸易顺差是以环境损失为代价的。衡量一国的真实贸易利益不仅是贸易增加值法替代贸易总值法下“统计幻象”的修正，还应

在本国贸易增加值基础上进一步扣除贸易隐含环境成本。中国贸易隐含废气和废水排放导致最高 1/3 的贸易净增加值损失，考虑环境成本后的真实贸易利益将比不考虑环境成本下的贸易利益年均减少 8.93％。

上述主要结论不仅对客观评估一国进口环境福利、出口环境成本和真实贸易利益提供了测算依据，也为中美贸易摩擦形势下回应美方所谓的"不公平贸易说"、探索新型贸易减排政策以及积极参与全球碳排放责任认定规则重建提供了一个新的解读方向。

第七章　全球价值链下中美双边贸易隐含碳福利核算与分配

加入 WTO 以来，中国以年均 20%～30%的增速成为对外贸易增长最快的国家。但由于国际贸易在一定程度上将国内生产、消费与二氧化碳排放分离的特点，经济与贸易的高速增长必然带来相应的能源问题和环境问题。根据美国能源信息署的统计数据，2013 年中国排放二氧化碳 100 亿吨，超过美国和欧盟的总和，占世界总排放量的近 1/3。随着新一轮全球气候谈判启动，中国作为负责任大国要承担的国际责任和义务将不断增加。在国际社会倡导低能耗、低物耗、低排放和高效率“四位一体”的经济发展模式背景下，如何合理估算中国与其他国家双边贸易隐含的二氧化碳排放，如何界定和看待“碳泄漏”带来的排放转移和贸易隐含碳福利分配问题，已成为我国在应对国际气候谈判、承担公平合理的减排责任时必须解决的重要现实问题。中美作为全球最大的发展中国家和发达国家，双边贸易隐含碳福利分配问题是中美贸易摩擦中了解中美潜在环境利益及真实贸易福利的重要切入点。本章对中美双边工业品贸易增加值所隐含的碳福利分配及影响机制展开深入分析，研究的时间范围覆盖中国加入 WTO 以及美国次债危机两个重要节点，这对于重新审视中美经贸关系新格局下双边贸易隐含碳福利分配构建了一个新的分析视角，对中美未来贸易谈判以及全球碳排放责任认定提供了一个新的解读方向。

7.1　相关背景及研究成果梳理

现代贸易方式不仅体现为贸易利益在全球价值链上的分配，还带来了贸易价值流承载的污染物排放在全球贸易网络中的分布。生产和消费的分离使贸易品集中生产的国家成为“污染避难所”(Walter 和 Ugelow，1979)，现有的《联合国气候变化框架公约》和《京都议定书》确立的“生产者责任”原则核算各国碳排放的方法没有区分生产侧排放与消费侧排放，加剧了附件Ⅰ国家与非附件Ⅰ国家的碳排放转移效应，并形成了不对称减排政策安排(Kanemoto 等，2014；Machado 等，2001；Peters 和 Hertwich，2008；Peters 等，2011；Schaeffer 和 Desa，1996)。发达国家充分利用全球供应链的贸易模式实现了碳排放向发展中国家转移，并在2000 年后呈现加速趋势(吴开尧、杨廷干，2016)。

2015 年底《巴黎协议》通过后，世界绝大多数国家对双边或多边机制合作以应对全球气候变化的意识在逐步提升，绿色贸易将成为未来全球贸易发展趋势之一。此次中美贸易战特朗普政府将导火线归咎于中国长期对美国的贸易顺差，并认为中国通过“不平等贸易行为”瓜分了世界贸易绝大部分的利益，并据此针对中国高科技工业部门展开重点打击。然而，2018 年 6 月德意志银行发布的《估算美国和主要贸易伙伴之间的经济利益》以及 2018 年 9 月国务院发布的《关于中美经贸摩擦的事实与中方立场》白皮书均指出了另一番不同的事实：在跨国公司全球经营的影响下，美国实际上在中美双边贸易交往过程中获得了比中国更多的商业净利益。另一个重要事实是，中国对外贸易在规模上取得巨大飞跃的同时也承担了价值链长期低端锁定带来的环境生态损失。现有研究充分证实了中国出口贸易中隐含了大量的能耗和碳排放，并成为全球碳转移的主要目的地(李真，2014；李小平、卢现祥，2010；乔小勇等，2018；张同斌、孙静，2019；张为付、杜运苏，2011；张友国，2010；Pan 等，2008；Shui 和 Harriss，2006；Weber 等，2008)，而欧美和日本则是中国贸易隐含碳排放的主要转出国(韩中等，2018；马翠萍、史丹，2016；彭水军等，2015)。本章认为一国的真实贸易利益不能仅看作贸易价值带来的“收入项目”，也不能简单视为贸易总值法和增加值法比较下的“统计幻象”问题，更需要从中扣除贸易活动带来的一国环境损失的“成本项目”，即应该从“净利益”维度衡量一国的真实贸易利益。两国之间的贸易利益分配除表现为贸易经济福利的分配,还表现为贸易隐含碳福利的分配。如何合理估算中美双边工业品贸易隐含碳排放,如何界定和看待“碳泄漏”带来的排放转移和双边贸易隐含碳福利分配问题,对更加有效推进中美贸易后续谈判、积极参与全球减排责任认定及分配规则制定、推动中国工业精益化转型具有重要意义。

贸易隐含碳排放的研究经历了从早期的单区域投入产出模型(SRIO)向多区域投入产出模型(MRIO)的转变(Wiedmann,2009)。SRIO 模型的主要缺陷在于没有区分中间产品来源地的区别,无法反映产业关联和贸易关联在国家及行业层面的异质性,不能分析全球生产网络中的反馈性出口效应和间接贸易效应的影响(彭水军等,2015)。此外,SRIO 依赖于出口国和进口国的“国内技术假设”,会使估计结果产生较大的偏差(Andrew 等,2009)。SRIO 模型的这些缺陷在 MRIO 模型中得到了比较好的解决,但目前 MRIO 模型大多采用传统进口或出口总值作为贸易列向量,也就是说目前研究贸易隐含碳排放的贸易价值载体依然建立在传统贸易核算方法体系之上。

中间产品贸易逐渐取代最终品贸易成为当前全球贸易的主要模式,传统贸易总值核算法不仅对出口贸易产品中的最终贸易品价值与中间贸易品价值未加区分,未考虑到贸易网络中贸易价值的流向以及中间品贸易多次跨越国界引起的重复计算,且无法确定一个经济体生产和需求在贸易中真正发挥的作用(王直,2015),已不再适合当前贸易利益评估。Gereffi 等(2001)提出 GVC 的概念,OECD 和 WTO(2011)基于 GVC 的特点提出了“增加值贸易”的概念并形成了以“价值增值”为基础的全新贸易统计框架。针对 GVC 的特点,国内外学者针对国际垂直化分工及全球价值链的特点不断完善贸易利益核算方法(王直等,2015;Hummels 等,2001;Koopman 等,2010,2012,2014),用于外贸依赖度、贸易账户平衡、贸易利益、价值链地位等问题的研究(葛明等,2016;王岚、李宏艳,2015;余振等,2018)。按照此种逻辑,贸易隐含碳排放是由于出口活动引发的国内生产排放,并不是所有的出口总值都是国内生产的价值量,只有属于本国出口增加值的出口活动才会引发碳排放。如果仍将出口总值作为核算贸易隐含碳排放的载体价值，会导致研究结果与实际排放产生明显偏差。而贸易增加值法使得贸易价值流向及中间品贸易跨境流向更加直观地得到表现，这对于客观评估贸易隐含碳排放是一个巨大的进步。

基于此，本章将贸易增加值法结合目前研究贸易隐含排放的主流MRIO模型对中美双边工业品贸易增加值所隐含的碳福利展开测算，对碳福利在双边的分配状况、双边贸易碳排放的责任认定及隐含碳福利变动的影响机制展开深入分析，并就当前中美贸易摩擦带来的可能性影响进行模拟实验。本章的“贸易隐含碳福利”，是指一国通过国际贸易避免的国内二氧化碳排放量。如果一国的隐含碳福利为负，意味着该国从他国进口的产品中隐含的二氧化碳排放量小于该国向他国出口中隐含的二氧化碳排放量；反之，贸易隐含碳福利则为正。

目前关于贸易隐含排放的贸易利益高质量成果比较多，为本章研究提供了很好的研究基础。本章研究与以往研究相比的创新之处主要体现在以下几个方面：

①根据当前贸易利益核算方法的改进趋势，将贸易增加值法纳入MRIO模型，构建双边贸易隐含碳福利模型，以此为基础对隐含碳福利模型进行结构性分解，并对当前中美贸易摩擦的可能性影响进行深入分析。这不仅能够很好地考察中美双边的贸易增加值利益分配格局，同时将贸易生产过程中产生的碳排放跨境流动问题纳入理论框架，这对于理解和重新审视中美贸易摩擦下双边贸易隐含碳福利分配构建了一个新的分析视角，对于回应美方所谓的“不公平贸易说”以及中美未来贸易谈判、双边贸易关系论断以及全球碳排放责任认定提供了一个新的解读方向。

②贸易增加值核算法下的隐含排放研究近年来虽然逐渐形成了一系列有代表性的成果（张文城、盛斌，2017；Duan 和 Liang，2017；Meng 等，2018），但从中美双边工业品贸易视角研究隐含碳福利及分配问题的比较少，少数开展中美隐含排放的研究（潘安，2018；闫云凤、常荣平，2017）在分析层面上大多聚焦于贸易排放规模、碳贸易条件与传统 MRIO 模型测

算结果的比较，这为本章提供了很好的研究基础。但不足的方面是，现有研究大多忽视了一个重要问题，即缺乏对贸易增加值核算体系下的贸易隐含碳福利变化的影响因素及动态调整展开深入探讨。中美作为全球最大的经济体，双边贸易摩擦所导致的单边或多边的贸易政策调整会通过部门之间的生产性关联和技术性关联对两国价值链及全球分工格局产生深刻影响（黄鹏等，2018；佟家栋等，2017；王霞，2019；余振等，2018），进而影响双边贸易隐含碳福利及分配。据此，本章在测算中美贸易隐含碳福利动态变化趋势及15个工业部门异质性贡献的基础上，继续对中美双边工业品贸易隐含碳福利变动进行SDA结构性分解，以期找到碳福利变动的影响机制，这比当前研究又推进了一步。

③目前增加值法碳排放及贸易利益的研究数据样本截至2009年，但中美贸易关系的转折点实际上出现在2008年美国次债危机之后，此后美国逐渐从自由化的支持者转变为逆全球化的推动者，而现有研究由于数据样本限制无法很好地体现这种变化。本章利用最新的WIOD数据库贸易数据及CO_2排放数据，将样本周期扩大到2000—2014年，同时覆盖中国加入WTO及美国次债危机两个重要节点，这能够对2009年之后中美经贸关系转折对双边工业品贸易隐含排放及碳福利分配所发生的变化进行更直观的分析，具有积极的现实意义和理论价值。

④本章充分考虑到中美贸易摩擦及关税政策带来的出口变化问题，根据不同的关税情境对中美进出口贸易隐含排放的可能性影响进行模拟预测，为预估未来中美贸易摩擦及经贸博弈下的碳福利变化提供理论支撑。

7.2 理论框架与模型设计

7.2.1 贸易隐含碳福利分配模型

目前关于贸易隐含碳及减排问题的研究大多基于多区域投入产出（MRIO）模型，在传统MRIO模型框架下贸易隐含碳可表达为：

$$E_{co_2-sr}=\hat{E}(I-A)^{-1}N$$

其中，N 表示贸易列向量，$\hat{E}$ 是一国各行业的二氧化碳直接排放系数矩阵。

此种计算方法仅表明贸易隐含碳与一国碳排放系数有关，且使用的贸易列向量常为贸易总量。然而，当前国际贸易中国家间减排技术存在异质性，且全球价值链在各国家交易主体间的交互日益复杂，一国贸易总量无法准确衡量一国实际生产。因此，本节将贸易增加值法纳入 MRIO 模型，构建双边贸易隐含碳福利模型。

首先，拓展 Koopman 等(2014)提出的总出口分解方法测算双边分行业出口的国内增加值。Koopman 等(2014)的一般性 G 国 N 部门总出口分解式是：

$$\begin{aligned}uE_{s*}=&\underbrace{V_s\sum_{r\neq s}^{G}B_{ss}Y_{sr}}_{(1)}+\underbrace{V_s\sum_{r\neq s}^{G}B_{sr}Y_{rr}}_{(2)}+\underbrace{V_s\sum_{r\neq s}^{G}\sum_{t\neq s,r}^{G}B_{sr}Y_{rt}}_{(3)}+\underbrace{V_s\sum_{r\neq s}^{G}B_{sr}Y_{rs}}_{(4)}\\&+\underbrace{V_s\sum_{r\neq s}^{G}B_{sr}A_{rs}(I-A_{ss})^{-1}Y_{ss}}_{(5)}+\underbrace{V_s\sum_{r\neq s}^{G}B_{sr}A_{rs}(I-A_{ss})^{-1}E_{s*}}_{(6)}\\&+\underbrace{\sum_{t\neq s}^{G}\sum_{r\neq s}^{G}V_tB_{ts}Y_{sr}}_{(7)}+\underbrace{\sum_{t\neq s}^{G}\sum_{r\neq s}^{G}V_tB_{ts}Y_{sr}(I-A_{rr})^{-1}Y_{rr}}_{(8)}\\&+\underbrace{\sum_{t\neq s}^{G}V_tB_{ts}A_{sr}\sum_{r\neq s}^{G}(I-A_{rr})^{-1}E_{r*}}_{(9)}\end{aligned}\tag{7.1}$$

其中，s 为出口国，r 为进口国，t 为第三国；u 为 1×N 的元素全为 1 的行向量；E_{s*} 为 s 国出口总量；V 为国内直接增加值系数矩阵；B 为里昂惕夫逆矩阵；A 为直接消耗系数矩阵；Y 为最终需要矩阵；字母的下标顺序为贸易品的流向。由式(7.1)可以看出 N 部门出口总值可以分为 9 个部分，具体含义如表 7.1 所示。

表 7.1　　　　出口总量分解框架

分解内容	组成部分	对应等式	具体含义
VT	增加值出口	(1)	最终产品出口中包含的本国增加值
		(2)	被直接进口国吸收的中间产品中的本国附加值
		(3)	出口到进口国加工后又出口到第三国的中间品中的本国增加值
VS1*	最终被进口回本国的中间品出口中的本国部分	(4)	出口到国外加工后以最终产品又进口回来的中间品中的本国增加值
		(5)	出口到国外加工后又以中间品进口回来的中间品中的本国增加值
		(6)	本国生产的中间品出口过程中产生的重复计算项
VS	国外部分	(7)	最终产品出口中的国外增加值
		(8)	中间品出口中的国外增加值
		(9)	包含国外成分的中间品出口过程中产生的重复计算项

注：根据 Koopman et. al(2014)"Figure1: Accounting of Gross Exports: Concepts"整理形成。

根据出口总量的分解框架可以得出，一国出口总量中的国内增加值即式(7.1)中的前 6 项之和。为了简化计算，以模型的趋势性和规律性分析为主，本节暂不考虑第 6 项出口过程中的重复计算项，将式(7.1)前 5 项之和作为一国出口总量中的国内增加值，即：

$$uE_{s*}^{D}=\underbrace{V_s\sum_{r\neq s}^{G}B_{ss}Y_{sr}}_{(1)}+\underbrace{V_s\sum_{r\neq s}^{G}B_{sr}Y_{rr}}_{(2)}+\underbrace{V_s\sum_{r\neq s}^{G}\sum_{t\neq s,r}^{G}B_{sr}Y_{rt}}_{(3)}+\underbrace{V_s\sum_{r\neq s}^{G}B_{sr}Y_{rs}}_{(4)}+\underbrace{V_s\sum_{r\neq s}^{G}B_{sr}A_{rs}(I-A_{ss})^{-1}Y_{ss}}_{(5)} \tag{7.2}$$

Koopman 等(2014)的出口分解框架仅对一国出口总量进行分解，王直等(2015)在 Koopman 的基础上拓展了双边分行业的出口分解框架。本节结合王直等(2015)的做法对式(7.2)进行拓展，最终得出 s 国对 r 国出口的分行业增加值分解等式：

$$E_{sr}^{D}=\underbrace{(V_sB_{ss})'\#Y_{sr}}_{(1)}+\underbrace{V_s'\#B_{sr}Y_{rr}}_{(2)}+\underbrace{V'_s\#\sum_{t\neq s,r}^{G}B_{sr}Y_{rt}}_{(3)}+\underbrace{V_s'\#B_{sr}Y_{rs}}_{(4)}+\underbrace{V_s'\#B_{sr}A_{rs}(I-A_{ss})^{-1}Y_{ss}}_{(5)} \quad (7.3)$$

其次，测算 s 国对 r 国的进口纯国外增加值。对进口总量的分解同出口总量分解相似，也包含进口的纯国外增加值（即 r 国出口的国内增加值）和进口的国内增加值（即 s 国中间品出口后又回流至 s 国的进口增加值）。进口纯国外增加值应在进口总量的基础上扣除进口中包含的本国出口到国外又进口回国内的本国增加值。结合表 7.1 和式(7.3)，可以发现需要减去的部分即式(7.3)的第 4 和第 5 项。得出 s 国对 r 国进口的分行业纯国外增加值分解等式：

$$M_{sr}^{F}=M_{sr}-[V_s'\#B_{sr}Y_{rs}+V_s'\#B_{sr}A_{rs}(I-A_{ss})^{-1}Y_{ss}] \quad (7.4)$$

其中，M_{sr} 为 N×1 的 s 国对 r 国进口的行业列向量。$V_s'\#B_{sr}Y_{rs}+V_s'\#B_{sr}A_{rs}(I-A_{ss})^{-1}Y_{ss}$ 是进口国生产某种产品之后出口至国外然后又进口回国内的部分，即以进口形式回流的本国增加值部分，如果不予以扣除会高估进口的纯国外增加值。

最后，将碳排放系数纳入式(7.2)和式(7.3)测算双边贸易隐含碳福利。本节将双边贸易隐含碳福利定义为通过进口而避免的本国碳排放与本国出口增加值隐含碳排放之差，设定 $\hat{e}_s$ 和 $\hat{e}_r$ 分别为 s 国和 r 国的单位增加值碳排放系数对角矩阵。结合式(7.3)和式(7.4)，s 国对 r 国出口所获得的贸易增加值隐含碳福利为：

$$\begin{aligned}E_{sr\text{—save}}^{co_2}&=\hat{e}_rM_{sr}^{F}-\hat{e}_sE_{sr}^{D}\\&=\hat{e}_r\{M_{sr}-[V_s'\#B_{sr}Y_{rs}+V_s'\#B_{sr}A_{rs}(I-A_{ss})^{-1}Y_{ss}]\}\\&\quad-\hat{e}_s[(V_sB_{ss})'\#Y_{sr}+V_s'\#B_{sr}Y_{rr}+V'_s\#\sum_{t\neq s,r}^{G}B_{sr}Y_{rt}\\&\quad+V_s'\#B_{sr}Y_{rs}+V_s'\#B_{sr}A_{rs}(^{I}-A_{ss})-1Y_{ss}]\end{aligned} \quad (7.5)$$

在全球价值链体系下，一国增加的碳排放量实际上反映的是其他国家高消费需求所导致的结果。基于受益原则，碳排放责任应归于产生污染的驱动因素，而不是直接的污染生产者(Ferng，2003)，气候变化的讨论焦点应从商品生产国转移到商品消费国(Smith 和 Mix，2007)。在关于消费侧和生产侧排放的相关研究中，国内外学者关注到从贸易总量中区分中间品和最终品的视角研究消费侧和生产侧排放问题(樊纲等，2010；潘家华，2008；齐烨等，2008；Ahmad，2004；Tunc 等，2007；Weber 等，2008)。但本节认为并不是所有的出口总值都是国内生产的价值量，只有属于本国出口增加值的出口活动才会引发碳排放。如果仍将出口总值作为核算贸易隐含碳排放的载体价值，会导致研究结果与实际排放产生明显偏差，这也是目前大量 MRIO 模型中使用出口总值作为贸易列向量的一个缺陷。基于此，本节将贸易增加值核算法结合 MRIO 模型构建了公式(7.5)，这为我们思考贸易隐含碳排放责任的归属问题提供了一个新的分析视角。

消费侧排放，一般是指一国最终产品使用(家庭消费、政府消费、固定资本形成、存货变动)引致的国内和国外排放，也就是隐含于该国最终需求的排放(Eder 和 Narodoslawsky，1999；Munksgaard 和 Pederson，2001；Peters 和 Hertwich，2008；Peters 等，2011)。由于本节的研究对象为中美双边贸易隐含碳福利问题，从进出口角度看，公式(7.5)中的 $\hat{e}_r M_{sr}^F$ 可看成 s 国对 r 国真实消费需求所导致的 r 国碳排放量，属于进口消费侧排放；而 $\hat{e}_s E_{sr}^D$ 则可看作 s 国在双边贸易中因生产出口品所产生的国内碳排放，属于出口生产侧排放。因此，贸易隐含碳福利 $E_{sr-\text{save}}^{co_2}$ 可以看作进口消费侧排放与出口生产侧排放之差，这可直接体现一国在贸易隐含碳排放中的综合位置及责任归属，是对现有相关研究的进一步拓展。

作为贸易隐含碳福利的重要部分，从公式(7.4)和公式(7.5)均能清楚地观测到中间品贸易和最终品贸易的情况。其中，进口国外增加值 M_{sr}^F 同时包含了进口最终品和进口中间品。根据表 7.1 可知，被扣除的部分 $V_s' \# B_{sr} Y_{rs} + V_s' \# B_{sr} A_{rs} (I - A_{ss})^{-1} Y_{ss}$ 包含了最终品进口和中间品进口。同理，贸易隐含碳福利 $E_{sr-\text{save}}^{co_2}$ 的分块矩阵运算方程同时体现了中间品出口、最终品出口、中间品进口以及最终品进口。

7.2.2　双边贸易隐含碳福利的结构性分解模型

从式(7.5)可以看出，双边贸易隐含碳福利的变动受到二氧化碳排放系数、价值链、技术结构、最终需求和进口规模的影响。为了探究各影响因素对贸易隐含碳福利的具体影响，本节采用极平均分解方法对式(7.5)进行如下的结构性分解：

$$
\begin{aligned}
\Delta E_{sr-save}^{co_2} = & [f(\Delta e_s) + f(\Delta e_r)] + f(\Delta V'_s) \\
& + \{[f(\Delta B'_{ss}) + f(\Delta B'_{ss})] + [f(\Delta B_{sr}) + f(\Delta A_{rs})]\} \\
& + \{[f(\Delta Y_r) + f(\Delta Y_{ss})] + [f(\Delta Y_{sr}) + f(\Delta Y_{rs})]\} \\
& + f(\Delta M_{sr})
\end{aligned}
\tag{7.6}
$$

式(7.6)中的每个部分代表的含义如表 7.2 所示。其中，二氧化碳排放强度效应反映了双边贸易中两国二氧化碳排放强度变化对各国碳福利变动的影响。区别于以往文献，本节进一步从该效应中分离出出口国和进口国碳排放强度效应，以更加精准地刻画各国碳排放技术变化对碳福利的影响。价值链效应反映了一国单位产出所含增加值变化对碳福利的变化，一国价值链地位升级后是否对碳福利有正向影响可在此效应中体现。技术结构变动效应反映两国间消耗系数即产业关联情况变化对碳福利的影响，分为行业间技术结构与国家间技术结构两个方面。最终需求变动效应反映双边贸易中进口国对出口国最终需求变化对其碳福利的影响，这与彭水军等(2015)的测算消费侧碳排放类似。本节不仅将其区分为最终品和中间品最终需求变动，还将该效应分解到各个行业。这也是本节的创新之处。进口规模变动体现了一国进口品总值变动对该国碳福利的影响，这是影响双边贸易隐含碳福利最基础的要素之一。

表 7.2　　贸易隐含碳福利的分解效应说明

主要影响	具体细分类别影响	对应分解效应
二氧化碳排放强度效应	出口国碳排放强度效应	$f(\Delta e_s)$
	进口国碳排放强度效应	$f(\Delta e_r)$
价值链效应	价值链效应	$f(\Delta V'_s)$
技术结构效应	行业间技术结构效应	$f(\Delta B'_{ss})+f(\Delta B'_{ss})$
	国家间技术结构效应	$f(\Delta B_{sr})+f(\Delta A_{rs})$
最终需求效应	中间品最终需求效应	$f(\Delta Y_r)+f(\Delta Y_{ss})$
	最终品最终需求效应	$f(\Delta Y_{sr})+f(\Delta Y_{rs})$
进口规模效应	进口规模效应	$f(\Delta M_s)$

7.3 中美双边工业品贸易隐含碳福利核算及分配

7.3.1 数据处理及描述性统计

本节测算所需的中美双边工业品贸易增加值数据、CO_2 排放数据均来自世界投入产出数据库(WIOD)。WIOD 于 2016 年发布了包括 43 个国家(地区)2000—2014 年的世界投入产出表(WIOTs)，又于 2019 年 8 月发布了 2000—2016 年分行业 CO_2 排放数据。本节实证研究的数据时间段设定为 2000—2014 年。此外，WIOD 将各经济体内部分为 56 个行业。为更清楚地观测相近大类行业之间的碳福利变化情况，同时满足模型中大量分块矩阵计算要求，本节参考潘安(2018)和赵玉焕等(2019)的做法将 56 个行业合并为 17 个，其中工业部门分类最多，共涉及 15 个大类。[①]

① 这 17 个行业分别为：农林牧渔(C1～C3)；采矿业(C4)；食品制造及烟草业(C5)；纺织业和服装皮毛羽毛绒及其制品业(C6)；木材加工及家具制造(C7)；造纸印刷文体用品(C8～C9)；石油炼焦及核燃料加工业(C10)；化学工业品制造业(C11～C13)；非金属矿物制品业(C14)；金属冶炼及压延工业及金属制品业(C15～C16)；交通运输设备制造业(C20～C21)；电气机械及器材制造业(C18)；通信计算机电子设备制造业(C17)；其他制造业(C19～C22，C23)；电煤气及水生产和供应业(C24～C25)；运输仓储和邮政业(C31～C35)；其他行业(C26～C30，C36～C56)。

表 7.3 给出了中国和美国 17 个行业 2000—2014 年二氧化碳排放量和单位增加值碳排放强度的统计结果，从中可发现以下几方面信息：

从总量上看，2000—2014 中国 17 个行业的二氧化碳排放总量呈上升趋势，而美国总体呈稳步下降趋势。中国二氧化碳排放量在总量上高于美国，并且差距仍在不断扩大，增速也较高。从变化趋势看，2000 年刚刚加入 WTO 时中国二氧化碳排放量的规模明显低于美国（约 1/3），但 2004 年起开始超越美国，2014 年中国在排放总量上已超过美国（近 1.3 倍），可见“入世”对于中国整体产业结构、贸易结构及全球价值链的影响是十分深远的。

在平均排放方面，中国 2000—2014 年 17 个工业部门的平均排放总量上升了 192.1%，美国则下降了 15.4%。中国行业排放总量和平均排放量不断增加，主要源于中国经济高速发展必然带来的环境副产品增加，尤其是 2005 年后的新一轮重工业化建设更在一定程度上加剧了中国二氧化碳排放水平的走高。

表 7.3　　中美 17 个行业二氧化碳排放量（亿吨）

行业	中国				美国			
	2000	2006	2009	2014	2000	2006	2009	2014
农林牧渔	0.980	1.605	1.618	1.873	0.553	0.688	0.574	0.570
采矿业	1.089	1.503	2.221	2.294	1.033	1.022	1.011	1.308
食品制造及烟草业	0.604	1.135	1.356	1.154	0.575	0.657	0.600	0.592
纺织业及服装皮毛羽毛绒制品	0.426	0.812	0.823	0.592	0.199	0.100	0.053	0.045
木材加工及家具制造	0.079	0.170	0.203	0.192	0.146	0.120	0.125	0.059
造纸印刷文体用品	0.332	0.569	0.705	0.466	0.653	0.609	0.468	0.354
石油炼焦核燃料加工	0.488	0.784	1.123	1.885	2.069	1.946	1.766	1.337
化学工业品制造	2.416	5.844	6.780	8.526	2.269	1.679	1.601	1.916
非金属矿物制品业	5.812	11.207	13.920	18.258	1.296	1.415	0.993	1.149
金属冶炼压延工业与金属制品	3.007	7.387	10.367	13.775	2.031	1.427	0.938	1.234

续表

行业	中国				美国			
	2000	2006	2009	2014	2000	2006	2009	2014
交通运输设备制造业	0.164	0.232	0.269	0.270	0.322	0.221	0.162	0.157
电气机械器材制造业	0.090	0.133	0.191	0.242	0.074	0.047	0.036	0.041
通信计算机电子设备	0.041	0.142	0.110	0.113	0.170	0.079	0.056	0.049
其他制造业	0.330	1.176	1.088	0.920	0.342	0.315	0.272	0.352
电煤水生产和供应业	14.735	27.253	31.821	41.443	25.143	24.347	22.245	21.130
运输、仓储和邮政业	1.417	1.967	2.080	2.670	4.724	4.630	4.103	5.342
其他行业	1.753	3.212	3.349	4.790	8.901	8.457	7.776	7.802
排放总量	33.763	65.131	78.022	99.462	50.497	47.757	42.779	43.435
加权平均	0.478	0.886	1.047	1.395	0.875	0.861	0.800	0.741

资料来源：作者根据 2000—2014 年 I-O 表测算整理。

在排放强度方面，中国和美国 17 个行业加权平均排放强度都在不断降低，2000—2014 年累计降幅分别达到 60.96%和 47.15%。这说明虽然排放总量上受增长目标驱动呈上升趋势，但 2000 年后中国的能源使用效率逐年得到改善。从两国对比情况看，中国的平均排放强度绝对水平仍高于美国同期水平，美国在减排技术、环境管制及经济发展等方面较中国具有显著优势。但两国之间的这种差距在不断缩小，从 2000 年相差 3.38 倍减少到 2014 年相差 2.49 倍。

从行业分布状况来看，中国高排放强度行业主要集中在采矿、石油炼焦核燃料加工、化学工业、非金属矿物制品、金属冶炼压延工业与金属制品、电煤水生产供应业以及运输、仓储和邮政业 7 个行业，均呈现排放总量上升但排放强度不断下降的趋势。这说明一方面中国的高碳排放行业的能源使用效率在不断提高，单位增加值排放下降；另一方面，20 世纪末以来中国以大规模基础设施建设、房地产建设为支柱拉动型产业发展模式对这七大行业的巨大需求，直接推动了这些行业碳排放水平逐年上升。与中国相比，自 20 世纪 80 年代起，美国通过“非工业化”(Deindustrialization)政策将失去比较优势的制造业逐步进行梯度转移,大力发展服务业。2008年金融危机后,美国政府推行的以高新技术为依托发展高附加值的制造业、新能源、环保、信息等新兴产业的再工业化战略使行业排放强度进一步下降。

7.3.2　中美双边工业品贸易隐含碳福利总量分析

2000—2014年中美双边工业品贸易隐含碳福利整体为负,且趋势不断恶化。基于现有国际分工形成的中美双边自由贸易格局未对改善全球气候做出积极贡献,反而使隐含在贸易品中的碳排放大量增加,进而导致双边隐含碳福利为负值(详见表7.4)。

表7.4　中美双边工业品贸易隐含碳福利与分配　单位:亿吨

年份	2000	2001	2002	2003	2004	2005	2006	2007
中国工业品贸易碳福利	−0.93	−0.96	−1.17	−1.44	−1.92	−2.47	−2.79	−2.61
美国工业品贸易碳福利	0.79	0.84	1.00	1.24	1.75	2.43	2.70	2.44
双边工业品贸易碳福利合计	−0.14	−0.13	−0.16	−0.19	−0.17	−0.04	−0.09	−0.17
年份	2008	2009	2010	2011	2012	2013	2014	
中国工业品贸易碳福利	−2.36	−1.83	−2.12	−2.09	−2.10	−2.22	−2.23	
美国工业品贸易碳福利	2.23	1.65	2.04	1.96	1.96	1.93	1.93	
双边工业品贸易碳福利合计	−0.12	−0.18	−0.08	−0.12	−0.14	−0.29	−0.29	

就双边工业品贸易隐含碳福利的分配情况而言,2000—2014年中美两国在双边隐含碳福利的分配上并不平衡,贸易碳福利大量流向美国,美国成为双边贸易隐含碳福利的获益者,而中国成为隐含碳福利的损失者。2000年中国工业品隐含碳福利为−0.934亿吨,美国隐含碳福利则为0.797亿吨,这种分配不平衡状况在后续年份中依然持续并进一步扩大。截至2014年,中国对美贸易工业品隐含碳福利逆差达到−2.226亿吨,美国从中国双边贸易中获得碳福利顺差进一步提高到1.933亿吨。然而从贸易增加值角度看,中国对美国出口的国内增加值从2000年的329亿美元增长至2014年的1 950亿美元,可见一国增加值贸易利益的分配状况并不必然等于贸易隐含碳福利的分配状况。中美双边贸易中"贸易顺

差在中国”是以隐含碳福利逆差为代价的。美国则在与中国的双边贸易中获得了碳福利顺差，在满足国内高消费需要的同时成功向中国转移了大量的二氧化碳排放，不仅减少了国内排放，而且通过碳泄漏规避了国际减排责任。

7.3.3 双边隐含碳福利的行业异质性

行业方面，金属冶炼压延工业与金属制品、非金属矿物制品业、化学工业品制造是中国对美国工业品贸易隐含碳福利逆差规模最大的三个行业，累计占比稳定在45%～57%，而电煤水生产及供应、运输仓储和邮政两个工业生产辅助性部门的碳福利逆差也占到20%～30%。然而，这几个碳福利逆差最大的行业并不是对美贸易净增加值占比最大的行业。其中，金属冶炼压延工业与金属制品、非金属矿物制品业、化学工业品制造在中国对美国出口国内增加值中占比仅为14%～15%，电煤水生产及供应、运输仓储和邮政占比更低，仅占到整个工业部门出口国内增加值的5%～6%。而中国对美国出口增加值占比超20%以上的纺织服装、通信计算机电子设备两个行业的碳福利逆差占比仅为5%～10%和1%～2%。这说明，出口增加值越高的行业不必然是导致双边贸易隐含碳福利逆差最高的行业，行业间的技术关联及碳排放系数的异质性是导致出口增加值与隐含碳福利逆差形成“倒挂”的主要原因。

7.3.4 消费侧与生产侧视角的中美工业品贸易碳福利状况

从消费侧和生产侧视角来看，根据式(7.5)的分析可知，双边工业品贸易隐含碳福利为进口消费侧排放与出口生产侧排放之差。我们计算了中美双边贸易的情况，从表7.5中可知：由于中国进口所带来的美国消费侧碳排放呈逐年上升趋势，2000—2014年累计增加了美国国内2.88亿吨CO_2排放量，而为满足美国国内工业品需求而形成的出口生产侧排放增加了中国国内32.24亿吨CO_2排放量，生产侧排放高出消费侧10.21倍。因此，中国对美国工业品贸易的隐含碳福利整体呈现负值，且趋势逐渐增大，2007 年达到峰值。另一方面，从美国角度看，美国从中国进口工业品直接增加了中国国内累计 29.95 亿吨的 CO_2 排放，而由于中国需求所带来的美国国内生产侧排放累计只有 3.32 亿吨，进口消费侧排放超过出口生产侧排放，使美国工业品贸易碳福利持续为正。

表 7.5　基于消费侧和生产侧的中美双边工业品贸易隐含碳福利核算　单位:亿吨

年份		2000	2001	2002	2003	2004	2005	2006	2007
中国	消费侧	0.055	0.060	0.065	0.081	0.111	0.116	0.138	0.167
	生产侧	1.002	1.035	1.244	1.535	2.044	2.613	2.952	2.795
	碳福利	−0.947	−0.976	−1.179	−1.453	−1.933	−2.497	−2.814	−2.628
美国	消费侧	0.883	0.929	1.097	1.351	1.886	2.576	2.853	2.639
	生产侧	0.089	0.097	0.098	0.117	0.148	0.153	0.173	0.217
	碳福利	0.794	0.832	0.999	1.235	1.738	2.423	2.680	2.422
年份		2008	2009	2010	2011	2012	2013	2014	
中国	消费侧	0.205	0.210	0.282	0.338	0.332	0.339	0.377	
	生产侧	2.572	2.035	2.395	2.423	2.426	2.564	2.610	
	碳福利	−2.367	−1.825	−2.113	−2.085	−2.094	−2.225	−2.233	
美国	消费侧	2.460	1.859	2.317	2.283	2.279	2.256	2.279	
	生产侧	0.248	0.235	0.305	0.348	0.351	0.364	0.381	
	碳福利	2.212	1.624	2.011	1.935	1.927	1.892	1.898	

从行业情况看，中国生产侧贸易排放与美国消费侧贸易排放的分布行业基本一致，集中在化学工业品制造业、非金属矿物制品业、金融冶炼压延工业、纺织与服装、电煤水工业及供应等行业，这 5 个行业 2000—2014 年的累积贸易隐含排放分别占到中国生产侧和美国消费侧贸易累计排放的 80%以上。而中国消费侧贸易排放和美国生产侧贸易排放的行业基本分布在运输仓储、化学工业品制造、农林牧渔，这三个行业的累积排放分布占中国消费侧和美国生产侧累计贸易排放的 62.94%和 43.71%。

7.4 中美双边工业品贸易隐含碳福利变动趋势及影响因素

根据图7.1,中美双边工业品贸易隐含碳福利变动趋势可分为3个阶段:2000—2006年双边工业品贸易碳福利级差扩大阶段,2006—2009年双边工业品贸易碳福利级差迅速收窄阶段,2009—2014年中美双边工业品贸易碳福利级差微幅再扩大阶段。根据式(7.6)的结构性分解方程,双边贸易隐含碳福利变动可分解为二氧化碳排放强度效应、价值链效应、技术结构变动效应、最终需求变动效应和进口规模变动效应五项因素。本部分将对中美两国双边工业品贸易隐含碳福利在这三个阶段的变动趋势以及背后影响因素进行分析和检验。

7.4.1 双边工业品贸易碳福利级差扩大阶段

2000—2006年是中国碳福利逆差加速下降与美国碳福利顺差加速上升阶段,均于2006年分别达到碳福利逆差和顺差的峰值-2.792亿吨和2.434亿吨。两国工业品贸易隐含碳福利分配不平衡问题不断加剧,中美两国的工业品贸易碳福利级差扩大到5.489亿吨。其中,中国在与美国工业品贸易中隐含的碳福利逆差恶化了1.867亿吨。除了二氧化碳排放强度效应、价值链效应和对美国进口规模效应改善约0.71亿吨的中国工业品贸易隐含碳福利应之外,美国对中国最终品及中间品的最终需求效应以及出口生产活动所带来的行业间、国家间技术结构效应均是导致中国碳福利逆差恶化的主要因素,共增加了2.58亿吨的碳福利逆差。在这一阶段,源于进口消费侧需要以及行业和国家间的技术关联是导致中国出口排放增加、碳福利减少的主要原因。美国从中国大量进口工业品直接减少了美国国内工业品生产侧的碳排放,进口规模变动效应直接贡献了2.093亿吨的碳福利,其他四个效应虽然合计减少了美国碳福利,但是进口规模变动效应占主导的局面直接使美国从对华工业品贸易中获得的碳福利顺差增加1.877亿吨。可见,在加入WTO之后的几年中，中美双边碳福利级差扩大的主导因素是基于美国对中国工业品需求猛增所带来的中国出口生产侧碳排放以及美国进口侧消费排放的同步提高。

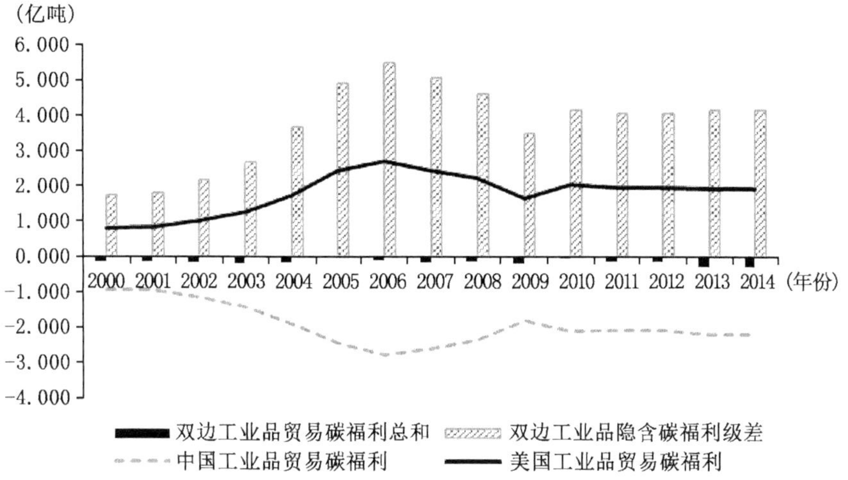

图 7.1　中美双边贸易两国碳福利变动趋势

7.4.2　双边工业品贸易碳福利级差迅速收窄阶段

2006—2009 年中美双边工业品贸易隐含碳福利分配的失衡状况得到一定改善，双方碳福利级差迅速收窄到 3.479 亿吨，中国对美国工业品贸易隐含碳福利逆差与峰值期相比减少了 34.4%，而美国从中国工业品贸易中获取的碳福利顺差也下降至 1.649 亿吨，与峰值期相比减少了 38.9%。

中国在本阶段对美国工业品贸易隐含碳福利的逆差恶化情况得到明显改善，碳福利增加了 0.989 亿吨。与上一阶段不同的是，本阶段中国碳排放效率的大幅改进直接通过出口国二氧化碳排放效应增加了本国 0.832 亿吨碳福利，对碳福利逆差减少的贡献率达 84%，成为这一阶段中最重要的影响因素。这可能与国际社会及中国政府 2007 年起加大对全球气候及环境保护的政策力度密切相关。2007 年联合国的《气候变迁报告》明确指出，2050 年前全球需减少 50%～85%的年度二氧化碳排放量。同年，八国集团与中国、巴西、印度、墨西哥和南非等国家在同意发展中国家应与发达国家一样接受废气排放限制方面达成共识。中国政府也对工业减排做出了一系列强有力的决策和部署。"十一五"期间(2006—2010 年)我国提出"单位国内生产总值能耗降低 20%左右、主要污染物排放总量减少 10%"的目标。2007 年《政府工作报告》首次确定了降低单位 GDP 能耗及污染物排放的具体目标，并加强在关键领域、基础行业生产和能源利用方面的技术改进和环境监管。这些都推动了中国工业部门减排技术和能源效率的不断改善，工业品出口隐含排放得到有效的控制，进而体现为中国对美国工业品贸易隐含碳福利逆差的减少。

值得关注的是，这一阶段除了出口国二氧化碳排放效应直接降低了中国对美工业品出口隐含排放外，美国对中国出口的中间品需求变动效应也提高了 0.043 亿吨的中国碳福利，而这一因素在其他阶段均为负值。这种反常可能是由于本阶段覆盖了美国 2008 年次债危机这个重要时点所致。观测表 7.6 最终需求变动效应可知，2000—2014 年美国对中国最终需求的结构呈现明显的变化，2000—2006 年由对中国最终品需求所导致的碳福利逆差(−0.703)相当于中间品需求所导致碳福利逆差(−0.313)的 2.25 倍，然而此后阶段中间品贸易逐渐成为双边工业品贸易的主要方式。2008 年美国次债危机通过全球价值链关系对各国产生深远影响，中国中间品出口受到巨大冲击：2009 年中国对美国工业品贸易出口增加值同比下降 16.17%，直接导致这一年度中国出口增加值隐含排放的大幅下降，中间品需求效应为正[①]，碳福利逆差得到一定缓解。而美国由于受金融危机影响对华进口规模大幅下降，进口规模变动

① 通过比较中国中间品需求变动效应在三个阶段的数值可以发现，2006—2009 年中间品需求变动效应出现正值，但是正的量很小，只有 0.043，这与前后基本稳定在−0.313 和−0.373 相比量级相差很远。本书认为这可能是 2008—2009 年中国对美国中间品出口大幅下降后对 2006—2008 年中间品需求负效应的一种抵消的结果。

效应对美国碳福利的正向拉动作用也下降至负值，出现短暂的碳福利顺差减少。

7.4.3　中美双边工业品贸易碳福利级差微幅再扩大阶段

2009—2014 年中美两国工业品贸易碳福利差距又呈扩大趋势，中国对美国的碳福利逆差重新开始增加，2010 年比 2009 年逆差增加了 15.9%，此后几年变化不大。美国对中国的碳福利顺差 2010 年增加了 23.9%，达到 2.044 亿吨，此后回落并持续稳定在 1.93 亿吨左右。这段时间两国的碳福利级差处于稳定期，基本处于 4.15 亿吨上下。

在此阶段，中国出口二氧化碳强度不断下降、全球价值链地位逐渐上升以及对美国的进口规模扩大，通过碳排放强度效应、价值链效应和进口规模效应共增加了中国约 1.392 亿吨的碳福利。另一方面，双边技术结构变动效应、美国对中国最终需求变动效应为负，又反向减少了 1.799 亿吨的碳福利。两方面相互抵消，最终使中国工业品贸易碳福利减少 0.408 亿吨，碳福利逆差继续恶化。2009 年之后，美国对华进口规模逐渐恢复，通过进口规模正向拉动效应增加了约 0.272 亿吨的碳福利，美国碳福利顺差再次呈现上升趋势（见表 7.6）。

表 7.6　中美双边工业品贸易隐含碳福利变动的结构性分解（2000—2014 年）

单位：亿吨

国家	时间段	隐含碳福利变动额	碳排放强度效应		价值链效应	技术结构变动效应		最终需求变动效应		进口规模变动效应
			出口国	进口国		行业间技术结构	国家间技术结构	中间品	最终品	
中国	2000—2006	−1.867	0.359	−0.044	0.264	−0.027	−1.533	−0.313	−0.703	0.130
	2006—2009	0.989	0.832	−0.025	0.061	−0.073	0.168	0.043	−0.114	0.097
	2009—2014	−0.408	1.013	−0.030	0.176	−0.058	−0.944	−0.373	−0.394	0.203
美国	2000—2006	1.877	0.060	−0.073	−0.003	0.001	−0.040	−0.104	−0.057	2.093
	2006—2009	−1.055	0.031	−0.969	−0.023	0.002	0.060	−0.106	−0.017	−0.032
	2009—2014	0.272	0.038	−0.899	0.022	−0.002	0.024	−0.190	−0.046	1.324

根据结构性分解的五个影响效应在上述不同阶段的表现可知：出口国的碳排放强度效应始终为正，进口国碳排放强度效应和最终品需求进

口规模变动效应始终为负。除了受2008年美国次债危机影响带来的中间品需求和进口规模带来的短暂影响外，其余年份进口规模变动效应全部为正，中间品需求变动效应为负。根据式(7.5)，一国在双边贸易中获得的碳福利与进口增加值和出口排放强度正相关，与出口增加值和进口排放强度负相关。本书实证测算结果与SDA模型推导一致。此外，价值链效应在中美两国间呈现恰好相反的特点，而技术结构变动效应由于两国间及行业间的技术关联而更加复杂。这个结论具有很强的政策意义，这说明在我国由“贸易大国”向“贸易强国”转型的过程中，要同时实现“碳福利顺差和贸易增加值利益顺差”双重目标，需要制定“多管齐下”策略，即在最终需求变动效应相对外生的情况下，通过降低碳排放强度、提高中国工业部门全球价值链地位及精益化水平、扩大进口等方式，在加速提升中国工业品贸易国内增加值水平的同时扭转碳福利逆差的局面。

7.5 中美贸易摩擦对中美双边工业品贸易碳福利影响情景模拟

7.5.1 关税冲击下的碳福利变动模型

从式(7.5)可以看出，两国双边贸易隐含碳福利与进出口增加值密切相关。由于短期内技术结构等不易改变，两国间由于最终需求波动而引发进出口增加值变动，将会对双边贸易隐含碳福利带来一定冲击。中美贸易摩擦使中美双边贸易以及全球贸易环境不确定性加大，一国真正获得的进出口增加值的不稳定性加剧，因此本节在式(7.5)的基础上纳入中美贸易摩擦因素，考察双边隐含碳福利的变动。

本部分借鉴张志明、杜明威(2018)的研究并结合式(7.5)，将r国对s国实施贸易制裁(如加征关税)导致s国对r国出口总值变动 ΔuE_{sr} 表示为：

$$\Delta uE_{sr}=(V_sB_{ss})'\#\Delta uE_{sr}+(V_rB_{rs})'\#\Delta uE_{sr}+(\sum_{t\neq s,r}^{G}V_tB_{ts})'\#\Delta uE_{sr} \tag{7.7}$$

式(7.7)中的三项分块相乘矩阵分别表示 s 国对 r 国因出口总值下降引起的 s 国、r 国和其他国家出口增加值下降量。其中,$(V_sB_{ss})'\#\Delta uE_{sr}$ 表示出口变动中本国出口增加值变动部分,在本节中$(V_rB_{rs})'\#\Delta uE_{sr}$ 与 ΔE_{sr}^{D} 含义一致。假设 E_{sr}^{D} 中 $V_s'\#B_{sr}Y_{rs}+V_s'\#B_{sr}A_{rs}(I-A_{ss})^{-1}Y_{ss}$ 所占比例为t,则 s 国对 r 国出口总值变动 ΔuE_{sr} 后 s 国的碳福利为:

$$E_{sr-save}^{co_2}=\hat{e}_r(M_{sr}^{F}-t\#(V_sB_{ss})'\#\Delta uE_{sr})-\hat{e}_s(E_{sr}^{D}-(V_sB_{ss})'\#\Delta uE_{sr}) \tag{7.8}$$

在 s 国对 r 国出口总值变动 ΔuE_{sr} 后 r 国的碳福利为:

$$E_{rs-save}^{co_2}=\hat{e}_s[M_{rs}^{F}-(V_sB_{ss})'\#\Delta uE_{sr}-(\sum_{t\neq s,r}^{G}V_tB_{ts})'\#\Delta uE_{sr}]-\hat{e}_rE_{rs}^{D} \tag{7.9}$$

在 s 国和 r 国相互加税导致双边出口同时下降情境下,两国双边贸易隐含碳福利变为:

$$\begin{aligned}E_{sr-save}^{co_2}=&\hat{e}_r[M_{sr}^{F}-t\#(V_sB_{ss})'\#\Delta uE_{sr}-(V_rB_{rr})'\#\Delta uE_{rs}\\&-(\sum_{t\neq s,r}^{G}V_tB_{tr})'\#\Delta uE_{rs}]-\hat{e}_s[E_{sr}^{D}-(V_sB_{ss})'\#\Delta uE_{sr}]\end{aligned} \tag{7.10}$$

$$\begin{aligned}E_{rs-save}^{co_2}=&\hat{e}_s[M_{rs}^{F}-t\#(V_rB_{rr})'\#\Delta uE_{rs}-(V_sB_{ss})'\#\Delta uE_{sr}\\&-(\sum_{t\neq s,r}^{G}V_tB_{ts})'\#\Delta uE_{sr}]-\hat{e}_r[E_{rs}^{D}-(V_rB_{rr})'\#\Delta uE_{rs}]\end{aligned} \tag{7.11}$$

7.5.2　情形设定及模拟结果

美国分别在 2018 年 4 月和 7 月宣布对原产地为中国的总价值为

2 500 亿美元进口产品加征 25%关税。作为回应，中国随后宣布对原产地为美国的价值 1 100 亿美元进口产品加征 5%～25%关税。目前关于中美贸易摩擦产生的经济影响的研究大多集中在对两国 GDP 或一国总出口的影响(Tam，2019;郭晴、陈伟光，2019)，对中美双边贸易影响的分析较少。王晓星和倪洪福(2019)基于双边进口需求弹性，认为中美贸易摩擦将导致中国对美国出口下降 20%～30%，美国对中国出口下降 20%～40%。本节分别设定中美双边出口总值受中美贸易摩擦存在下降 20%、25%和 30%三种可能，并按照“单边加税”及“双边加税”几种情境，结合(7.8)式至(7.11)式，模拟测算中美贸易摩擦对中美双边贸易增加值及隐含碳福利的影响。

情境 1:美国对中国单边加税导致中国出口下降。在出口下降 20%、25%和 30%三种情境下，中国对美国出口国内增加值将下降 16.79%～25.19%，进口增加值受影响较小，仅下降 0.25%～0.38%。从美国方面看，对中国出口单边加税使美国从中国进口增加值大幅下降 14.75%～22.13%，出口增加值在此情境下影响较小。中美双边进出口增加值的变化直接带来了双边贸易隐含碳福利的变化:中国进口隐含碳排放的下降远远小于出口隐含排放下降，中国碳福利状况将得到改善，增加 19.53%～29.29%;美国因进口减少，从中国获得碳福利直接下降 22.81%～34.22%。

情境 2:中国对美国单边加税导致美国出口下降。在不同的出口下降比率情境下，美国对中国的出口增加值将减少 17.66%～26.48%，中国对美国的进口增加值同步减少 18.68%～28.01%。双边贸易增加值的变动给中美两国贸易隐含碳福利带来的影响截然不同，其中，中国的隐含碳福利将减少 2.98%～4.47%，美国的隐含碳福利将增加 3.28%～4.91%。

情境 3:中美相互加税导致双边出口下降。结合(7.10)式和(7.11)式模拟两国贸易增加值及隐含碳福利变化情况(见表 7.7)，结果表明:互加关税的“焦土策略”将对中美双边的进口增加值和出口增加值带来明显的打击。在进口增加值方面，中国遭受的影响大于美国，中国从美国进口的增加值损失空间将分布在 21.44%～32.16%，而美国对中国进口增加值损失在 17.79%～26.79%。出口增加值方面的情况正好相反，美国对中国出口的国内增加值将下降 17.66%～26.49%，稍高于中国对美国出口的国内增加值下降幅度 16.79%～25.19%。从贸易增加值综合利益角度，两国的进口增加值下降比率均高于出口增加值下降比率。由于目前中国对美国整体处于贸易增加值顺差状态，而美国对中国为贸易增加值逆差状态[①]，导致在双边互加关税情况下，中国在双边贸易隐含碳福利分配中的负福利状况将改善约 16.15%～25%，而美国正的碳福利将下降 23.98%～35.98%。

①在单边加税情境下，出口下降给中国贸易隐含碳福利的影响要小于给美国带来的影响。这个结论在不同的出口下降率、不同的关税加征对象情况下均成立。

②在互加关税情境下，中美双边贸易增加值利益的变化趋势与隐含碳福利的变化正好相反。这主要因为对一国加征关税后该国出口下降，进口量却不会受到太大影响，而碳福利本质上是一种进口替代效应（李真，2014），因此一国受出口影响导致的贸易增加值利益下降反而在碳福利方面得到一定改善。由于全球价值链的深化，一国出口总值中的增加值实际上包含多国的价值网络关系，所以对出口国加征关税会通过降低进口消费侧排放的方式恶化加征国的贸易隐含碳福利。

表 7.7　中美相互加税情境下的两国贸易增加值及隐含碳福利模拟实验　单位：%

出口下降率	国家	进口增加值变化	出口增加值变化	进口隐含碳变化	出口隐含碳变化	碳福利变化
20	中国	−21.438 7	−16.797 9	−20.423 2	−16.765 9	16.148 1
	美国	−17.798 6	−17.662 5	−22.922 2	−17.636 0	−23.984 4

① 经本书测算，2014 年中国对美国的出口国内增加值为 3 054.652 1 亿美元，进口增加值为 1 120.514 1 亿美元；美国对中国的出口国内增加值为 1 186.225 4 亿美元，进口增加值为 3 473.111 0 亿美元。

续表

出口下降率	国家	进口增加值变化	出口增加值变化	进口隐含碳变化	出口隐含碳变化	碳福利变化
25	中国	−26.798 5	−20.997 4	−25.529 0	−20.957 4	20.185 1
	美国	−22.248 3	−22.078 1	−28.652 7	−22.045 0	−29.980 6
30	中国	−32.158 1	−25.196 9	−30.634 8	−25.148 9	24.222 0
	美国	−26.796 9	−26.493 8	−34.383 3	−26.454 0	−35.976 7

注：由于 WIOD 没有更新 2014 年之后的国家投入产出表，因此本部分采用 2014 年 IO 表计算出双边贸易增加值及隐含排放情况进行模拟实验。

7.6 中国对美国制造业出口隐含环境成本及贸易利益损失预估

随着中国出口增加值的提高，2005—2014 年中国出口隐含碳排放基本保持持续增长态势。中国对美出口增加值虽然保持逐年增加，但中国对美出口隐含碳排放在 2006 年达到峰值 2.03 亿吨后，受全球经济危机影响在 2009 年回落到 1.33 亿吨，此后维持在 1.6 亿吨左右。从行业分布来看，化学品和化学工业产品、其他非金属矿物制品和基础金属的制造是中国出口隐含碳排放最高的三个行业，2014 年占中国制造业总出口隐含碳排放的 70.59%，占对美制造业出口隐含碳排放的 63.19%（见表 7.8）。

表 7.8　　中国出口隐含碳排放　　单位：百万吨

行业	2005		2010		2014	
	总出口	对美出口	总出口	对美出口	总出口	对美出口
食品饮料和烟草制造	22.17	2.40	19.81	2.38	13.60	1.32
纺织品、服装和皮革	110.85	26.03	95.46	20.21	60.50	11.00
木材和木制品	3.82	0.52	3.62	0.58	3.13	0.46
纸和纸制品的制造	4.57	1.96	7.98	2.43	9.27	2.26
打印和复制录制	0.54	0.03	0.32	0.02	0.27	0.01

续表

行业	2005		2010		2014	
	总出口	对美出口	总出口	对美出口	总出口	对美出口
焦炭和精炼石油产品	11.76	1.39	17.73	1.58	30.89	2.31
化学品和化学工业产品	149.08	32.47	182.52	33.90	218.49	40.73
基础药物产品	0.09	0.02	0.21	0.03	0.24	0.03
橡胶和塑料制品制造	60.27	12.17	78.83	14.27	74.47	12.36
其他非金属矿物制品	202.91	48.57	220.99	33.16	303.11	36.69
基础金属的制造	138.28	16.88	189.47	18.50	291.59	25.78
制造金属制品	10.61	2.84	14.16	2.94	12.22	2.15
制造计算机、电子和光学产品	20.97	5.32	20.54	4.43	15.28	3.14
电气设备的制造	11.61	2.34	23.29	3.55	24.45	3.68
制造机械和设备	21.27	5.56	33.65	5.50	21.63	3.49
汽车、拖车和半挂车的制造	3.45	0.94	3.59	0.86	3.73	0.87
制造其他运输设备	5.15	0.58	8.63	0.32	5.24	0.33
家具制造;其他制造业	49.68	23.76	47.67	17.58	63.83	16.72
制造业合计	827.09	183.78	968.45	162.25	1 151.94	163.32

本节进一步考察的制造业出口隐含排放污染物为危害人体健康的烟(粉)尘以及危害农作物生长的 SO_2 和废水。从表 7.9 可以看出，2005—2014 年中国出口隐含污染排放中除了废水排放基本保持下降态势，烟(粉)尘和 SO_2 均呈先下降后上升的态势。2014 年由于中国出口贸易而产生的以烟(粉)尘和 SO_2 为代表的废气污染排放高达 444.96 万吨，废水污染排放更是高达 62.72 亿吨，其中由于对美出口产生了 58.4 万吨的废气排放和 11.19 亿吨的废水排放。

表 7.9　　中国出口隐含污染排放　　单位:万吨(废水:亿吨)

总出口	2005			2010			2014		
行业	烟(粉)尘	SO_2	废水	烟(粉)尘	SO_2	废水	烟(粉)尘	SO_2	废水
食品饮料和烟草制造	7.99	7.74	4.36	3.79	5.90	4.00	3.50	5.90	3.15
纺织品、服装和皮革	23.45	47.95	28.79	15.79	31.28	32.80	10.74	28.50	24.17
木材和木制品	1.79	1.21	0.17	1.22	0.58	0.09	2.08	0.77	0.09
纸和纸制品的制造	2.39	4.02	3.42	2.40	6.07	4.70	3.01	8.76	5.86
打印和复制录制	0.01	0.03	0.02	0.01	0.02	0.01	0.03	0.05	0.01
焦炭和精炼石油产品	9.74	12.11	1.16	4.65	6.99	0.77	6.91	12.91	1.38
化学品和化学工业产品	24.17	39.70	11.53	17.44	31.45	9.34	20.82	42.50	8.34
基础药物产品	1.06	1.60	1.00	1.44	2.56	1.70	1.06	2.32	1.22
橡胶和塑料制品制造	4.54	10.78	3.56	2.63	8.16	2.52	3.25	7.52	2.42
其他非金属矿物制品	136.03	34.68	0.94	50.67	25.17	0.48	43.91	34.63	0.47
基础金属的制造	50.78	46.43	4.44	29.65	43.52	2.51	100.22	72.75	2.51
制造金属制品	2.07	1.92	1.58	1.48	1.98	1.70	3.79	6.35	1.81
制造计算机、电子和光学产品	1.91	2.85	3.15	0.60	0.97	5.37	0.91	1.11	7.05
电气设备的制造	1.87	2.82	0.84	0.67	1.24	1.07	0.66	1.09	1.01
制造机械和设备	4.94	4.81	1.63	6.09	5.40	1.64	2.50	2.15	1.19
交通运输设备制造业	2.46	1.65	0.99	2.11	1.21	0.94	1.17	0.83	0.88
家具制造;其他制造业	1.82	1.20	0.41	0.75	1.26	0.60	4.18	8.05	1.17
制造业合计	277.03	221.49	67.98	141.40	173.76	70.25	208.77	236.19	62.72

对美出口	2005			2010			2014		
行业	烟(粉尘)	SO_2	废水	烟(粉尘)	SO_2	废水	烟(粉尘)	SO_2	废水
食品饮料和烟草制造	0.87	0.84	0.47	0.45	0.71	0.48	0.34	0.57	0.31
纺织品,服装和皮革	5.51	11.26	6.76	3.34	6.62	6.94	1.95	5.18	4.39
木材和木制品	0.24	0.16	0.02	0.20	0.09	0.01	0.31	0.11	0.01
纸和纸制品的制造	1.03	1.73	1.47	0.73	1.85	1.43	0.73	2.14	1.43
打印和复制录制	0.00	0.00	0.00	0.00	0.00	0.00	0.00	0.00	0.00
焦炭和精炼石油产品	1.15	1.43	0.14	0.41	0.62	0.07	0.52	0.97	0.10
化学品和化学产品	5.27	8.65	2.51	3.24	5.84	1.74	3.88	7.92	1.55
基础药物产品	0.23	0.34	0.21	0.22	0.40	0.26	0.15	0.32	0.17
橡胶和塑料制品制造	0.92	2.18	0.72	0.48	1.48	0.46	0.54	1.25	0.40
其他非金属矿物制品	32.56	8.30	0.22	7.60	3.78	0.07	5.31	4.19	0.06
基础金属的制造	6.20	5.67	0.54	2.90	4.25	0.24	8.86	6.43	0.22
制造金属制品	0.55	0.51	0.42	0.31	0.41	0.35	0.67	1.12	0.32
制造计算机,电子和光学产品	0.48	0.72	0.80	0.13	0.21	1.16	0.19	0.23	1.45
电气设备的制造	0.38	0.57	0.17	0.10	0.19	0.16	0.10	0.16	0.15
制造机械和设备	1.29	1.26	0.43	1.00	0.88	0.27	0.40	0.35	0.19
交通运输设备制造业	0.47	0.31	0.19	0.25	0.15	0.11	0.18	0.13	0.14
家具制造;其他制造业	0.87	0.57	0.20	0.28	0.46	0.22	1.09	2.11	0.31
制造业合计	58.01	44.51	15.28	21.64	27.94	13.99	25.23	33.17	11.19

本书在测算出2004—2014年中国对美出口隐含污染排放量后，参照李真等(2020)将污染物排放量转化为经济价值的做法，对中国对美制造业出口隐含环境损失做出评估，结果如表7.10所示。

表7.10　　中国制造业对美出口经济损失　　单位:亿元

年份	对美制造业出口增加值	对美制造业出口环境损失	真实对美出口利益	折损比率
	①	②	③=①-②	④=②/①
2004	7 165.15	222.72	6 942.43	3.11%
2005	9 526.64	254.18	9 272.46	2.67%
2006	11 238.21	293.99	10 944.22	2.62%
2007	12 485.37	336.28	12 149.09	2.69%
2008	12 208.06	350.36	11 857.71	2.87%
2009	10 712.84	244.45	10 468.39	2.28%
2010	13 057.48	353.51	12 703.97	2.71%
2011	13 776.51	389.65	13 386.86	2.83%
2012	14 852.52	474.97	14 377.55	3.20%
2013	15 196.83	483.72	14 713.11	3.18%
2014	16 551.34	528.33	16 023.01	3.19%

从表7.10可以看出，中国对美制造业出口环境损失基本上同对美制造业出口增加值保持同向变动。2004—2014年对美制造业出口造成的环境损失占对美制造业出口增加值的比例(即折损比率)呈现先下降再上升的趋势，于2009年达到最小折损比率2.28%。从2004－2014年的折损比率可以看出，如果不考虑污染物造成的环境损失，中国对美制造业出口的贸易利益被平均高估2.85%左右。

综上，本章将贸易增加值核算分解法纳入MRIO模型，构建双边贸易隐含碳福利模型，对2000—2014年中美双边工业品增加值贸易隐含碳福利及分配状况进行测算，并对双边贸易碳排放的责任认定、隐含碳福利变动的影响机制以及当前中美贸易摩擦所带来的可能性影响进行深入分析。主要结论如下：

第一，在贸易隐含碳福利博弈中，中美双方的利益分配地位并不平等，中美双边贸易中“贸易顺差在中国”是以隐含碳福利逆差为代价的，美国则在与中国的双边贸易中获得了碳福利顺差。

第二，中国出口生产侧排放高出进口消费侧排放约 10.21 倍，且趋势逐渐增大，在 2007 年达到峰值。80％的生产侧排放集中在化学工业品制造业、非金属矿物制品业、金融冶炼压延工业、纺织与服装、电煤水工业及供应等行业，出口增加值越高的行业不必然是双边贸易隐含碳福利逆差最高的行业，行业间的技术关联及碳排放系数的异质性是导致两者呈现“倒挂”的主要原因。

第三，双边贸易隐含碳福利变动可分解为二氧化碳排放强度效应、价值链效应、技术结构变动效应、最终需求变动效应和进口规模变动效应五项因素。中美双边工业品增加值贸易经历了 2000—2006 年的碳福利级差扩大、2006—2009 年碳福利级差迅速收窄以及 2009—2014 年碳福利级差微幅再扩大三个阶段。在所有阶段中，出口国的碳排放强度效应始终为正，进口国碳排放强度效应和最终品需求进口规模变动效应始终为负。除受 2008 年美国次债危机影响带来的中间品需求和进口规模带来的短暂影响外，其余年份中进口规模变动效应全部为正，中间品需求变动效应为负。价值链效应在中美两国间呈现恰好相反的特点，而技术结构变动效应由于两国间及行业间的技术关联而更加复杂。

第四，在单边加税情境下，出口下降给中国贸易隐含碳福利的影响要小于给美国带来的影响；在互加关税情境下，中美双边贸易增加值利益的变化趋势与隐含碳福利的变化正好相反，全球价值链的深化导致对出口国加征关税会通过降低进口消费侧排放的方式恶化加征国的贸易隐含碳福利。

第八章　相关政策启示

前文分别从理论分析和实证检验两个层面对中国出口贸易隐含碳成本及真实贸易利益进行了研究，结果表明中国长期的贸易顺差是以碳福利逆差为代价的，贸易隐含碳福利分配并不公平，现行的国际分工及自由贸易格局构建了一个并不平等的减排责任制度环境。中国如何在全球化结构深入调整过程中同时增进自身的贸易隐含碳福利水平、促进碳福利平衡、提高绿色产业国际竞争力，对于未来可持续发展和公平参与全球二氧化碳减排进程至关重要。

当前供给侧结构性改革背景下，中国贸易减排政策的意涵可从如下方面来思考：如何紧紧把握供给侧结构性改革契机，大力推进贸易结构深层次改革？如何制定一个扭转碳福利逆差局面的进口政策长效机制？如何改善全球碳福利水平？如何更加有效地发挥技术溢出和创新效应？政府如何更为高效地引导社会资本向低碳环保领域流动？如何真正将环境管制政策发挥至实处？

基于上述问题，本书将贸易碳福利增进目标框架下的政策路线总结为“对内节流＋对外开源”模式：“节流”政策涉及技术进步策略、环境管制政策、贸易结构调整政策和资本流向政策；“开源”政策主要体现为加强国际合作的“走出去”政策以及“碳排放权”交易政策。通过“节流”政策提高能源使用效率，降低排放强度和中国出口隐含碳成本，减少中国与发达国家贸易带来的碳福利逆差，增进中国真实贸易利益；利用“开源”政策积极开展国际技术合作和转移，减少自由贸易对全球二氧化碳排放的影响，增进全球碳福利水平，落实大国责任。

8.1 进出口“双管齐下”减排政策

提升我国真实贸易利益及推进绿色贸易发展的政策着力点应同时把握住进口和出口两条减排线索，抓住国内创新链重构及国外技术合作两方面契机。

8.1.1 从出口的外延结构升级走向内涵结构升级

第一，从贸易结构看，目前中国的贸易产品结构虽在总体上不断改善，但还存在很大的提升空间。因此，需在稳出口前提下精准调整出口内涵结构，逐步淘汰劳动密集型和高污染、低效率的行业，将资源向高端制造业倾斜，以降低整体出口污染排放强度和污染排放量。对于出口结构的判断应从两个层面加以考察：一是外延层面的出口结构，二是内涵层面的出口结构。外延层面的出口结构主要关注两个指标：“工业制成品出口/总出口”和“初级品出口/总出口”，一般情况下定义的出口结构改善通常指工业制成品出口占总出口比例的提高。而内涵层面的出口结构，除了考察工业制成品和初级品在总出口中所占比重外，更多关注工业制成品出口内部的产品类别差异。这种类别差异并不是基于产品用途差异，而是在技术密集度、附加值及含碳量等方面的内涵差异。

第二，从出口贸易内涵结构看，需设计出一套能够抑制初级产品出口、鼓励环保产品出口的机制，以达到调整出口贸易结构的目的。中国的初级产品尤其是资源性和高载能产品以及其他大宗贸易类产品，如轻工类产品、机电类产品仍占据较高出口比例。这不仅直接和间接出口了大量的能源，减少了中国资源未来储备能力，在一定程度上还不利于维护中国的能源安全。而高技术产品出口比例虽然逐年上升，但存在过度依赖核心零部件进口、自主品牌含量较低等问题。为此，中国应将环境因素纳入出口贸易政策中，积极推进企业环境成本内部化进程。对于“两高一资”产品和国家生态环境部发布的141种高污染风险产品，应提高这些部门的出口环境关税税率，加强许可证交易管理、环境标准管理和环境审计，逐步降低其出口规模。同时，对出口生产企业全面推行环境标志制度、ISO14000 认证制度，激励企业提高绿色、有机、环保产品的开发，对生态标志产品实施出口退税等差别税，鼓励生态标志产品出口。

8.1.2　抓住劳动力成本倒逼效应契机

中国出口贸易的传统优势行业大多集中于劳动密集型行业，出口加工制造在中国出口结构中长期占据很大比重，2014 年加工贸易占比仍高达 32.7%。在很长时间里，中国加工贸易几乎成为中国出口的“标签”，体现了中国出口的“比较优势”。但这种优势在 2000 年之后逐渐丧失，例如：美国 1995 年制造业工人人均月工资为 16 432 元[①]，中国制造业工人月工资仅为 430.7 元，两者相差 38 倍。2000 年以后，中国人均工资水平开始不断增加，2014 年我国制造业工人人均月工资上升至 4 280 元。中国劳动力成本的增长直接抑制了传统加工贸易的发展。在持续的劳动力教育程度提高和创新投资增长的推动下，中国出口产品的单位价值逐渐增加，更加需要技术熟练的劳动力。部分学者担心在劳动力成本不断上涨的趋势下，中国作为“世界工厂”和贸易大国的地位会被不断削弱，但是本书实证结果证明劳动力成本上涨会对中国贸易结构优化和贸易减排形成倒逼效应，在越来越密集的 TBT 壁垒及全球气候和环境压力下，以往依靠低廉劳动力成本优势的发展模式已越来越不能适应现代贸易的发展。应充分利用劳动力成本上升契机，大力发展低碳贸易，增强中国人力资本质量。

(1)劳动力成本上升对中国出口企业粗放式模式改变产生内部压力

我国出口企业具有总体数量规模庞大但单个企业规模较小的特征。导致该特征的主要原因在于我国出口企业尤其是中小型企业的出口商品大多为劳动密集型或资本密集型中的低端加工和组装类产品，这类产品

① 美国制造业工人工资原始数据为“小时工资”，本研究通过将小时工资按照每日 8 小时工时、每月 20 个工作日及汇率换算后得到按照“元/月”为单位的制造业人均工资。

的出口并不具备很高的技术含量和附加值，十分依赖低廉的劳动力成本优势。但是，在近几年劳动力成本不断上涨的市场环境下，出口企业依靠廉价劳动要素投入来获取微薄出口利润的生产方式已难以为继。同时，在全球低碳经济的大背景下，很多发达国家设立了各种隐性的 TBT（如生态标签、环境税等）来抵制进口中国制造商品，这些壁垒在商品制造过程中的劳工福利、劳动环境、环保要求、产品含碳量要求等方面做出了严格的规定，使本来就利润微薄的出口企业雪上加霜。劳动力成本的上升对仍采用粗放式生产方式的企业产生了内部压力，迫使它们改变传统生产模式，逐渐摆脱对低廉劳动力成本优势的依赖，逐渐实现向技术密集型产业、高端制造业及高附加值产品出口的转型。劳动力成本对于改变出口企业粗放式生产方式产生了强大的内部压力：一方面劳动力成本的上涨及国际市场上环境技术壁垒的日益扩大使出口企业原本依靠廉价劳动力获取的微薄利润空间的不断受到挤压；另一方面，劳动力成本上涨的一个重要结果是国民人均收入的提高，消费者对环保性产品需求的增长也迫使出口企业不得不关注除了低廉劳动力成本以外的其他因素，在产品的低碳技术、环保标准上下功夫。

（2）劳动力成本上升对改善出口贸易内涵结构的推动作用

从出口贸易内涵结构角度看，随着制造业人均工资的不断上升，我国工业制成品内部的高技术产品出口比重也开始逐年增加，从 2000 年的 16.5％上升至 2014 年的 29.6％[①]，这说明劳动力成本上升推动了出口内涵结构的改善。从国际产业和价值链分工的现状可知，一国单纯依靠低廉劳动力成本和资源投入创造的竞争力仅在一定的历史阶段有效，从长远角度来看，国家间的出口竞争巅峰在于技术的竞争。在劳动力成本上升趋势不可避免和扭转的局面下，我国出口企业只能向着技术创新型企业方向转型，即在先进的科学技术试验与应用、新产品研发、提高能源利用率和减排技术等领域加大科研投资力度，以提高高科技产品、能源环保

① 作者根据《中国经济统计年鉴》相关数据计算而得。

类产品、高端制造业等类别产品的出口比例，减少出口贸易碳排放。

(3)妥善利用劳动成本上涨的倒逼机制，增强我国人力资本质量

我国近年来劳动力成本上涨的压力一方面导致一批以劳动密集型产品生产或加工组装贸易为主的中小出口企业举步维艰、濒临破产，另一方面为这些出口企业改变传统的粗放式生产模式带来了一种正向压力。为此，我国出口企业应妥善利用劳动力成本上涨的倒逼机制，增强企业人力资本投资力度，转变企业人力资本发展目标，从以往以低工资为目标，转为培养一批拥有高技能、高学历、高生产实践经验的技术或生产骨干为目标，以此逐步摆脱以低廉劳动力优势为主的低端生产模式，继而转为以技术和人力资本质量为主的高附加值生产。

8.1.3　差别化的进口结构调整

通过第五章的分析结论可知，中国通过进口方式来实现贸易减排的空间巨大，但仅仅依靠进口排放密集型产品来解决目前的碳利益逆差并不现实。本书认为，进口侧的贸易减排政策可从如下方面来思考：需要进行高排放行业的完全进口替代吗？如何制定一个扭转碳利益逆差局面的进口政策长效机制？有哪几种思路？如何利用进口政策拉动实现出口减排？基于上述问题，本书认为除了紧抓出口这条线外，还需同时重视进口减排的巨大空间，通过差别化政策推动贸易结构调整，实现中国贸易减排的“进出口双管齐下”策略。鉴于行业间关联性以及进口用途多样性特征，贸易结构调整需从全行业角度出发，有区别、有针对性地制定不同政策。

(1)进口替代策略

对于碳排放影响力较高但影响力较低、产品具有可替代性的行业，可通过产业结构调整及进口替代政策来实现贸易减排目标。此类行业以非能源型、劳动力密集型等行业为代表，由于行业影响力较低，产品市场接近完全竞争，针对这类行业可积极发展进口替代策略，逐步淘汰国内落后产能，减少国内碳排放压力。

(2)进口规模扩大策略

对于出口中进口中间投入隐含碳增速较快的石油和天然气开采、金属矿采选、食品制造及烟草加工等行业，需要通过工艺改进和产品替代逐步降低进口品中间投入在出口中的比例；相反，对于出口品中进口中间投入隐含碳下降更快的非金属矿物制品、交通运输设备制造、电气机械及器材制造、建筑等行业，虽然进口真实碳福利在下降，减排效率却在提高，应逐步提高进口规模。

在调整进口内涵结构过程中对可能面临的发达国家相关产品出口管制等贸易壁垒问题，可尝试采取“进口碳税政策＋进口补贴政策”，有目标地引导进口产品的行业结构及使用结构。按照进口节约碳标准、国内发展标准、关键技术引进标准等多元指标体系，分别确定不同行业的进口碳税税档和进口补贴率，引导进口结构向着有利于改善中国贸易隐含碳福利的方向调整。

(3)进口技术溢出策略

对于碳排放总量大、强度高的电力热力生产和供应、石油炼焦及核燃料加工、金属冶炼及压延加工等国民经济基础行业，不能实行完全替代，政策重点应放在进口的技术溢出效应方面。具体来说，可以通过从技术先进国家进口同类产品，实现从技术溢出到创新的转化，提高国内生产的碳排放效率，进而降低出口碳排放，实现进出口双通道减排目标。一些国民经济基础性行业的进口减排空间巨大，但单纯采取进口替代策略反而涉及国家产业安全问题。

这类行业之所以具有“双高”特点，与中国目前的经济发展阶段、人均收入水平密切相关。中国自20世纪末进入以大规模基础设施建设、房地产建设为支柱产业的高速增长通道，能源、电力、金属冶炼、非金属冶炼、化学工业等行业的产品需求量大幅增加。在产品投入过程中，成本和品质是要考虑的两个重要因素。以水泥生产为例，水泥是国民经济建设的重要基础原材料，中国水泥的产量和需求量均位于全球首位，比例在50％以上。由于国内水泥生产并未达到集约化程度，在国际水泥市场上处于低端产品行列，具有低成本、高耗能、高排放的特征。同样的水泥产品，在日本等发达国家生产工艺更好，能耗和排放水平更低，但价格更高。通过完全进口替代来解决该行业的高排放问题并不现实，一是需求总量太大，难以单纯通过进口来满足；二是成本太高，目前中国人均收入和企业成本预算难以匹配。这类国民基础性行业减排应通过积极的技术溢出机制来解决，具体措施后文将详细分析。

(4)能源类商品进口双重策略

基于煤炭为主的能源使用结构，能源行业的贸易结构调整政策应以中国能源安全为核心目标，实施“对外开源”和“对内控制”双重策略，逐步提高能源进口来源中份额比例及长期供给比例，提高非可再生能源利用效率，发展新能源和替代能源来缓解环境压力。例如煤电水生产和供应业、金属冶炼压延工业、石油炼焦核燃料加工业、化学工业品制造业、非金属矿物制品业等大量使用煤炭资源的行业，虽然排放强度大、行业关联性高，但由于上述行业处于国民经济的基础性地位，不能实行完全进口替代，应将政策重点放在如何通过提高能源进口份额比例来拉动全行业减排，充分发挥“对外开源”和“对内控制”的双重政策引导。

8.2　加快深化技术进步在贸易减排中的“节流”引擎作用

政府、研究机构与企业都应加大技术创新力度，培育“中国创造”品牌。技术创新有利于降低出口商品能源消耗，减少隐含能源出口，并从根本上促进中国产品结构升级，提升国际竞争力。

8.2.1　加快出口企业技术吸收和创新

从企业的角度看，中国出口企业应进一步加快技术进步，发挥技术创新在低碳贸易和减排中的关键作用。技术进步的方式主要有三种：技术自主创新、技术引进、技术模仿。由于技术自主创新的前期投入巨大，从技术研发到试验再到应用的时间较长，存在极大的不确定性和风险。改革开放以来，中国出口企业的技术进步大多依赖技术引进和技术模仿，但这两种形式对技术进步的推动作用有其局限性。一方面，中国企业对引进技术的利用效率较低。国家发改委的一项研究报告表明，改革开放以来在中国引进的两万多项重要技术中，电子、轻工、纺织等行业的投产率只有65%，机械、冶金、建材等行业的投产率更低，只有60%左右。[①] 发达国家大型科研装备利用率达到170%～200%，而中国只有25%。另一方面，中国对引进技术的消化吸收率水平较低。以中、日、韩三国为例，目前中国引进技术金额占进口额的比重逐年上升，但是引进支出与引进后的消化吸收支出之比只有1∶0.06，日本和韩国这一比例则达到1∶3，这导致技术引进投资每年增长，但产出转化率始终在低水平徘徊，造成了资源浪费。中国应逐步加大对技术尤其是低碳环保技术原始创新的投资力度，逐步减少对技术引进和模仿的依赖，提高技术吸收率和二次创新能力，以缩短技术扩散和溢出时滞，将国外技术最大限度地转化为本企业的生产能力，尽早实现从引进、吸收、模仿到自主创新的跨越。

8.2.2 培育“中国创造”品牌

技术创新有利于降低出口商品能源消耗，减少隐含能源出口，并从根本上促进我国产品结构升级，提升国际竞争力。为此，中国应将政府、研究机构和企业有机整合，形成政府—研究机构—企业三者之间可持续的研发生态圈，缩短低碳技术从基础研发、试验到实际应用、推广之间的时滞，实现出口贸易的减耗减排目标。具体可以通过以下两种途径实施：

一是通过“产学研”机制，整合传统劳动和资本密集型产业，使其向着高端劳动密集型、资本密集型和技术密集型产业方向发展，提高出口产品的技术含量，实现简单劳动向复杂劳动、粗加工向深加工、技术附加值低的产品向技术附加值高的产品的转化。

二是政府应通过信贷和保险制度为研究机构和高校在低碳生产技术

---

① 刘文革，高长春. 发展中国家技术引进的吸收—扩散问题研究[J]. 哈尔滨工业大学学报(社会科学版)，2000(02).

和工艺方面的研发工作提供顺畅的资金供给机制，鼓励企业与企业、高校、研究机构等建立技术合作战略联盟；并对低碳环保生产企业进行税收优惠，以鼓励企业进行传统技术改造、清洁生产技术投资和自主创新。中国制造业企业应加强内部科技力量的培养，注重企业研发实力的增强。在技术研发的同时，中国还应充分发挥本土人力资源优势，对自主品牌的生产和出口给予相应的资金支持、税收优惠及技术指导；注重培育一系列有自主知识产权的节能型产品以及一批有国际代表性的高新技术产业群和出口重点企业，尽快完成从“中国制造”到“中国创造”的蜕变。

8.2.3　加强与先进低碳技术国家的合作

根据联合国开发计划署发布的《2010年中国人类发展报告》，要实现未来低碳经济的目标，中国至少需要60多种骨干技术支持，而其中70%的减排核心技术需要进口。为此，国家应在基础技术、核心技术、绿色技术等方面与发达国家展开更加广泛和密切的技术合作，重构与国内产业链升级匹配的创新链。抓住在中美贸易战时期中国与其他发达国家的战略合作机遇期，在限额分配机制、市场交易机制、市场连接机制、风险管控机制等方面与欧盟、日本等展开更深层次技术合作。

8.2.4　加快自主创新及关键科技成果转化

积极发挥技术引进在自主创新中的作用，鼓励企业充分吸收外溢的先进生产和增值技术仍然是重要任务。在技术进口推动下，中国需要继续加快低碳技术的自主创新和二次创新步伐，政府和企业应共同加强对节能环保技术研发及应用的扶持力度，积极制定相关优惠政策和奖励措施，“产学研”结合，实现从引进、吸收到自主创新的跨越。鼓励企业与高校、研究机构等建立技术合作战略联盟，发挥产业科技园、大学科技园实际作用，打通科技成果转化“最后一公里”，加强国民经济基础部门科技力量和研发人才培养、人才流动、人才奖励等政策，形成“产学研政”可持续创新生态圈；通过信贷、保险、资本市场为制造业企业技术创新和绿色增长打造普惠金融生态圈。

基于产品全生命周期 80%的资源环境影响取决于设计研发阶段，工业制造业低碳绿色转型的发展方向必然是选择与消费者紧密相关、量大面广的产品进行绿色设计开发，核心在于促进制造业行业绿色全要素生产率的提升。“双碳目标”规制下的制造业产业链的转型升级，将是以减少碳排放为目的引发的技术革新、就业增长、产业壮大等驱动下的转型升级。“碳达峰”和“碳中和”目标的提出，可以很大程度上对现有制造业在全球产业链和价值链的地位提升起到“技术驱动、减排倒逼、产业创造”的作用。更具体地讲，是要从“两头在外，大进大出”的国际大循环传统模式切换到构建以国内大循环为主体、国内国际双循环相互促进的新发展格局，发展重点在于以新科技驱动的战略性新兴产业、促进生态文明建设的绿色制造业、高效带动就业的劳动密集型产业、应用数字技术的智能制造产业以及满足多样化生活需求的新型消费品产业。在“双碳目标”规制下的制造业产业链，一方面需要在现有制造业的规模优势基础上，提升产业配套水平和延长产业链条，分别向研发和市场两个方向延伸；另一方面在不影响比较优势的基础上，对某些低技术、低成本的制造业环节进行转移布局，为集中经济优势和技术优势攻关总部经济创造条件。换言之，未来我国制造业产业链条的转移，对内而言需要为制造业整体的转型升级和提升竞争力服务，对外而言需要确保转移的产业链是绿色低碳的，才能为充分利用国际国内两个市场提供充分条件。

将“能源碳”和“物质碳”中和路径与绿色技术供给和全产业链升级路径协同统一。国务院新闻办公室 2020 年 12 月发布的《新时代的中国能源发展》白皮书提出，走新时代能源高质量发展之路，推动能源技术革命，带动产业升级。碳中和实现路径与工业过程息息相关，涉及大规模的以回收利用、工艺改进、低碳节能为主线的产业链整体升级，包括供应链上下游、制造端、运营端在内的全产业链升级及绿色投资。加强能源领域基础研究以及共性技术、颠覆性技术创新，强化原始创新和集成创新。着力推动数字化、大数据、人工智能技术与能源清洁高效开发利用技术的融合创新，大力发展智慧能源技术，把能源技术及其关联产业培育成带动产业升级的新增长点。具体建议如下：

一是从政策顶层设计着手，将智慧能源纳入政府整体规划中，推动能源与其他部门的协同创新，促进智慧能源建设；

二是通过能源计量、能效评估、能源装备运营周期、费用成本精准管理等，促进信息化管理与能源系统的融合；

三是打破数据壁垒，建立数据安全共享机制，整合数据库、数据平台、数字资产的供应链管理系统；

四是突破物联网中智能芯片、多种传感器、人工智能、超级计算等"卡脖子"技术，积极开展智慧能源供给侧结构性改革，实现产业升级。

8.3　有效引导社会资本流向绿色贸易领域

从资本结构角度看，中国政府需要引导资本流向节能环保行业，并且这种引导是广义的，既包括在国际资本流入的初始环节提高引资门槛，也包括中国国内的资本内涵结构调整。

8.3.1　提高国际引资门槛

从国际资本流入的角度看，应提高引资门槛，谨慎承接国际产业转移类别。作为全球最大的产业承接国，中国在处理和预防碳泄漏带来的利益损失时，不仅要在提高引资门槛、加强外资企业环境监管和处罚力度、优化引资结构和质量方面下功夫，还需限制或禁止跨国公司在稀缺或不可再生的重要矿产资源或能源领域的投资，以保护非可再生资源，提高其未来价值。目前，外商在中国纺织印染、皮革毛皮羽绒、橡胶工业、薄膜泡沫和塑料行业、电镀行业、医药制造以及火力发电等行业中的相对规模过大，在一定程度上导致中国出口贸易较高的内嵌能源含量及环境污染水平。

在未来的引资过程中，各地政府应认真落实新修订的外商投资产业指导目录，大力吸引高端制造业以及与发展低碳技术和新能源技术相关领域的产业转移；引导并鼓励外商企业对附加值高的金融、物流、信息技术及技术研发等现代服务业的投资，积极引导外资企业在中国开展信息、新材料、生物科技等高端领域的原始创新；禁止或限制对能耗性、污染性以及在中国已成熟的传统劳动和资本密集型外资企业的引进；限制外商企业对中国稀缺或不可再生的重要矿产资源领域的投资；对于环保排放不合格的外资企业，应坚决予以关闭并实施高成本惩罚措施。除此之外，作为WTO组织的成员国，中国应充分发挥成员国作用，积极倡导、推进和实现以最终消费为基础的减排责任认定原则，在碳泄漏过程中获得合理、合法、合规的碳利益补偿。

8.3.2 引导国内资本流向“清洁行业”和“绿色环节”

从国内资本的内涵结构看，加快国内资本内涵结构调整，引导资本流向“清洁行业”和“绿色环节”。固定资产投资长期作为推动经济发展的重要引擎，过去20年的平均增速为18.9%，然而固定资产总量的增长并不能代表其内部结构的优化和资本质量的提升。事实上，由于资金短缺和生产能力限制，部分偏远地区在资本使用方面存在重复建设和过度折旧问题，资本存量的积累较为缓慢，更新周期较长。各区域在追求资本存量积累的同时更需关注资本内涵结构问题，限制固定资产在资源型产业和传统要素密集型产业的投资，大力发展生产性服务业、高端装备制造业、信息技术产业、新能源与新材料等高附加值产业和战略性新兴行业。

8.3.3 制定并实施“多规合一”的规划管理体系

中国目前关于经济发展、能源、国土资源、环境保护、水利、农业等发展规划和发展目标上基本是由职能部门各自设定的，无论在发展目标、行动计划、政策发布时间上都极度缺乏统一和协调性。这就导致绿色增长的指标体系缺乏系统性、科学性和协同性，相对割裂的指标也使国家和部门在具体实施与执行时存在巨大难度。需尽快形成系统、科学、统一的中国绿色经济增长指标体系，实现政府跨部门协同发展规划和协同行动，提高绿色经济政策传导效率。

8.4　建立环境管制与长期治污投资管理的“双治理模式”

从环境管制的角度看，政府需制定长期治污投资管理模式，与环境管制“双管齐下”，并加强高碳排放地区排污费征收的监管力度。

8.4.1　加强环境管制和提高环境标准

（1）对排污者进行惩罚，并加强对监管者的责任认定

中国高污染排放地区监管缺位、惩罚不力的现象屡见不鲜，当前只对排污者征费的环境政策极易引起监管者的懈怠和寻租行为。针对这种现象，应当建立公共监管机构和双向惩罚机制，用市场的力量约束监管者行为；提高惩罚力度，使排污的边际成本大于边际收益，从而保证基于行政监管的环境管制能够有效抑制工业部门的生产性碳排放。

（2）构建与国际环境标准接轨的环境治理体系

①具有较强减排约束的国家会通过直接投资等方式将高碳产业转移到减排约束较为宽松的国家，如果中国的环境管制力度达不到高碳产业转出国的标准，则高碳产业在中国的排放量会加大。因此，国际产业转移尤其是高碳产业的国际转移表面上减少了产业转出国的碳排放量，实质上却增加了更多不受控制的温室气体排放。世界范围的排放并非下降了，只是转移了。此外，以国际产业转移为渠道的碳泄漏不仅没有减少甚至可能增加世界范围内的排放，还削弱了产业承接国环境管制的有效性，增加了其控制温室气体排放量的成本。产业承接国不仅在当期要付出大量的污染治理成本，还因为过度开采而损失了本土非可再生资源的稀缺性价值。而西方政治家和学者在研究时常认为，碳泄漏的存在给中国带来了巨大的经济利益，中国是碳泄漏的最大受益国，并借此在国际气候谈

判中以碳泄漏为名向中国施压，进一步加大了中国的减排压力，这显然是不公平的。

②由于国际贸易制度中环境条款的缺乏和不完善，使排放责任认定和环境政策制定领域存在着混乱，成为高碳产业跨国转移和导致碳泄漏的重要制度原因。例如，1992 年生效的《巴塞尔公约》虽然对控制危险废物转移及其处理进行了规定，却未涉及通过直接投资将污染密集产业直接转移到发展中国家的责任问题。WTO 现有的制度框架也缺乏对环境责任的规定，包括跨国公司在发达地区和欠发达地区投资建厂采用双重标准的合理性问题，以及发达国家将淘汰、禁止或严格限制的行业、技术工艺、设备产品等转移到其他国家所造成的环境责任归属问题等。

基于以上两点原因，减排约束较强的国家通过利用中国环境管制的缺陷，以直接投资方式将高碳产业转移至中国。因此，作为产业升级的引导者、环境治理体系的构建者、环境政策实施的监督者，政府应当在建立健全环境制度中发挥更积极的作用，相关部门应构建与国际环境标准接轨的环境治理体系，从而使转出国失去其转移高碳产业的客观条件，逐渐剥夺高碳产业赖以发展的制度土壤。

8.4.2 建立长期治污投资管理模式

从整体治理机制来看，政府需要建立系统化、标准化的环境管理机制。据统计，2005 年以来环保部接报处置的事件共 927 起，重特大事件 72 起，其中通过官方渠道解决的环境纠纷不足 1%(侯佳儒，2013)。从根本上改变原有的“事后处罚、事后治理”方法，形成完善的事前事中持续治污投资模式，形成稳定的、规范的、可持续的政府环境治理生态圈，就需要在以下几方面做出努力：

一是合理制定每年新增碳排放量标准，以保证足够的经济发展空间。

二是加强对已投入治理项目的监管力度，对现有的治理项目进行评估和测算，削减无效率的污染治理和设备投资，对于评估合格的项目则制定长期的治理投资规划，避免产能闲置。近年来中央和地方政府对污染治理的投资逐年增加，然而环境状况仍不容乐观。据统计，2012 年全国范围内镇污水处理率小于 20%，县污水处理率约为 60%，城市污水处理率约为 82%，污水处理厂产能闲置问题严重。以湖北省为例，截至 2014 年第一季度，全省 50 座乡镇污水处理厂仅 8 座正常运行，其中又有一半运转负荷率不到 50%，日污水处理率仅为 16%。

三是建立可持续的污染投资机制。与技术研发投入相类似，治污收益具有前期投入大且收益小的特点，只有稳定持续的投资才能确保预期治污效果的实现。为此，在资金来源方面应逐渐从单一政府补贴向政府、企业共同投资或 PPP 模式转变，加快政府职能转变，充分发挥市场、企业在促进区域低碳竞争力中的积极性和重要作用。

8.5　积极开展“对外开源”政策

除了积极调整贸易结构，提高出口企业技术进步水平，降低碳排放强度，加强环境管制力度和制度建设，引导社会资本流向低碳环保领域等“内部节流”政策外，还需积极落实国际低碳技术合作以及与周边国家深入开展产业和资源合作等“外源”政策。

8.5.1　以“排放配额换技术”策略推动国际低碳技术合作

2009 年召开的哥本哈根联合国气候变化大会倡导发达国家向发展中国家进行低碳技术转移和资金援助。这不仅因为发达国家作为温室气体主要排放者必须承担历史责任，同时也是《联合国气候变化框架公约》规定必须履行的法律义务，但是发达国家常以知识产权保护为由拒绝执行，中国很难从国外通过专利强制许可制度免费获得。为此有人提出“以资金换技术”，即发达国家援助发展中国家资金，发展中国家再从发达国家的企业手中购买低碳技术的专利。本书认为这种方法未必见效：一是发达国家援助资金不一定到位；二是若不惜一切代价采用高昂的技术减排，如电动汽车、第四代核电以及碳捕获和储存，到 2050 年中国减排投资成本将达到国内生产总值的6%(邹骥,2010),成本太高。为此,本书提出"用排放配额换技术"策略,以推动、落实国际低碳技术合作。由于中国与发达国家处于不同发展时期,国内环境约束、人均收入、产业结构都不相同,各自减排的边际收益和边际成本相差明显。要履行同样的减排比例承诺,中国的减排空间更大,成本更低,而发达国家因同样有发展需求,减排成本更高。鉴于此,中国政府有必要和国际社会合作建立国际低碳技术转移机制,具体来说可以采取以下两方面措施:

(1)政府应采取用国内的排放配额换取发达国家低碳技术的方式,主动与欧美日等开展共赢合作,设立专门负责低碳技术国际合作的常设政府间附属机构,负责技术开发与转让的规划、组织、协调、评估和审查工作,为进口减排政策的顺利实施构建制度保障。

(2)团结发展中国家,确保意见统一和共赢关系的确立,落实发达国家关于共享低碳技术的承诺,设立负责低碳技术国际间合作的常设政府间附属机构,为低碳技术转移提供制度保障。

8.5.2 持续加快与"一带一路"沿线国家的产业和资源合作

积极开展与发展中国家间的资源合作,弥补中国资源结构单一以及资源需求的缺口,能够降低国内基础行业对煤炭及其他稀缺资源的依赖,并通过产业关联降低其他行业出口生产活动所产生的能耗和排放。目前全球重要生产资源被美国、日本及欧洲等发达经济体垄断,中国与这些经济体进行能源谈判时常处于不平等地位。"新丝绸之路经济带"是中国战略资源的稳定供给带,因此中国需坚定推进"一带一路"合作倡议,持续加快与丝绸之路沿线国家在采矿、资源品深加工、基础设施投资等方面的合作力度。另外,与其他欠发达国家展开资源合作也是打开双边深层经贸往来的基础,这为中国产业"走出去"战略提供了良好的前提。

利用与欠发达国家的"两步走"贸易战略减少自由贸易对全球气候的不利影响,促进全球碳福利的改善。有人认为,中国需大力发展产业梯度转移,将国内低附加值及"双高"产业直接转移至有发展需求的欠发达地区,以减少贸易碳福利损失。然而,从国际产业转移和国家经济发展规律来看,欠发达国家未来走上工业化道路存在必然性,但现有工业基础十分薄弱。而中国工业的发展方向是从重工业化转向信息化和高新技术化,双方在经济发展上存在互补。此外,从全球技术梯度分布来看,中国平均碳排放强度虽高于发达经济体,但与欠发达国家相比具有明显优势。若现阶段直接将国内双高产业转移至无工业基础的欠发达地区,那么工业产品的平均碳排放强度将大幅提高,对于全球二氧化碳排放和控制十分不利,这在本书中美自由贸易导致全球碳福利损失的分析中已被佐证。

基于此,本书认为中国与欠发达国家的经贸合作应"两步走":第一阶段"以欠发达国家排放配额换中国减排指标",大力发展中国与欠发达国家的工业品经贸往来,尤其是基础设施建设方面的合作,逐步消化国内相对过剩工业产能,帮助不发达国家实现基础工业化,通过技术的比较优势解决基于成本和环境比较优势下的自由贸易格局对全球气候破坏问题。第二阶段在欠发达国家的工业产品需求超出中国产能边界后,"用排放配额换技术",通过向欠发达国家转移工业新技术进一步控制全球二氧化碳排放,以此履行中国对全球气候与环境的"大国责任"。

参考文献

[1]蔡昉,都阳,王美艳.经济发展方式转变与节能减排内在动力[J].经济研究,2008(06):4－11＋36.

[2]陈诗一.能源消耗、二氧化碳排放与中国工业的可持续发展[J].经济研究,2009,44(04):41－55.

[3]陈迎,潘家华,谢来辉.中国外贸进出口商品中的内涵能源及其政策含义[J].经济研究,2008(07):11－25.

[4]陈志勇,陈思霞.制度环境、地方政府投资冲动与财政预算软约束[J].经济研究,2014,49(03):76－87.

[5]党玉婷.中美贸易的内涵污染实证研究——基于投入产出技术矩阵的测算[J].中国工业经济,2013(12):18－30.

[6]段文斌,刘大勇,余泳泽.异质性产业节能减排的技术路径与比较优势——理论模型及实证检验[J].中国工业经济,2013(04):69－81.

[7]傅京燕.我国对外贸易中污染产业转移的实证分析——以制造业为例[J].财贸经济,2008(05):97－102＋129.

[8]傅京燕,李丽莎.环境规制、要素禀赋与产业国际竞争力的实证研究——基于中国制造业的面板数据[J].管理世界,2010(10):87－98＋187.

[9]高静,黄繁华.贸易视角下经济增长和环境质量的内在机理研究——基于中国30个省市环境库兹涅茨曲线的面板数据分析[J].上海财经大学学报,2011,13(05):66－74.

[10]郭朝先.中国碳排放因素分解:基于LMDI分解技术[J].中国人口·资源与环境,2010,20(12):4－9.

[11]韩国高,高铁梅,王立国,齐鹰飞,王晓姝.中国制造业产能过剩的测度、波动及成因研究[J].经济研究,2011,46(12):18－31.

[12]韩中,陈耀辉,时云.国际最终需求视角下消费碳排放的测算与分解[J].数

量经济技术经济研究,2018,35(07):114－129.

[13]侯佳儒.论我国环境行政管理体制存在的问题及其完善[J].行政法学研究,2013(02):29－34＋41.

[14]李斌,赵新华.经济结构、技术进步与环境污染——基于中国工业行业数据的分析[J].财经研究,2011,37(04):112－122.

[15]李富强,董直庆,王林辉.制度主导、要素贡献和我国经济增长动力的分类检验[J].经济研究,2008(04):53－65.

[16]李齐云,商凯.二氧化碳排放的影响因素分析与碳税减排政策设计[J].财政研究,2009(10):41－44.。

[17]李小平,卢现祥.国际贸易、污染产业转移和中国工业 CO_2 排放[J].经济研究,2010,45(01):15－26.

[18]李永友,沈坤荣.我国污染控制政策的减排效果——基于省际工业污染数据的实证分析[J].管理世界,2008(07):7－17.

[19]李真.进口真实碳福利视角下的中国贸易碳减排研究——基于非竞争型投入产出模型[J].中国工业经济,2014(12):18－30.

[20]李真,陈天明.中美双边工业品增加值贸易隐含碳福利核算与分配问题研究[J].财贸经济,2020,41(05):84－98.

[21]林伯强,蒋竺均.中国二氧化碳的环境库兹涅茨曲线预测及影响因素分析[J].管理世界,2009(04):27－36.

[22]刘华军,闫庆悦.贸易开放、FDI与中国 CO_2 排放[J].数量经济技术经济研究,2011,28(03):21－35.

[23]刘建民,陈果.环境管制对FDI区位分布影响的实证分析[J].中国软科学,2008(01):102－107＋124.

[24]刘强,庄幸,姜克隽,韩文科.中国出口贸易中的载能量及碳排放量分析[J].中国工业经济,2008(08):46－55.

[25]陆旸,郭路.环境库兹涅茨倒U型曲线和环境支出的S形曲线:一个新古典增长框架下的理论解释[J].世界经济,2008(12):82－92.

[26]吕延方,王冬.我国承接外包与能源消耗、碳排放的动态关联性分析[J].数量经济技术经济研究,2013,30(11):3－20.

[27]马丽梅,张晓.中国雾霾污染的空间效应及经济、能源结构影响[J].中国工

业经济,2014(04):19－31.

[28]马晓钰,李强谊,郭莹莹. 我国人口因素对二氧化碳排放的影响——基于STIRPAT模型的分析[J]. 人口与经济,2013(01):44－51.

[29]苗壮,周鹏,王宇,孙作人. 节能、"减霾"与大气污染物排放权分配[J]. 中国工业经济,2013(06):31－43.

[30]牛玉静,陈文颖,吴宗鑫. 全球多区域CGE模型的构建及碳泄漏问题模拟分析[J]. 数量经济技术经济研究,2012,29(11):34－50.

[31]潘安. 全球价值链视角下的中美贸易隐含碳研究[J]. 统计研究,2018,35(01):53－64.

[32]彭可茂,席利卿,雷玉桃. 中国工业的污染避难所区域效应——基于2002—2012年工业总体与特定产业的测度与验证[J]. 中国工业经济,2013(10):44－56.

[33]彭水军,刘安平. 中国对外贸易的环境影响效应:基于环境投入－产出模型的经验研究[J]. 世界经济,2010,33(05):140－160.

[34]彭水军,张文城,孙传旺. 中国生产侧和消费侧碳排放量测算及影响因素研究[J]. 经济研究,2015,50(01):168－182.

[35]彭昱. 地方投资行为、经济发展水平与碳排放——基于中国省级面板数据分析[J]. 经济社会体制比较,2013(03):92－99.

[36]齐晔,李惠民,徐明. 中国进出口贸易中的隐含碳估算[J]. 中国人口・资源与环境,2008(03):8－13.

[37]沙文兵,石涛. 外商直接投资的环境效应——基于中国省级面板数据的实证分析[J]. 世界经济研究,2006(06):76－81＋89.

[38]沈利生,唐志. 对外贸易对我国污染排放的影响——以二氧化硫排放为例[J]. 管理世界,2008(06):21－29＋187.

[39]师博,沈坤荣. 市场分割下的中国全要素能源效率:基于超效率DEA方法的经验分析[J]. 世界经济,2008(09):49－59.

[40]史丹. 中国能源效率的地区差异与节能潜力分析[J]. 中国工业经济,2006(10):49－58.

[41]王锋,冯根福,吴丽华. 中国经济增长中碳强度下降的省区贡献分解[J]. 经济研究,2013,48(08):143－155.

[42]王克强,武英涛,刘红梅. 中国能源开采业全要素生产率的测度框架与实证

研究[J]. 经济研究,2013,48(06):127－140.

[43]王文举,向其凤. 国际贸易中的隐含碳排放核算及责任分配[J]. 中国工业经济,2011(10):56－64.

[44]王萱,宋德勇. 碳排放阶段划分与国际经验启示[J]. 中国人口·资源与环境,2013,23(05):46－51.

[45]王直,魏尚进,祝坤福. 总贸易核算法:官方贸易统计与全球价值链的度量[J]. 中国社会科学,2015(09):108－127＋205－206.

[46]魏楚,沈满洪. 能源效率及其影响因素:基于 DEA 的实证分析[J]. 管理世界,2007(08):66－76.

[47]徐承红,李标. 能源消耗、碳排放与我国经济发展——基于静态和动态面板的实证分析[J]. 宏观经济研究,2012(07):33－44.

[48]徐国泉,刘则渊,姜照华. 中国碳排放的因素分解模型及实证分析:1995－2004[J]. 中国人口·资源与环境,2006(06):158－161.

[49]闫云凤,常荣平. 全球价值链下的中美贸易利益核算:基于隐含碳的视角[J]. 国际商务(对外经济贸易大学学报),2017(03):17－26.

[50]杨海生,贾佳,周永章,王树功. 贸易、外商直接投资、经济增长与环境污染[J]. 中国人口·资源与环境,2005(03):99－103.

[51]杨红亮,史丹. 能效研究方法和中国各地区能源效率的比较[J]. 经济理论与经济管理,2008(03):12－20.

[52]杨骞,刘华军. 中国二氧化碳排放的区域差异分解及影响因素——基于1995～2009 年省际面板数据的研究[J]. 数量经济技术经济研究,2012,29(05):36－49＋148.

[53]杨振,陈甬军. 中国制造业资源误置及福利损失测度[J]. 经济研究,2013,48(03):43－55.

[54]易纲,樊纲,李岩. 关于中国经济增长与全要素生产率的理论思考[J]. 经济研究,2003(08):13－20＋90.

[55]应瑞瑶,周力. 外商直接投资、工业污染与环境规制——基于中国数据的计量经济学分析[J]. 财贸经济,2006(01):76－81.

[56]曾贤刚. 环境规制、外商直接投资与"污染避难所"假说——基于中国 30 个省份面板数据的实证研究[J]. 经济理论与经济管理,2010(11):65－71.

[57]张杰,陈志远,刘元春.中国出口国内附加值的测算与变化机制[J].经济研究,2013,48(10):124－137.

[58]张其仔.中国能否成功地实现雁阵式产业升级[J].中国工业经济,2014(06):18－30.

[59]张文城,盛斌.中国出口的环境成本:基于增加值出口污染强度的分析[J].数量经济技术经济研究,2017,34(08):105－119.

[60]张为付,杜运苏.中国对外贸易中隐含碳排放失衡度研究[J].中国工业经济,2011(04):138－147.

[61]张为付,周长富,马野青.资本积累和劳动力转移驱动下开放型经济发展的环境效应[J].南开经济研究,2011(04):108－122.

[62]张友国.经济发展方式变化对中国碳排放强度的影响[J].经济研究,2010,45(04):120－133.

[63]张友国.中国贸易含碳量及其影响因素——基于(进口)非竞争型投入产出表的分析[J].经济学(季刊),2010,9(04):1287－1310.

[64]张友国.中国贸易增长的能源环境代价[J].数量经济技术经济研究,2009,26(01):16－30.

[65]张宇,蒋殿春.FDI、环境监管与能源消耗:基于能耗强度分解的经验检验[J].世界经济,2013,36(03):103－123.

[66]赵文军,于津平.贸易开放、FDI与中国工业经济增长方式——基于30个工业行业数据的实证研究[J].经济研究,2012,47(08):18－31.

[67]赵玉焕,范静文,易瑾超.中国—欧盟碳泄漏问题实证研究[J].中国人口·资源与环境,2011,21(08):113－117.

[68]赵玉焕,刘月.基于投入产出法的中国出口产品隐含碳测算[J].中国人口·资源与环境,2011,21(12):8－14.

[69]赵玉焕,张莹,李彦敏.中国光电设备制造业出口的经济利益和环境成本[J].北京理工大学学报(社会科学版),2019,21(03):19－29.

[70]郑毓盛,李崇高.中国地方分割的效率损失[J].中国社会科学,2003(01):64－72＋205.

[71]周申,李可爱,任希丽.贸易结构变动对我国能源消耗的影响[J].数量经济技术经济研究,2014,31(03):104－118.

[72]朱启荣. 中国出口贸易中的 CO_2 排放问题研究[J]. 中国工业经济,2010(01):55—64.

[73]ALOI, M., TOURNEMAINE, F. Growth effects of environmental policy when pollution affects health [J]. Economic Modelling, 2011, 28(4):1683—1695.

[74]BELADI, H., OLADI R. Does trade liberalization increase global pollution? [J]. Resource and Energy Economics, 2011, 33(1):172—178.

[75]BENARROCH, M., WEDER, R. Intra-industry trade in intermediate products, pollution and internationally increasing returns [J]. Journal of Environmental Economics and Management, 2006, 52(3):675—689.

[76]CHINTRAKARN, P., MILLIMET, D. L. The environmental consequences of trade: Evidence from subnational trade flows [J]. Journal of Environmental Economics and Management, 2006, 52(1):430—453.

[77]COLE, M. A., ELLIOTT, J. R. Determining the trade-environment composition effect: the role of capital, labor and environmental regulations[J]. Journal of Environmental Economics and Management, 2003, 46: 363—383.

[78]DELLINK, R., HOFKES, M., et al. Dynamic modelling of pollution abatement in a CGE Framework [J]. Economic Modelling, 2004,21(6):965—989.

[79]DEREK, K. K. An empirical investigation of the pollution haven effect with strategic environment and trade policy [J]. Journal of International Economics, 2009, 78(2):242—255.

[80]DONG, Y., WHALLEY, J. Carbon motivated regional trade arrangements: Analytics and simulations [J]. Economic Modelling, 2011, 28(6): 2783—2792.

[81]DUAN, Y., JIANG, X. Temporal Change of China's Pollution Terms of Trade and its Determinants[J]. Ecological Economics, 2017, 132:31—44.

[82]FÆHN, T., BRUVOLL, A. Richer and cleaner—At others' expense? [J]. Resource and Energy Economics, 2009, 31:103—122.

[83]FÆHN T., HOLMØY E. Trade liberalization and effects on pollutive emissions to air and deposits of solid waste. A general equilibrium assessment for Norway [J]. Economic Modelling, 2003, 20(4):703—727.

[84]FISCHER，C.，FOX，A. K. Output-Based Allocation of Emissions Permits for Mitigating Tax and Trade Interactions [J]. Land Economics，2001，83(4)，575—599.

[85]GREAKER，M. Spillovers in the development of new pollution abatement technology：A new look at the Porter-hypothesis [J]. Journal of Environmental Economics and Management，2006，52(1)，411—420.

[86]HE，J. Estimating the economic cost of China's new desulfur policy during her gradual accession to WTO：The case of industrial SO_2 emission [J]. China Economic Review，2005，16：364—402.

[87]KAHN，M. E. The geography of US pollution intensive trade：evidence from 1958 to 1994 [J]. Regional Science and Urban Economics，2003，33(4):383—400.

[88]KUMAR，S.，MANAGI，S. Energy price-induced and exogenous technological change：Assessing the economic and environmental outcomes [J]. Resource and Energy Economics，2009，31(4):334—353.

[89]LENZEN，M.，CHRISTOPHER，J. D. Energy and Greenhouse Emissions Impacts of some Consumer Choice，Technology and Government Outlay Options[J]. Energy Economics，2002，24(4):377—403.

[90]LEVINSON，A. Technology，International Trade，and Pollution from US Manufacturing [J]. American Economic Review，2009，99(5)：2177—2192.

[91]LOVELY，M.，POPP D. Trade，technology，and the environment：Does access to technology promote environmental regulation? [J]. Journal of Environmental Economics and Management，2011，61(1):16—35.

[92]MACHADO，G.，SCHAEFFER R.，WORRELL E. Energy and Carbon Embodied in the International Trade of Brazil：An Input-Output Approach[J]. Ecological Economics，2001，39(3):409—424.

[93]MENG，B.，PETERS，G.，WANG，Z.，LI M. Tracing CO_2 emissions in global value chains[J]. Energy Economics，2018，73:24—42.

[94]PEARL，R.，REED，L. On the Rate of Growth of the Population of the United States since 1790 and Its Mathematical Representation[J]. Proc. National

Academy of Science, 1920, 6(6):275—288.

[95]PERRONI, C. , RUTHERFORD, T. F. International Trade in Carbon Emission Rights and Basic Materials: General Equilibrium Calculations for 2020 [J]. Scandinavian Journal of Economics, 1993, 95(3):257—278.

[96]PETERS, G. P. , HERTWICH, E. G. CO_2 Embodied in International Trade with Implications for Global Climate Policy [J]. Environmental Science&Technology, 2008, 42(5):1401—1407.

[97]ROCK, M. T. Pollution Intensity of GDP and Trade Policy: Can the World Bank Be Wrong? [J]. World Development, 1996, 24(3): 471—479.

[98]SATO, M. Embodied Carbon in Trade: A Survey of The Empirical Literature[J]. Journal of Economic Surveys, 2014, 28(5):831—861.

[99]SHUI, B. , HARRISS, R. C. The Role of CO_2 Embodiment in US-China Trade[J]. Energy Policy, 2006, 34(18): 4063—4068.

[100]TASKIN, F. , ZAIM, O. The role of international trade on Environmental efficiency: a DEA approach [J]. Economic Modelling, 2001, 18(1):1—17.

[101]WEBER, C. L. , PETERS, G. P. , GUAN D. B. , HUBACEK K. The Contribution of Chinese Exports to Climate Change[J]. Energy Policy, 2008, 36(9): 3572—3577.

[102]WYCKOFF, A. W. , ROOP, J. M. The Embodiment of Carbon in Imports of Manufactured Products: Implications for International Agreements on Greenhouse Gas Emissions[J]. Energy Policy, 1994, 22(3):187—194.

[103]XU, B. , LU, J. Y. Foreign direct investment, processing trade, and the sophistication of China's exports [J]. China Economic Review, 2009,20(3): 425—439.

[104]YANG, H. Y. Trade liberalization and pollution: a general equilibrium analysis of carbon dioxide emissions in Taiwan [J]. Economic Modelling, 2001,18(3):435—454.